U0927292

项目资助

本书是2016年教育部人文社会科学研究青年基金项目“新加坡族群多层治理结构研究”（16YJCGJW003）的最终研究成果

多元共融

新加坡族群治理的结构与逻辑

范 磊 / 著

中国社会科学出版社

图书在版编目（CIP）数据

多元共融：新加坡族群治理的结构与逻辑／范磊著．—北京：中国社会科学出版社，2022.2

ISBN 978－7－5203－9644－8

Ⅰ.①多…　Ⅱ.①范…　Ⅲ.①种族政治学—研究—新加坡　Ⅳ.①D733.962

中国版本图书馆CIP数据核字（2022）第023900号

出 版 人　赵剑英
责任编辑　赵　丽
责任校对　刘　娟
责任印制　王　超

出　　版　中国社会科学出版社
社　　址　北京鼓楼西大街甲158号
邮　　编　100720
网　　址　http://www.csspw.cn
发 行 部　010－84083685
门 市 部　010－84029450
经　　销　新华书店及其他书店

印　　刷　北京明恒达印务有限公司
装　　订　廊坊市广阳区广增装订厂
版　　次　2022年2月第1版
印　　次　2022年2月第1次印刷

开　　本　710×1000　1/16
印　　张　19.5
插　　页　2
字　　数　272千字
定　　价　108.00元

序

范磊的新著即将付梓，请我给他写个序。我与范磊相识是在新加坡，2013 年到新加坡访问期间需要一名临时助手陪同我参加学术活动和旁听国会辩论等，南洋理工大学的教授朋友介绍了正在新加坡访学的范磊。彼时，他尚在山东大学攻读博士学位，各方面还不能摆脱作为学生的稚气。多年过去，再看他的这本书稿，我发现了他的努力与成长，作为书稿的首批读者，我很愿意为他写下这篇序言。

新加坡是一个由华族、马来族、印度族以及欧亚裔等多元族群组成的年轻国家，建国 50 多年来在经济发展、社会治理以及外交等多方面取得的成就为世界所瞩目。熟悉新加坡历史的读者都知道，新加坡的独立并不是自愿的，1965 年 8 月新马分家带给新加坡的是茫然的未来，带给李光耀的是记者会上的掩面而泣。而造成这一局面的导火索则是 1964 年爆发的族群暴乱。换言之，新加坡是一个因为族群冲突而被迫独立的国家。但也正是如此，这个当时在外界看来可能连生存都困难的国家却在李光耀等人民行动党领导人的带领下迅速实现了经济的腾飞、宗教与民族的和谐、政治的稳定以及国际地位的提升，最终完成了“从第三世界到第一世界”的跨越，擘画了精彩的“新加坡故事”图卷。正如杜维明先生所说，“新加坡已经是这样一个国家：它的成功不仅在经济方面，也在它的社会以及人的性格和成就上，四个伟大的传统在这里快乐地和平共处。”

国内关于新加坡的研究早在19世纪末随着华人下南洋的大潮就已逐步展开。1887年，近人李锺珏借到新加坡访友的机会，对新加坡全岛作了详细的田野调查，撰成《新加坡风土记》一书，反映了当时当地新加坡本土社会及英国殖民统治的情况，对岛上各族群的情况亦有独到分析，可以看作近代以降国人研究新加坡问题的开山之作。目前国内的新加坡研究已从最初的单纯国情介绍和历史梳理发展到涵盖政治、经济、社会和文化等多学科的综合性研究，内容涉及新加坡国家治理、政党与政治体制、社会发展模式、民族与宗教政策、华人与华商等诸多领域。以范磊这部书稿研究的新加坡族群问题为例，执政的人民行动党在建国以后通过制定平等多元的族群政策和建立完善的相关配套制度，以相对平等公平的权力分配，减少了国家与社会资源的内耗，缓和了族群关系并化解了族群矛盾，这种由国家主导的"多元共融"模式使新加坡成为东南亚多元族群社会和谐发展的典范。

历史地来看，新加坡族群关系的发展历史就是一个从冲突到和谐的曲折发展过程。历史上曾经发生过的族群冲突与暴乱给新加坡政府与社会留下了沉痛的记忆。不过暴乱中也出现了不同族群之间相互帮助，共同应对危险的例子，比如华人冒死帮助马来人、马来人也冒死搭救华人等，这些存在于族群之间自发的和谐互助也证明了即使异质性较强的族群之间也并非绝对地存在仇恨。在建国以后积极而有效的族群政策以及相关制度建设的引导下，族群和谐已经成为新加坡多元社会的符号性标签。不过，在这个以多元族群共存共融引以为傲的社会里，所有关涉族群和宗教议题的内容一直都是作为新加坡朝野的敏感议题而存在。

族群政治是身份建构的政治，多元族群国家中的各族群由于存在明显的异质性，以致对国家的认同度并不一致，从而催生了族群与族群之间、族群与国家之间的结构性张力。多元族群国家希望在"国家一体"的框架下实现对"族群多元"的治理，控制、缩小并消解这种张力，塑造不同族群对国家的忠诚和归属感，通过上位的国家认同取代下位的族群认同。国家对这一目标追求的必要性、紧迫性和不可避免性，使族群治理研究具有了很强的现实针对性。目前针对新加坡族群问题的研究如果从学术态度来看，可以分为肯定派和质疑派两大派别。肯定派学者普遍认为新加坡在多元族群社会的治理实践与机制建设方面是较为成功的，政府是将新加坡这个原本族群冲突严重的多元社会建成族群和谐与社会稳定的“新加坡国家”的主导力量，而这些成功经验也非常值得其他同类型国家借鉴。质疑派学者认为，尽管新加坡政府以制度化形式在多个方面照顾少数族群，但是现实中族际宽容的程度依然不够，如果少数族群的边缘性处境得不到解决，则可能会引发连锁反应，导致政治不稳与失序，为照顾少数族群利益而设立的集选区制、总统保留选举制等也受到了质疑。

当然，不论是肯定派还是质疑派，都承认新加坡的族群治理模式是一个值得深入探讨的研究对象。目前的研究成果虽然也已颇有规模，但是在基础理论探索以及研究范式创新等方面还存在一些不足。新加坡良性的社会治理模式和成功的族群治理经验对于同样是多民族国家的中国而言有着一定的借鉴意义，未来关于民族问题的研究将会得到越来越多的关注，而新加坡所拥有的较为成功的治理经验必然会令其成为研究的重要选项。不过，任何一个国家的成功经验对于其他国家来说都只能具有参照意义，世间本就没有所谓“绝对”普适性的理论与模式。这也是当前我们推动和从事国别与区域研究的学者都应该给予足够认识的一个基本出发点。新加坡族群治理的经验给我们提供了一定的参照，而其所存在的不足和问题则为我们树立起一个镜鉴。

范磊在对新加坡族群治理的研究中，依托利益、规范和认同三个维度以及国家、社区和族群三个层次提出了多层多维的研究框架，并将新加坡的族群治理模式概括为“多元共融”四个字，我认为是比较贴切的。书稿定名为《多元共融——新加坡族群治理的结构与逻辑》，开宗明义，让我也有了想要读下去的兴趣。学术研究的价值最终还是要回归到对人类社会发展的推动上，研究新加坡不能仅仅停留在对其先进经验的描述，关键还是要挖掘其制度和政策运行背后的逻辑，尤其是蕴含于其中的共通价值与治理理念。我觉得这项研究基本做到了这一点。我也希望范磊能以此为新起点，在今后的学术之路上取得更大的进步。

是为序。

全国政协外事委员会副主任、察哈尔学会会长

韩方明

2021 年 3 月 28 日

目　录

导　论

世界上有200多个国家和地区，2500多个民族和多种宗教。如果只有一种生活方式，只有一种语言，只有一种音乐，只有一种服饰，那是不可想象的。

——习近平①

一　为什么要研究族群治理？

“一切政治埋论的起点在于：人类是共同生活。除了少数例外，人不能生活在与世隔绝的状态之中。”② 作为人类共同体重要形式的族群的出现就是人类“共同生活”社会化进程的必然产物，当有着不同的文化、语言、宗教或者肤色的族群接触之后，对立与冲突、依赖与合作、同化与共融在不同的层面和场域中就会以不同的面向呈现出来，多元多样也成为一种必然，正所谓“自来有一千种民族，因此有一千种目标”。③ 所以，不同的族群即使托庇于同一的政治共同体内，因族群异质性消融的不完全性，族群之间以及族群与国家之间的利益竞争、权力博弈、规范调适、认同角力等互动进程都会成为多元族群国家不可避免的常态性存在。

如何减少、化解甚至避免不同族群之间在利益、规范和认同等

① 《习近平谈治国理政》（第一卷），外文出版社2018年版，第262页。

② ［美］罗伯特·A. 达尔：《现代政治分析》，王沪宁等译，上海译文出版社1987年版，第129页。

③ ［德］尼采：《查拉斯图拉如是说》，楚图南译，湖南人民出版社1987年版，第68页。

维度的结构性张力，最终以和平方式实现各族群之间的交往交流交融，推动族际整合、包容共存与多元共融，使有着较大差异性的人类共同体和睦地生活在同一个社区、城市、国家乃至全世界，在人类社会形成之时就已经作为一份理想而存在并绵延至今。族群与国家的关系、族群政治的多样性、影响族群关系的变量以及族群治理的成功经验等都是需要积极探讨和解决的课题。[①] 但是国际关系领域的学者大多“热衷于对主权国家的研究，而忽视了对族群问题以及其他领域的关注”[②]，以至于长期以来弱化了对族群、民族等相关领域的深入探讨。

当今世界所面临的百年未有之大变局赋予了这个时代更为多元化的新特点，现代化、工业化和个人主义的发展曾被认为将会令诸如族群与民族主义等原生性现象的重要性不断降低甚至走向消亡。[③] 但是事实证明，族群与民族政治在当今世界的影响可能要比历史上任何一个时期都更加引人注目。冷战结束后，和平与稳定也没有成为世界所有地区的常态，长期被遮蔽或压抑在冷战这个“穹顶”之下的“宗教、民族问题突出起来。许多热点问题差不多都与宗教、民族问题分不开。”[④] 由族群矛盾与宗教冲突而引发的频繁的摩擦甚至局部战争逐渐隐去了意识形态色彩的同时却被烙上了清晰的族群政治印记。不论是在世界体系的中心还是边缘，基于族群概念来追求自治和独立的运动都在迅速增加。[⑤] 相关统计显示，1989—1995年由于世界格局波动的影响，世界范围内因族群问题而引发的战争

---

① Joseph Rudolph, *Politics and Ethnicity: A Comparative Study*, New York: Palgrave Macmillan, 2006, p. 1.

② Yosef Lapid, “Culture's Ship: Returns and Departures in International Relations Theory”, in Yosef Lapid & Friedrich V. Kratochwil eds., *The Return of Culture and Identity in IR Theory*, Boulder: Lynne Rienner, 1996, pp. 3 – 20.

③ Thomas Hylland Eriksen, *Ethnicity and Nationalism: Anthropological Perspectives*, London: Pluto Press, 2010, p. 2.

④ 钱其琛：《外交十记》，世界知识出版社2003年版，第378页。

⑤ ［美］乔纳森·弗里德曼：《文化认同与全球性进程》，郭建如译，商务印书馆2004年版，第130页。

与冲突呈现出空前的增长速度。①

尤其是“9·11”事件以后，由宗教和族群问题而引发的战争、冲突与内乱在形式和内容上开始呈现出更多新的特点，诸如美国族群问题的抬头、英国的苏格兰公投、缅甸政府与少数族群之间的复杂关系、印巴冲突中族群宗教问题的渗透、中东地区的族群冲突、南北苏丹兄弟族群之间的硝烟等都在威胁着人类社会的和平与安全，族群与宗教、政治、资源环境等之间的关系愈益密切和复杂。可以说：“国内族群冲突在当前要比以往任何时代都更为突出，尤其是最近的几十年中，其范围和程度早已超过了国家间的冲突和战争。”② 面对全球性民族分离主义、宗教极端主义和国际恐怖主义的威胁，各国都在寻找一条能够实现多元族群社会善治以及地区与全球和平、安全的有效治理路径，以期“文明的冲突”不会真实上演。

当多元族群国家中的各个族群建基于自身的历史文化、宗教信仰、地域和种族基础上的自发或自觉情感与认同在社会发展进程中接近、等同甚至超越对整个国家的忠诚时，国家认同的完整性、国民身份的合法性以及国家的统一与稳定便会遭到致命的冲击。这种认同和效忠脱胎于本族群的原生性情感，在人类政治发展的过程中并未随着政治现代化而消退，反而在该进程中被强化，特别是当不同类型和层级的人类共同体在政治上组织起来时，这种受控于族群意识的“逆稳定”力量便成了对既有社会秩序的潜在威胁。自20世纪六七十年代开始，由这种情感而引发的族群认同在反殖民主义运动的大背景下再次萌发，并伴着80年代末苏联解体、东欧剧变解构的惯性而趋于活跃，从“非洲之角”

① Ted Robert Gurr & Barbara Harff, *Ethnic Conflict in World Politics*, Boulder, Colorado: Westview Press, 2004, p. 2.

② Yash Ghai, “Ethnicity and Autonomy: A Framework for Analysis”, in Yash Ghai ed., *Autonomy and Ethnicity: Negotiating Competing Claims in Multi－Ethnic States*, Cambridge: Cambridge University Press, 2000, pp. 1－26.

的部族冲突到东南亚的民族分离主义，从铁幕滑落以后的南斯拉夫族际屠杀再到“心脏地带”的宗教极端主义，处处可见它们的身影。

然而，族群政治的影响并不是处在民主转型和极权瓦解之中的国家的专属现象，相对成熟的西方民主国家也摆脱不了它的冲击，诸如英国的北爱尔兰以及苏格兰问题、法国的科西嘉问题、加拿大的魁北克问题、西班牙的加泰罗尼亚和巴斯克问题等都有了新变化，而号称“种族熔炉”的美国在更加多元的新移民社群的稀释下，同一的国家认同和民族凝聚力也有了明显下降①，以至于特朗普政府时期强化了对外来移民的管制。综合来看，重现到时代截面上的族群问题已经不是个别国家的特例，而是已经成为世界各地普遍存在的族群与国家之间博弈的现实，这种导源于国家内部的事务在成为影响本国政治发展进程重要变量的同时，也早已跨越国家边界，成为地区性、世界性的棘手政治难题。不过，人类社会的历史发展也证明，只要国家治理得当，族际和谐与社会稳定的比例还是要远远高于冲突与战争的比例，依然是人类社会发展的主流。②“纵观人类历史，世界发展从来都是各种矛盾相互交织、相互作用的综合结果。”③ 信任赤字、治理赤字、和平赤字、发展赤字是人类社会面临的复合型挑战，但是并不能阻拦人类对于善治的向往和追求，不论是在国家层面、次国家层面还是在超国家层面。

二　新加坡族群治理的研究面向

在经历了多个西方国家三百多年的殖民统治后，社会原本就错综复杂且差异性明显的东南亚地区变得更加扑朔迷离。“在这么一

① Robert D. Putnam, *Blowing Alone: The Collapse and Revival of American Community*, New York: Simon & Schuster, 2000, pp. 15 – 28.

② James D. Fearon & David D. Laitin, “Explaining Interethnic Cooperation”, in *The American Political Science Review*, Vol. 90, No. 4. 1996, pp. 715 – 735.

③ 习近平：《努力开创中国特色大国外交新局面》（http://www.xinhuanet.com/politics/2018-06/23/c_1123025806.htm）。

个相对狭小的地理空间内，就有2.4亿穆斯林、1.3亿基督教徒、1.4亿佛教徒以及700万印度教徒"[①]，400多个族群在此繁衍生息，而"出自不同系统的形形色色的族群相互并立，几乎每一个国家都是不同的民族国家，语言、风俗习惯、宗教各不相同"。[②] 自"二战"后相继摆脱西方殖民统治独立以来，东南亚各国基本都面临着多元族群、国家建构与国家治理的迫切议题，中央政府的权威与治理实践开始逐渐向边缘地区拓展，民族国家框架下不同族群之间的互动与接触日益频繁，而部分国家的民族分离运动也成了国家分裂和社会动荡的主要威胁。目前，东南亚已经被族群政治研究者普遍视为世界上族群异质性最高的区域之一。

东南亚地区的族群政治之所以备受关注，除了其多元的历史文化、宗教信仰、地域气候和人种差异之外，还在于它曾受到几乎所有主要的西方殖民强国的直接或间接统治，历经多次战争的影响和冲击，加上特殊的地理位置，使其在历史上成为东西方交流的枢纽，不断涌来的域外移民更加重了该地区族群的多元化色彩，几乎"没有任何一个地区有着如此多的文化、宗教、语言和种族多样性。"[③] 也恰恰是这一鲜明的多元移民社会特点，使东南亚各国成为族群政治研究较具代表性的选择项，处于该区域中心位置的新加坡自然也不例外。

新加坡可谓是先天不足最为典型的一个国家，毫无腹地纵深和资源矿藏，截至2020年12月国土面积仅有728.3平方公里，人口568.6万[④]，地图上只是一个"小红点"。不过，"虽然它有着有限的幅员、多元的族群和复杂的地缘环境，但是因其出色的治理能力

① ［新加坡］马凯硕、孙合记：《东盟奇迹》，翟崑、王丽娜译，北京大学出版社2017年版，"前言"第14页。

② ［日］梅棹忠夫：《文明的生态史观——梅棹忠夫文集》，王子今译，上海三联书店1988年版，第160页。

③ ［新加坡］马凯硕、孙合记：《东盟奇迹》，"前言"第14页。

④ Singapore Department of Statistics："Latest Data"，https：//www.singstat.gov.sg/whats-new/latest-data.

赢得了与其先天条件不相称的巨大国际影响力。"[①] 它的存在与发展为族群政治与相关治理的研究提供了一个非常重要且有意思的案例：国家虽小，却充斥着亨廷顿所讲的"文明的断层线"[②]。其社会的异质性、各族群之间关系的复杂性以及族群个体之间的社会互动、国家在族群问题与族群关系治理方面的实践与经验等都展示出多元族群社会治理的生动画面。也正是在这种情境下，"新加坡执念于多元族群主义，对待其多族群的人口结构就像对待狭小空间的火药一样谨小慎微"。[③]

总体而言，"新加坡是个由华族、马来族、印度族以及其他族群等多元种族组成的年轻国家。种族关系、族群政治、民族教育、国民意识，都是政府需要努力经营和细心对待的国家课题。经历殖民地、民选政府、自治政府乃至独立国家的不同历史阶段后，上述课题在新加坡的重要性和敏感性并没有因此而降低"。[④] 自 1965 年独立以来，新加坡国家治理层面的一个重要议题就是如何处理族群关系。新马合并曾经被看作新加坡摆脱殖民统治的终南捷径，族群矛盾的不可调和却成为新马分家的导火索。[⑤] "独立对当时的新加坡来说并不是最优选择，与其他国家赢得独立后的欢庆场面不同，新加坡的独立不是自愿的，而是一个不容选择的选择，是 1964 年爆发的族群暴乱把新加坡推向了新马分家的风口浪尖。"[⑥]

李光耀曾说："新加坡不是自然形成的国家……英国将其发展

---

① 范磊：《新加坡族群和谐机制：实现多元族群社会的善治》，湖南人民出版社 2016 年版，"引言"第 12 页。

② 蓝平儿：《新加坡政治发展为中国提供的经验教训》，载吕元礼主编《新加坡研究（第 1 卷）》，重庆出版社 2009 年版，第 85 页。

③ Nicholas Walton, *Singapore, Singapura: From Miracle to Complacency*, London: C. Hurst & Co., 2018, p. 15.

④ ［新加坡］周兆呈：《语言、政治与国家化：南洋大学与新加坡政府关系（1953—1968）》，南洋理工大学中华语言文化中心、八方文化 2012 年版，第 1 页。

⑤ Kiat - Jin Lee, "The Semiotics of Singapore's Founding Myths of Multiracialism and Meritocracy", in *The American Sociologist*, Vol. 42, No. 2, 2011, pp. 261 - 275.

⑥ 范磊：《新加坡族群和谐机制：实现多元族群社会的善治》，湖南人民出版社 2016 年版，第 9 页。

成殖民帝国的一个枢纽。（独立使）我们把它继承过来，缺少腹地的它成了一个没有躯体的心脏。”[①] 新加坡独立初期面临的外部安全环境非常恶劣，虽然当时华人人口在新加坡已占到75%左右，但是顶多算是马来人海洋中的一叶华人孤舟而已。加上自1819年开埠以来形成的包括多元族群结构（华人、马来人、印度人和欧亚人等）、多样化语言（英语、华语、马来语、淡米尔语、各种方言等）和多种宗教与文化（佛教、道教、伊斯兰教[②]、基督教、印度教、锡克教等）并存的社会形态，使新加坡在被迫独立后，面临着生存、治理与发展方面的极大考验。历史与现实的原因让独立初期的新加坡充斥着尖锐的族群矛盾，虽在国家强力的制约下消除了新的冲突爆发的可能性，但是族群冲突的隐忧并未消除。

面对独立后国内族群关系的基本状况，执政的人民行动党通过制定多元共融的族群政策和建立完善的相关配套制度，在政治、经济、社会、文化等多个领域协调了各族群之间的关系，在利益、规范和认同等不同的维度上弱化不同族群和宗教社群之间曾经存在的尖锐矛盾，在持续消解族群之间以及族群与国家之间张力的基础上塑造出“多元共融”的有效治理模式。这一成功局面的形成除了得力于政府与政治精英的积极领导，也不能忽视新加坡各族群在“新加坡国家”框架内同心同德、和谐共融的积极认同。不过，当资源分配与政治参与等关键利益出现冲突时，族群往往又会成为政治动员的工具，在不同年代的几次选举中族群意识就曾成为反对党动员

---

① Lee Kuan Yew: *From Third World to First: The Singapore Story: 1965 - 2000*, Singapore: Marshall Cavendish, 2000, p. 19.

② 为了更直观地呈现新加坡的历史文化与社会形态，本书在行文中采用的人名、地名、机构名称等基础性的概念和术语表述方面，不涉及敏感概念的地名、人名将遵循新加坡华语语境由新加坡官方使用的通用译名表达形式。如Tamil在国内翻译成泰米尔，新加坡称为淡米尔；Rajaratnam在国内翻译成拉贾拉南，新加坡则称为拉惹勒南；Bugis在国内翻译成布吉士，新加坡则称为武吉士；等等。而涉及较为敏感的宗教概念等则统一使用国内语言规范的表述方式，比如新加坡所称的“回教”统一使用“伊斯兰教”表述，而“回教徒”“回教堂”也分别以“穆斯林”和“清真寺”来代替。

选民的利器[1]，对族群关系与国家认同产生了不良的影响。但是由于政府及时跟进的政策和制度改革，确保了国家的政治与社会稳定、经济与社会发展以及族群治理的持续。总之，“族群和谐是新加坡人追求的三个目标之一，另外两个是生活水平的提高和政治的稳定。”[2]

在多元族群社会中，族群与国家是一对共生却又有着内在结构性张力的变量，国民身份及族群身份的双重性是对国家族群政策和制度建设的重大考验。国家可能会从既有的族群中，以人口占最多数的族群，或者最强势的族群作为国家认同的对象，这是很多国家所采取的同化政策。也可能会运用公共权力主导和推动，重塑一个新的上位的认同取向，形成多元共融的民族共同体。此类政策中，国家从理论与实践上寻求一个多元社会族群关系的评估标准，如何在国家整体及多族群之间寻求平衡以促进稳定及发展考验着各国政府的智慧，新加坡即是如此。[3] 新加坡政府并未将占本国人口绝对多数的华人族群作为国民的认同对象，而是建构出超族群性的“新加坡人”身份，以减少和弱化少数族群的压力和被剥夺感。各族群在平等多元的基础上，透过政府的积极主导和族群与社会层面的积极参与，逐渐塑造出“新加坡人”的国族认同、国家意识和整体价

---

① 在1988年2月25日的国会辩论中，人民行动党的李显龙、孟建南医生（Dr Arthur Beng）和郑永顺博士（Dr Tay Eng Soon）就曾与新加坡民主党的国会议员詹时中就玛莉亚事件进行过辩论。詹时中认为玛莉亚暴乱与其说是种族冲突还不如说是政治暴乱，充其量算是夹杂了一点宗教因素而已。他指出，当时的新加坡人希望推翻殖民统治的愿望很强烈，以此来获得政治与社会层面的权利和自由，并进一步改善生活条件。所以，在当时任何一件小事都有可能成为动乱的导火索。而郑永顺、孟建南和李显龙则援引诸多历史资料和当事人的一手资料驳斥了詹时中的观点。郑永顺还告诫詹时中，“你必须接受历史事实，不能为了你的党派利益而扭曲历史。”此次辩论虽然没有改变新加坡对玛莉亚暴乱事件的定性，但是因为不同的解读在当时的新加坡社会还是造成了一定的负面影响。参见“Chiam's stand sparks debate on Maria Hertogh riots”, *The Straits Times*, Feb 26, 1988, p. 15。

② Chiew Seen Kong, “Nation Building in Singapore: An Historical Perspective”, in Jon S. T. Quah ed., *In Search of Singapore's National Values*, Singapore: Times Academic Press, 1990, pp. 6 – 23.

③ 洪镰德：《新加坡的族群问题与政府的族群政治》，载施正锋主编《族群政治与政策》，前卫出版社1997年版，第161—187页。

值观，建构出共存共融的“新加坡民族”共同体。在2015年新加坡建国50周年之时，有文章就指出金禧年是新加坡人国家认同建设的里程碑，也意味着“如果新加坡人民紧紧站在一起，就会有光明的未来。”①

本书尝试将新加坡这个具有典型代表性的多元族群国家的多维多层族群治理模式放置于一个分析框架中，该框架中基于利益、规范和认同三个变量的族群多层治理模式与多元共融社会善治的发展目标构成一组因果变量关系，以多维和多层的分析视角，深入探讨在这个充斥着内外族群结构性压力的高异质性多元族群国家，如何有效地解决了族群与族群之间以及族群与国家之间的结构性张力，并最终实现了族群和谐共融与平等公正、国家统一与社会团结、经济繁荣和社会善治的美好图景。同时希望据此建立一个解释框架，来解析现代多民族国家如何实现从族群认同到国家认同、从族群规范到国家规范、从族群利益到国家利益的提升和转变，在消解族群与国家之间结构性张力的基础上实现动态的国家建构。这是一个“将认同、利益和规范进行社会化，并将其转化为一种相对稳定的结构的进程”。②

三 研究目标和选题意义

在多元族群国家中，族群共同体的多样性与国家政治共同体的唯一性始终是一个普遍存在又不可逆转的社会现实。历史上的帝国及霸权体制一般都是建立在对人类社会多样性否定的基础上，强调“等级制关系，是统治与服从的隶属关系。”③ 所以冷战时期世界范围内显性的因族群问题而引发的矛盾和冲突较为少见，冷战的结束

① Siau Ming En & Valerie Koh, “SG50: A milestone in building the Singaporean identity; Events in the Golden Jubilee year showed belief in a bright future if the people stand as one”, *TODAY*, 4 January 2016.

② Alexander Wendt, “Anarchy is What Make of It: The Social Construction of Power Politics”, in *International Organization*, Vol. 88, No. 2, 1994, pp. 384 – 396.

③ 国际政治学编写组：《国际政治学》，高等教育出版社2019年版，第67页。

释放了压抑已久的族群意识，族群问题迅速成为诸多国家面临的棘手议题。不过，同样是多元族群社会，为什么有的国家族群冲突严重、社会动荡不安，而有的国家却族群和谐、社会稳定且经济繁荣？矛盾冲突的根源在哪里，和谐共融的动因又是什么？是否有普适性的族群治理模式来解决多元族群社会的族群问题？这些都值得深入研究。

族群政治是利益、规范和认同融合统一的政治，作为多元族群国家中的次国家行为体，不同的族群虽然共存于统一的国家共同体中，但是因为各自在政治、经济与文化等领域的异质性，造成彼此之间以及与上位的国家共同体之间存在固有的结构性张力。而对于多元族群国家而言，如何通过有效的国家治理来消解这些固有张力是应然与实然的现实诉求。而不同的国家也产生了不同的族群治理模式来应对这种诉求，或成功、或失败，多元化的社会总会带给从事族群研究的学者多样性的选项。既有研究涵盖了社会科学研究的诸多领域。国外研究者在理论建设方面优势明显，研究体系和研究范式基本完善，已经在该领域的研究中确立了相对成熟的理论解释框架与研究经验。国内研究也逐渐由单一拓展为多元，纯粹的政策性研究也有了向基础理论探索的转向。在将新加坡作为研究案例的研究中，学者们对新加坡的族群结构、族群治理的经验和存在的问题以及族群与政治、经济和社会发展的关系等问题都有深入探讨。国内外学者的前期成果，为本书的研究工作提供了一定的理论基础和可资借鉴的研究经验，而既有研究在理论和实证层面的不足则给本选题在理论创新和实践开拓方面创设了较大的提升空间。

目前学界对新加坡的研究，很大比例的成果都是经验性分析，缺乏理论的厚度。对新加坡族群问题的研究也大多是关注新加坡的多元族群政策及其经验总结，而对于该国族群治理背后深层次的理论逻辑与模式建构尚未有代表性作品出现。既有成果还存在以下问题：第一，大都将族群关系或者治理模式看作相对独立的结构性存在，以致不能从动态的过程中把握关系的互动实践给行为体的行为带来的影响，未能通过族群关系与国家建构之间的互构过程来揭示其内在规律。第二，西方学术话语体系中的同化理论、多元主义、权力冲突等主流范式，虽然对多元族群社会的族群关系变迁及政府决策具有一定的解释力，但并不具备普适性，尤其是新加坡是否符合这些范式以及新加坡族群治理是否已经产生了新范式并没有统一定论。第三，在研究中缺乏对利益和规范的衡量。虽然很多学者从文化认同角度来看待族群的行为取向，却鲜有学者从利益和规范角度来关注族群与国家的关系问题。不论是对族群还是国家而言，利益与规范都是必须权衡的变量，二者决定了不同族群差异性较大的行为取向。

族群与国家之间的结构性张力是困扰多元族群国家社会稳定与族群和谐的一大顽疾，绝大多数的多元族群国家都为此付出过较大代价，但并未完全解决或掌控它。多元族群社会实现和谐共融以及国家建构的过程就是国家层面与族群层面的不同行为体在相互依存中追逐理性、互构博弈的过程。多元族群关系的发展建构起不同的族群身份，同时也界定了相应的利益与行为。在国家建构的进程中，族群认同与国家认同、族群利益与国家利益、族群规范与国家规范之间是否就存在必然的冲突？不同的行为体又呈现出何种理性诉求？应该如何处理和整合它们的关系，是同化还是多元化，是消解还是整合？这些问题不论是对治理实践还是理论研究，都是非常现实的考验。有价值的研究，“应该在更广泛的范围内提升、拓展并应用它，而不是只关注它所存在的问题和局限性”。[①] 所以，本书选取新加坡族群的多维多层治理结构作为研究对象，深入探索新加坡在族群治理与国家建构中化解族群与族群之间、族群与国家之间的利益、规范和认同张力并最终实现多元共融国族建构目标的基本规律。并希望通过对新加坡族群治理个案的研究发掘其中是否存在

① Robert Jervis, “Realism, Game Theory and Cooperation”, in *World Politics*, Vol. 40, Issue 3, 1988, pp. 317 – 349.

普适性因子，以便为世界同类型国家的族群治理提供一定的经验借鉴，也为更好地认知新加坡和东南亚地区的族群政治以及整个社会的发展和治理实践提供参考。

任何国家成功的制度、政策和具体经验对于其他国家来说都只能是具有参照意义，“所有的历史经验都不可能照搬照抄。我们从事研究，是为了丰富我们的知识和智慧。”① 所以，虽然新加坡的族群治理成绩斐然，但是并不意味着这一模式完全适合于其他同类型国家。毕竟“新加坡国家独立早于国族发展，先独立建国而后开始建立新加坡的国族认同，”② 这是与大多数民族国家不同的地方。而且很多学者也指出了新加坡族群治理中的问题，比如马来人认为多元族群政策不仅没有实现社会公平，反而加速了他们的被边缘化；也有学者认为目前的政策和制度并没有消除族际交流的障碍与紧张关系③。但是，并不能就此否定新加坡族群治理模式的意义与价值，其建国 50 多年来并未发生有规模的族群冲突即是有力的证明。正如安南所说，“对其他发展中国家的人民以及所有关心本国命运者，新加坡所取得的成绩具有极大的启发性意义。”④

新加坡作为族际公正和谐、社会稳定繁荣的典型代表，加强对该国族群治理模式的研究，一方面可以探究族群政治与国家建构和社会治理之间的内在关系，另一方面可以归纳新加坡在族群治理方面的重要经验以及其中依然存在的一些问题，从而为其他同为多元族群社会的国家如何做好族群治理提供有价值的借鉴。对成功的治理模式进行研究可以借鉴经验，对失败的治理实践的反思则可以避

---

① 周弘：《德国统一研究专题——前言》，《欧洲研究》2019 年第 3 期。

② 孙景峰、杜睿：《组屋政策与新加坡和谐社会的政治效应》，载吕元礼等主编《新加坡研究》（2019 卷），社会科学文献出版社 2020 年版，第 108 页。

③ Kuo Pao Kun, “Contemplating an open culture: transcending multiracialism”, in M. Arun & T. Y. Lee eds., *Singapore: Reengineering Success*, Oxford: Oxford University Press, 1998, pp. 50 – 61.

④ Kofi A. Annan, “About the Author and His Memoirs”, in Lee Kuan Yew, *From Third World to First: The Singapore Story: 1965 – 2000*, Singapore: Marshall Cavendish, 2000, Front Page.

免重蹈覆辙。从这个层面上来说，本书的选题便具有了十分重要的现实意义。在理论层面，既有研究虽然涉及多个学科领域，但是从政治学视角来探讨族群治理的理论框架还比较单薄，更需要有后继者的努力。既有成果中对于新加坡族群问题的研究多以静态分析为主，在本书中尝试将动态的族群多层治理进程植入该领域的研究，探寻多个变量在族群治理的不同层面以及族群与国家互构中的作用，将宏观的国家治理语境与微观的案例分析相结合，从动态分析的角度观察新加坡族群治理的内在规律性，并期望能够归纳出一个解释力比较丰满的理论分析框架。

第一章

族群治理的理论假设与变量关系

当今世界，人类生活在不同文化、种族、肤色、宗教和不同社会制度所组成的世界里，各国人民形成了你中有我、我中有你的命运共同体。……我们应该从不同文明中寻求智慧、汲取营养，为人们提供精神支撑和心灵慰藉，携手解决人类共同面临的各种挑战。

——习近平[①]

第一节　基本概念与文本阐释

概念是研究开展和理论建构的基础，“一个好的概念标出了关于所关注现象的一个界限，并因而使得理论的解释策略能够得到发展”[②]，所以厘清概念是研究开展的重要前提。“但是迄今的人类学、民族学、政治学以及社会学文献，不仅没有建构出清晰而完整的研究范式和分析框架，甚至在相关的概念上也缺乏统一的界定。”[③]“类似‘族群’‘族群性’和‘族群冲突’的术语开始频频出现在语言应用中……但是不得不承认的是这些概念的含义却常常是模棱两

---

① 《习近平谈治国理政》（第一卷），外文出版社 2018 年版，第 261—262 页。

② ［英］杰西·洛佩兹、约翰·斯科特：《社会结构》，允春喜译，吉林人民出版社 2007 年版，第 3 页。

③ Rogers Brubaker & David D. Laitin, “Ethnic and Nationalist Violence”, in *Annual Review of Sociology*, Vol. 24, No. 1, 1998, pp. 423 – 452.

可、模糊不清的。"[①] 尤其是跨学科的研究领域，如何综合相关学科理论，超越学科壁垒，运用科学的研究方法对其进行深层次的探讨与系统性研究是必须积极应对和有效解决的问题。在族群治理的研究中，对族群、民族、国家以及治理等相关概念的界定将有助于推动研究模型的建构，确立理论的解释范围，奠定研究延展的基础。

一　民族、族群与种族

当今国际社会的所有主权国家中，"由单一族群或者语言共同体所构成的民族国家不会超过 12 个。在这样多元的世界体系中强调族群或者语言民族主义的行为，将是逆潮流而动的。"[②] 所以，世界呼唤更为包容和多元的治理体系，而如何区分族群与国家、族群与民族、族群与种族则是基础性的工作。20 世纪 70 年代曾有学者指出"族群（ethnicity）看起来还是一个新概念"[③]，如今"族群"却早已成为普遍应用的大众词汇了。族群作为一种共同体，既可以有政治、经济属性，也可以是文化群体，同时还可能与血缘、地缘、业缘等自然性、社会性因素密切相关。鉴于行文需要，本书所述及的族群皆与英文的 Ethnic Group/Ethnicity 相对应，民族则与 Nation 相对应。考虑到国内的语言习惯，本研究所指的"民族"皆为国家民族（Nation），也就是晚近以来在部分地区较为流行的"国族"概念，而存在于民族框架下的各族裔共同体就是"族群"。比如中华民族是国家民族，是"民族"，而通常所称的 56 个少数民族，在本研究中与"族群"（ethnic group）概念同义。[④]

---

① Thomas Hylland Eriksen, *Ethnicity and Nationalism: Anthropological Perspectives*, London: Pluto Press, 2010, p. 1.

② E. J. Hobsbawm, *Nations and Nationalism Since 1780: Programme, Myth, Reality*, Cambridge: Cambridge University Press, 1992, p. 186.

③ Nathan Glazer & Daniel A. Moynihan eds., *Ethnicity: Theory and Experience*, Cambridge, MA: Harvard University Press, 1975, p. 1.

④ 行文中出现的引文中如有对这些概念的使用习惯不同的情况，以原文为准，但是会加注，以保持引文和本书行文的一致性。

“无论是已经形成还是正在形成的国族，都有几个、十几个、数十个、一百多个甚至数百个组成部分，这些组成部分就是民族（nationality）。……在美国把它称为族体（ethnic group），中国则称作民族（nationality 或者 ethnicity），在撒哈拉以南非洲称作部族（tribe 或 ethnicity）。”① 由于中外文对应的偏差以及翻译等问题造成了国内学界在概念上的混淆。有学者对相关概念（Nation、Nationality、Ethnic Group 等）进行了图解②（见图 1.1），其中种族是对人类群体的自然区分，不与语言、历史、宗教和文化这些变量产生交互影响，只有进一步被区分为民族、族体和族群以后才会有相交关系；民族指的是基于政治因素建构起来的国家层面的人类共同体，是运用国家力量对其他次国家行为体进行国家认同均质化以后而整合起来的共同体，与国家认同、国民身份等相对应；而那些受到社会认可的次国家层面人类共同体如果无法上升到国家民族地位，则被视作族体；在不同的族体中，因为各异的历史、文化、语言和宗教等要素而区分出的亚群体就是族群了。

由此可见，族群可以被视为构成民族和族体的基础，是民族和族体发生分化或者碎片化的结果。而“在外延上族群则成为远比种族概念宽广的人类群体”③，散居在世界各地的离散群体（如海外华人、吉普赛人、犹太人、库尔德人等）一般意义上也可划归到族群的范畴。“二战”时期美国就曾将族群概念用来指称那些信奉新教的犹太人、意大利人和爱尔兰人等非英裔白人群体。④ 所以从数量的多少上来看：“族群 > 族体 > 民族 > 种族”。种族按照肤色有黄

① 宁骚：《民族与国家：民族关系与民族政策的国际比较》，北京大学出版社 1995 年版，第 15 页。

② 郝时远：《对西方学界有关族群（ethnic group）释义的辨析》，《广西民族学院学报》（哲学社会科学版）2002 年第 4 期。由于学者在翻译时的理解不同，所以宁骚与郝时远在对同一个英文单词和词组如“Nationality”和“ethnic group”的翻译方面存在一定的差异，此注。

③ Richard Jenkins, *Rethinking Ethnicity*, London: SAGE, 2008, p. 23.

④ Thomas Hylland Eriksen, *Ethnicity and Nationalism: Anthropological Perspectives*, New York: Pluto Press, 2010, p. 4.

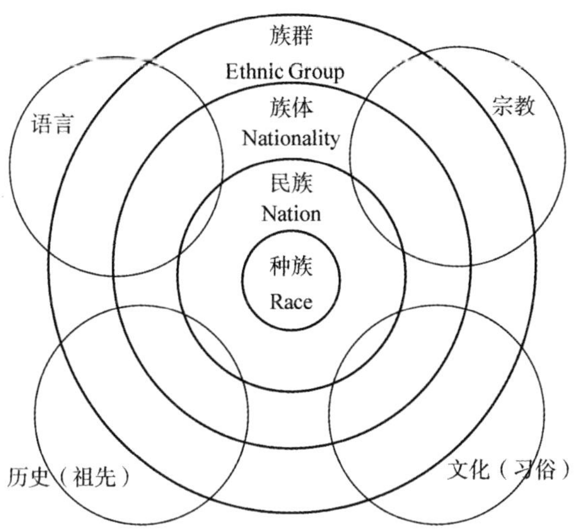

图 1.1　“民族共同体”同心圆结构

资料来源：郝时远：《对西方学界有关族群（ethnic group）释义的辨析》，《广西民族学院学报》（哲学社会科学版）2002 年第 4 期。

种人、白种人和黑种人等的区分，而同一种族所包含的族群数量并不是简单的数字可以表达的。正是这种特点，族群作为最小的类别，在现实中是族体、民族和种族等不同层次行为体的构成单位，所以其应用范围也就更广。具体来说，相关概念可以有下面更为详细的理解：

1. 民族概念

相比族群与种族，“‘民族’概念的历史要久远得多”[①]，近代以来与作为政治实体的主权国家开始产生密切的联系。但是“给民族下定义，要比给国家下定义困难得多”。[②] 国际社会将民族国家（nation state）而非族群（ethnic group）视为最主要的行为体，强调的就是其政治性。这已经成为一种惯例，如美国在民族政策文本中，就将民族作为国家和国民的整体代表，而国家框架内的各族裔

---

① Raymond Williams, *Keywords*, London: Flamingo, 1976, pp. 213 - 214.

② ［英］厄内斯特·盖尔纳：《民族与民族主义》，韩红译，中央编译出版社 2002 年版，第 7 页。

群体则被称作族群。华裔美国人（Chinese Americans）就是典型的例子，他们既属于“美利坚民族”又是“华人族群”（Chinese），自身是不可称作民族的。跨界族群则有更为细致的界定，比如日耳曼人（German）在德国是德国人，是“德意志民族”的组成部分，但是匈牙利的日耳曼人就成了“匈牙利民族”架构下的少数族群，而非民族。政治属性是民族的核心属性，在现代主权国家体系下，民族和国家可以被视为同一个社会现象的两个侧面。民族强调的是拥有同一的国家认同的人类共同体，而国家强调的是由政府等公共机构和暴力机关组成的管理和统治民族的组织体系。有学者试图在主观与客观层面融合民族的定义，将民族界定为“具有名称，在感知到的故土上居住，拥有共同的神话、共享的历史和与众不同的共同文化，所有成员拥有共同的法律与习惯的人类共同体。”①

目前，国内将中华民族视作一个整体的民族，56 个族裔群体也称作民族，概念上的混用不论是对社会发展还是学术研究都产生了一定程度的不便。在以民族国家（nation state）为主要行为体的国际社会，“历史上所形成的所有的人口集团（people、ethnic group）都被组织到民族国家框架之中，围绕着这种组合形成了相应的集体心理和政治文化”②，面对很多国家都存在的追求“一个民族，一个国家”的民族分离主义运动，如果在政治话语中不明确区分国家层面和次国家层面的概念，在某些情境下很可能会产生负面影响，不能不引起足够的重视。

“一战”以后，威尔逊和列宁分别就民族主义运动提出了民族自决权理论，该理论虽然推动了世界殖民体系的瓦解，但是也造成了多元族群国家的内乱与分裂。作为以民族意识为基础的纲领和理想，“民族主义虽然不是什么新东西，但肯定是当代文化中最突出

---

① ［英］安东尼·史密斯：《民族主义：理论、意识形态、历史》，叶江译，上海人民出版社 2011 年版，第 13 页。

② 王建娥、陈建樾等：《族际政治与现代民族国家》，社会科学文献出版社 2004 年版，第 57 页。

的现象之一。”① “民族主义并不是民族自觉性的觉醒，而是在不存在民族的地方将它创造出来，”② 在“民族主义者眼中民族主义首先是一条政治原则，政治单元与民族单元应该是一致的，亦即政治边界与文化边界是一体的。”③ 民族主义者认为民族是而且必须是政治组织的严格单位，“各民族是由上帝所造的相互分离的自然实体，最佳的政治安排就是当每一个民族都形成了独立国家的时候。”④ 这也就意味着它所追求的是国家边界与民族边界的一致性，其奋斗目标也是建立独立的民族国家，当这种观念占据了主流，多元族群国家中弱小族群的利益和地位就会被切割和排斥。民族主义在中世纪反对专制王权的斗争中发挥了重要作用，但是“一族一国”的原初假设则让它在当今世界走入死胡同，以至于有学者将民族主义视为“人类种群的麻疹，是非常幼稚的社会疾病”⑤。

2. 族群概念

族群概念是随着20世纪60年代世界性的民族独立运动逐渐产生的。从学理意义上来看，“族群”最初被视为一个文化共同体概念，侧重对社会组织的族群性研究，是“一个并非刻意组成的群体，其成员拥有同一的文化或者籍贯，并被他人认为或者自我界定为同属一个群体。”⑥ 换言之，族群就是“有着共同的祖先和传说、共有的记忆和文化要素的人群，是与历史上的领土或者家园密切相关的联系，是饱含团结的意涵。”⑦ 这一概念指的是有着共同的宗教

---

① ［美］爱·麦·伯恩斯：《当代世界政治理论》，曾炳钧译，商务印书馆1990年版，第423页。

② Ernest Gellner, *Thought and Change*, London: Weidenfeld & Nicolson, 1964, p. 169.

③ Ernest Gellner, *Nations and Nationalism*, Oxford: Blackwell, 1983, p. 1.

④ ［英］埃里·凯杜里：《民族主义》，张明明译，中央编译出版社2002年版，第7—8、52页。

⑤ Helen Dukas & Banesh Hoffman, *Albert Einstein – the Human Side: New Glimpses from His Archives*, Princeton: Princeton University Press, 1979, p. 38.

⑥ Wsevolod W. Isajiw, “Definitions of Ethnicity”, Occasional Papers in *Ethnic and Immigration Studies*, Vol. 79, Issue 6, Toronto: The Multicultural History Society of Ontario, 1979, p. 25.

⑦ Anthony D. Smith, *The Ethnic Sources of Nationalism*, *Ethnic Conflict and International Security*, Princeton: Princeton University Press, 1993, p. 28.

信仰、语言、文化以及风俗习惯的人群所形成的人类集团，它们还不能算是民族，可能正在成为民族的过程中，也可能永远不会成为一个民族。20 世纪 80 年代之后的族群研究开始更大程度地关注族群的政治性研究，并指出“如果语言、文化、政治等不同属性的组织之间不能完全相关，那么同一标准与多元标准界定下的共同体单元就会出现错位。”[①] 而与族群概念经常同步使用的族性概念，“明确了族群的性质或特征，是特定族群内部力量聚合的纽带”[②]，为不同族群之间的识别提供了一定的标准。族群概念本身并没有政治色彩，只是不同族群的政治精英将族群力量汇聚成为其借以动员的工具之时才被罩上政治外壳。

族群主义（ethnosism）指的是多元族群国家内部各族群“争取和保护本族群利益的思潮和活动”[③]，不以建国为发展目标，而是“通过思想引领和行动促进来积极维护本族群各项权益，确保本族群的政治参与、资源分享和文化保护等，……不同族群所追求的族群主义情感是与爱国主义情感相一致的。”[④] 族群主义的产生有着广泛的影响因素和深刻的渊源，严重的社会排斥与歧视政策、持续积聚的环境与贫富差距等社会问题、过度的政治民主化进程等都可能成为族群主义的诱因和驱动力。比如肇始于 20 世纪 70 年代的第三波民主化浪潮不仅推动了世界范围内的公民自由与政治平等，同时也引发了大范围的冲突，这些冲突并没有发生在国家之间，而是存在于国家内部。[⑤] 据统计，1989—2002 年世界各地发生的 116 起暴力冲突中，有 109 起都是与民主化运动相关的国内

---

① Michael Moerman, “Who are the Lue? Ethnic identification in a complex civilization”, in *American Anthropologist*, Vol. 67, 1965, pp. 1215 – 1229.

② 严庆：《族群动员：一个化族裔认同为工具的族际政治理论》，《广西民族研究》2010 年第 3 期。

③ 马戎：《民族与社会发展》，民族出版社 2001 年版，第 11 页。

④ 关凯：《民族关系的社会整合与民族政策的类型——民族政策国际经验分析（上）》，《西北民族研究》2003 年第 2 期，第 117 页。

⑤ Benjamin Reilly, *Democracy and Diversity*: *Political Engineering in the Asia – Pacific*, Oxford: Oxford University Press, 2006, p. 27.

族群冲突。①

随着世界对文明多样性的尊重，“不同的人类群体正在对本群体的历史、文化、宗教、族类和领土培育这更加深刻的感情，或者说人们在重新肯定自己的特殊认同，呼唤保留自己的历史记忆。”②即使在国家框架下将不同的族群培育出统一民族共同体，族群作为一个文化共同体的符号也不会在短期内消失。在当前的族群研究中，族群概念已经成为世界性的话语，它将在多元的语境中持续调适自己，在认同与排斥中培养自身的生命力，“族群概念将长期是一场不平等的权力对话”。③

3. 关于种族（race）的概念

很多文献中与族群同时使用甚至经常混用的还有种族概念。其实，如果把民族看作政治概念，族群是文化概念的话，种族则是一个生理概念。如图1.1所示，种族的数量在这几个概念体系中是最少的，目前人类主要有三大种族，分别是白种人、黄种人以及黑种人。虽然每一个种族还会有具体的亚种族划分，但是这种分类标准已经基本表达了人类种群的生理特征，主要以肤色、身体结构等生理性差异进行区分，同时会与血统、遗传基因等直接相关，“一个种族……的成员即使不被他们自己也会被其他人认为在身体上是与众不同的。”④

正如族群概念不单纯是一个文化概念、民族概念也不单纯是一个政治概念一样，种族本身除却生理性的属性之外，还有着其他更多特定的内涵，在该层面上不论是否存在生理属性上的事实，“种族往往与文化建构交织在一起”。⑤ 比如南非曾经长期存在的种族隔

---

① Mikael Eriksson, Peter Wallensteen & Margareta Sollenberg, “Armed Conflict: 1989 - 2002”, in *Journal of Peace Research*, Vol. 40, 2003, pp. 593 - 607.

② ［西班牙］胡安·诺格：《民族主义与领土》，徐鹤林、朱伦译，中央民族大学出版社2009年版，第27—28页。

③ 纳日碧力戈：《全球场景下的“族群”对话》，《世界民族》2001年第1期。

④ Richard Alba, “Ethnicity”, in Edgar F. & Mary L. Bogatta eds., *Encyclopedia of Sociology*, Vol. 2, New York: Macmillan, 1992, p. 576.

⑤ Leslie Banks, *Ethnicity: Anthropological Constructions*, London: Routledge, 1996, p. 54. Richard Jenkins, *Rethinking Ethnicity*, London: SAGE, 2008, pp. 23 - 24.

离制度也是种族问题与政治议题直接相关的典型案例；美国黑人以及亚裔人群为了能获得与白人同等的公民权而进行的斗争同样也是种族与政治、文化、经济等因素密切相关的例子，2020 年发生的弗洛伊德案更是引爆了压抑已久的美国种族主义的情绪，产生了巨大的政治影响。同一个种族因为生活的地域、文化传统、语言等的不同而被分为不同的族群和民族，这是人类社会发展的现实。没有白人民族，也没有黄人族群、黑人族群这样的划分，多个族群构成一个民族古已有之，多个种族构成一个国家也已成常态，美国就是典型的多元族群和多元种族的大熔炉，而“新加坡民族”内部包含着四大族群，四大族群中则又分属不同的种族，形成了独具新加坡特色的“沙拉碗”[①] 模式。随着人类社会全球性流动的不断加强以及族际通婚的增长，未来关于民族、族群、种族等不同类别的解读会更加复杂多样。

多元族群国家中民族、族群与种族三者的关系可以用图 1.2 来表示。与前文图 1.1 所述及的概念关系相比，图 1.2 是从民族、族群与种族的群体认同展开，立足点不同所以表现形式也存在一定的差异。A 区的种族成员因为缺乏明确的群体认同，所以无法建构成族群，只能以原始的部族或者散居形式存在；B 区的族群维度充分共享共同体所共有的历史记忆；E 区则是那些种族身份不明或者不看重种族身份的族群成员；C 区和 D 区的群体成员虽然对种族属性有着不同的态度，但是对民族这一共同体有着共同的政治认同意识。[②] 所以，从这个意义上来说，新加坡的华族、马来族、印度族和其他族群作为不同的族群，虽然分属于不同的种族，但是在国家的主导下在多元共融和族群平等的基础上，共同参与和推动了“新加坡民族”的建构进程。不过李光耀似乎未能分清“种族”与

① 范磊：《新加坡族群和谐机制：实现多元族群社会的善治》，湖南人民出版社 2016 年版，第 173 页。

② John Coakley, *Nationalism, Ethnicity and the State: Making and Breaking Nations*, London: SAGE, 2012, p. 12.

“族群”的差别，他在评述亨廷顿关于美国是一个多元族群、多元种族社会的观点时指出，他“不知道多元族群和多元种族之间的区别”[①]，所以新加坡官方一般把其国内的四大族群称作“种族”，并设立了“种族和谐日”，而非“族群和谐日”。不过，在不同的场合和文件中，经常会出现两者混用的情况。本书根据学理上的界定，将新加坡的四大族裔群体用“族群”来表述，但是在涉及新加坡习惯表述的概念和术语方面会尊重原文。

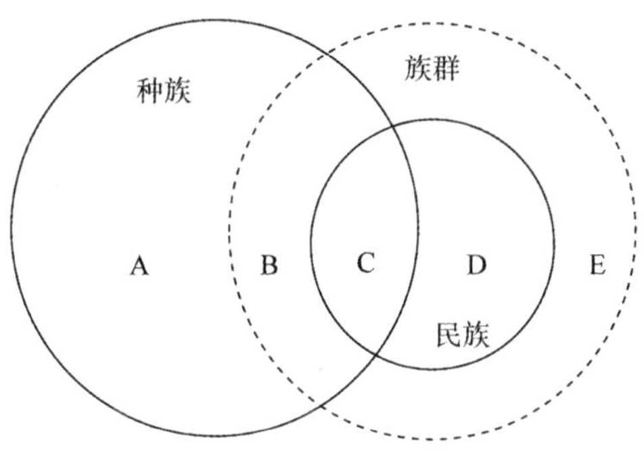

图 1.2　民族、族群与种族之间的关系

资料来源：John Coakley, *Nationalism, Ethnicity and the State: Making and Breaking Nations*, London: SAGE, 2012, p. 13。

二　治理与多层治理

作为一种社会现象，“治理（Governance）一词在英语国家作为日常用语出现有数百年之久，指的是在特定范围内行使权威，在众多不同利益共同发挥作用的领域建立一致或取得认同，以便实施某项计划。”[②] 而世界银行被认为是最早将治理理念从单纯地分析政

① Han Fook Kwang, Zuraidah Ibrahim, Chua Mui Hoong, Lydia Lim, Ignatius Low, Rachel Lin, *Lee Kuan Yew: Hard Truths to Keep Singapore Going*, Singapore: Straits Times Press, 2011, p. 57.

② ［法］辛西娅·休伊特·德·阿尔坎塔拉：《“治理”概念的运用与滥用》，黄语生译，《国际社会科学杂志》（中文版）1999 年第 1 期。

府机构运作拓展到社会和公民团体等领域的推动者[①]。随着全球化的发展，治理逐渐成为国际关系与政治学研究领域共同频繁使用的词汇。就治理自身发展而言，“内在张力与外在作用力互动编织的网络系统，宽松的控制、分散的权力以及日益多元的决策中心成为新的治理体系的典型特点。……与以往的科层制垂直等级系统不同的平行治理体系得以确立，这种对公共责任的担当可以被视为公共执行力，公共与私人组织将成为主要的行为者”。[②] 并且还会全面关注“国家介入、社会自治以及公私行为体之间的互动关系。”[③] 如果说治理概念最早是源于国内行政以及政治发展逻辑的话，多层治理理论则是在20世纪90年代初期随着欧洲一体化实践的多层治理进程而被提出的。随着治理理论的发展，多层治理的理论架构也逐渐与国内治理实践产生了契合。

1. 治理与善治

世界银行曾经将治理定位为“国家行使权力的传统和制度”[④]，全球治理委员会（The Commission on Global Governance）1995年提交的报告指出，“治理就是个体和组织、公共和私人管理共同事务的路径综合，是一个推动包容冲突（或者多样性利益）、推动联合行动得以实现的持续过程，这其中既有正式的制度和规则，也有非正式的机制安排。”[⑤] 有学者就认为，治理的实现要基于政府，但又

---

① 1989年世界银行在概括当时非洲的情形时，首次使用了“治理危机”（crisis in governance）的概念，此后治理这一概念便被广泛应用于政治和社会发展研究中，特别用来描述后殖民地和发展中国家的政治状况。

② Harland Cleveland, *The Future Executive*: *A Guide for Tomorrow's Managers*, New York: Harper & Row, 1972, pp. 13 - 14.

③ Jon Pierre, "Understanding Governance", in Jon Pierre ed., *Debating Governance*: *Authority*, *Steering*, *and Democracy*, Oxford: Oxford University Press, 2000, pp. 1 - 10.

④ Daniel Kaufmann, Aart Kraay & Pablo Zoido - Lobaton, "Governace Matters", in *Policy Research Working Paper 2196*, World Bank Institute, October 1999.

⑤ The Commission on Global Governance: *Our Global Neighborhood*, New York: Oxford University Press, 1995, p. 2.

要借助不仅限于政府的社会公共组织系统以及单一的行为体合作完成。[①]

目前，治理进程中的行为主体或权力中心已经日益多元化，治理体系既涵盖了政府的组织体系也涵盖了非政府或者非正式的组织机制[②]；国家在经济社会领域的部分职能向非官方机构转移；不同层级的权力主体之间存在相互依赖的关系，并借助彼此之间的有效互动达成某种共同的目标；治理进程的参与者基于理性选择会积极构建“自治网络”。由此，治理的特征可以概括为三个方面：首先，治理不是单纯的规则和活动，而是在持续的互动协调中不断变化发展的制度体系和动态过程；其次，协调而非控制是治理实施的主要手段；最后，治理过程涵盖公共与私人两大领域。随着公共治理的全球化以及地方化的同步推进，公共治理在更加开放的框架中逐渐呈现出多元化和分化的色彩，公共机构和私人部门之间的边界也在不断弱化。

完整的治理架构要包括四个维度：第一，治理的主体。包括国家和政府等公共机构以及各类非政府组织、社会机构乃至个人等在内的多层级行为体已经成为公共治理进程的主体因素。第二，治理的客体。国内层面和国际层面的治理都涵盖了不同的行业部门和多元化的议题领域。第三，治理的路径。传统的自上而下的科层式统治模式将逐渐为注重合作与协商、共识与参与的网络式治理结构所取代，政府的政策、国家制度以及相应的社会行为规范和习俗传统等都将在具体的治理进程中发挥规约或者协调作用。第四，治理的目的。治理最终是要通过对社会发展中的利益协调和资源配置来实现社会和谐与稳定的目标，推动社会公正与进步，满足日益增长的多元行为体的多元诉求。

---

① Gerry Stoker, “Governance as theory: five propositions”, in *International Social Science Journal*, Vol. 50, Issue 155, 1998, pp. 17 – 28.

② ［美］詹姆斯·N. 罗西瑙：《没有政府的治理》，张胜军、刘小林等译，江西人民出版社 2001 年版，第 5 页。

治理过程还面临价值判断的问题，即何为善治（Good Governance）。作为治理程度较为优化的一种表现形式，善治主要指的是治理是否有效，是否具有合法性，是否良性发展，是否会陷入危机并造成治理失灵。福山对如何衡量治理，如何衡量善治给出了自己的四个标准：公职人员的行为是否符合既定规则的程序性衡量；政府汲取社会资源的能力衡量；国家治理绩效的输出衡量；政府是否自主灵活地执行政策的官僚自主性衡量。[①] 福山指出与纯粹的市场、等级式的科层制治理明显不同，当前的国家治理注重国家、社会、企业等不同层次行为体的整合，不同治理主体借助一定的关系建构起一个试图克服不可治理性的网络，政府得以运用更多新政策工具充分发挥统筹作用，从而让善治更加现实（见图 1.3）。对于新加坡这个多元族群社会来说，“种族以及与之相关的语言、文化和宗教情绪，都是很原始的情绪，要控制好这些情绪并导之向善发展，善政是不可或缺的。”[②] 而福山在此项研究中就将新加坡列为善治的最佳国家的代表性案例。

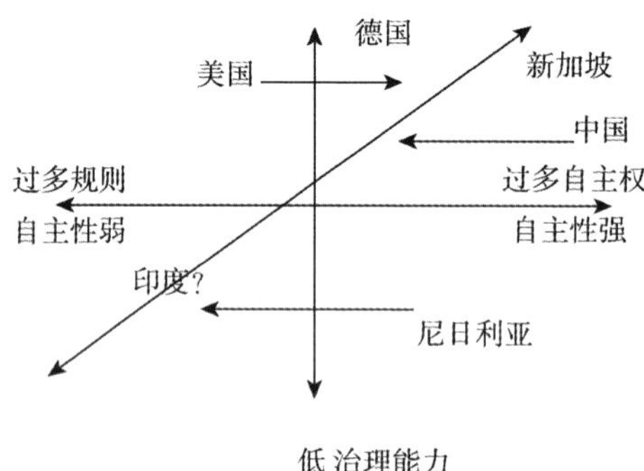

图 1.3 国家治理能力与官僚自主性之间的关系

资料来源：Francis Fukuyama，“What Is Governance?” in *Governance*，Vol. 26，Issue 3，July 2013，p. 362。

---

① Francis Fukuyama，“What Is Governance?”，in *Governance*，Vol. 26，Issue 3，July 2013，pp. 347 – 368.

② 《社论：种族和谐需要善政》，《联合早报》2013 年 7 月 20 日。

联合国曾经对善治做出如下界定："参与、共识导向、问责、透明、响应、有效和高效、公平和包容以及遵守法律"是善治的八个特征，善治可以将"少数派的观点得以采纳，在决策时听到最弱势群体的声音，并对社会当前和未来的需要做出及时的反应。"① 新加坡总理李显龙也指出："全球化一方面限制了政府的角色，另一方面又使善治比以往任何时候都更加重要。善治不仅要对外开放经济以及使僵化的官僚机构焕发活力，还应该为可持续发展创造条件，为改善社会各阶层民众的生活积极寻求政策。"②

可以说，"治理就是对正式和非正式的政治游戏规则的管理，它涉及为使用权力而制定的游戏规则的各种措施和利用这些规则解决冲突的过程"。③ 虽然治理的主体日益多元化，但是与其他非国家行为体在治理过程中的作用相比，国家依然是治理进程中最重要的行为体，依然"在一个既定的范围内运用权威以规范公民行为、协调各方关系、维持社会秩序、增进共同利益和满足公众需要……"④ 作为国家与社会新型关系的一种框架体系，多元行为体之间的持续互动逐渐丰富了相关的治理理论，并为其赋予了典型的先天性规范气质。

2. *多层治理的概念*

政治结构一般来说有两种，一种是垂直的科层式等级结构，另一种是平面的平行式延展结构。传统意义上的国内政治结构是典型的科层式等级结构，而多层治理理论的提出，则对传统意义上国家处于等级金字塔顶端的权威性构成了一定的冲击，政府权威虽然仍处在金字塔的最顶端，但是社会组织、市场、个人等处于金字塔不

① UNSECAP, "What Is Good Governance?", United Nations Economic and Social Commission for Asia and the Pacific, http://www.unescap.org/pdd/prs/ProjectActivities/Ongoing/gg/governance.asp.

② Lee Hsien Loong, "Speech at the IMF/World Bank Annual Meetings in Singapore", September 19, 2006.

③ Anne Mette Kjær, *Governance*, Malden: Polity Press, 2004, p. 3.

④ 吕元礼等：《鱼尾狮的智慧：新加坡的政治与治理》，经济管理出版社 2010 年版，第 1 页。

同层级的次国家行为体在治理框架下开始逐渐成为治理的主体。多层治理主张在多个层面实现国家与社会、公共领域与私人领域的良性互动，从而更好地弥补全球化时代政府在公共事务和市场资源配置等领域的先天性不足。多层治理的基本假设就是推动非政府行为体与政府在一个多层多维的框架中积极互动，而多层次行为体在治理过程中的扩张将比单一的政府垄断统治要更为高效。随着地区化进程和全球性公民社会的发展以及各国基层社区管理能力的不断提升，多层治理被视为一种优越的权力分配与治理模式。就国家的内部治理而言，多层治理将充分发挥国家（政府）、次国家行为体（社会以及社会组织、个人）等之间的互动能力，而不再仅仅是以往由国家主导的政府管理与控制模式。

自国家诞生以来，国家与社会之间的多层互动博弈便贯穿于人类历史的进程中。罗西瑙曾将决策与治理的层次从微观到宏观依次划分为个体、角色、政府、社会与体系。① 总体而言，不论是国家与个人、族群、社会组织，以及其他各层级的行为体之间的互动都摆脱不了国家与社会的基本框架。国家与社会的关系正随着社会力量的壮大和国家力量的稀释而逐渐走向融合，原来的二元分立关系正在被更为融洽的二元互动、多元共融关系所代替，进而衍生出不同于以往的公共治理模式，在这里“治理结构或者秩序的产生并非被额外地强加，而是通过治理的多样性互动以及各行为体之间的相互影响来实现”。②

治理理论越来越强调社会层面多元主体的合作管理，从而使“公民社会中的私人机构、非政府机构能够同公共机构一样承担必要的公共管理职能，因而能够成为公共管理的行为主体”。③ 公共治

---

① James Rosenau, “Pre – Theories and Theories and Foreign Policy”, in James N. Rosenau ed., *The Scientific Study of Foreign Policy*, New York: Nichols, 1990, pp. 115 – 169.

② Gerry Stoker, “Governance as Theory: Five Propositions,” in *International Social Sciences Journal*, No. 155, 1998, pp. 17 – 28.

③ 郁建兴、周俊：《论当代资本主义国家与社会关系的变迁》，《中国社会科学》2006 年第 6 期。

理在国家为主导的前提下，随着治理主体的日益多元化，日益呈现出多层多维的发展趋势。政府机构以外的非政府性、非营利性的社会组织开始步入公共治理领域，国家与社会之间通过积极而有效的合作实现了公共资源与权力在全社会的分配与再分配，社会组织与政府共同承担公共管理责任的同时也实现了与公民社会之间的互构。于是，“随着执政形式的发展，存在于公共和私人部门之间或者内部的边界与区隔日益变得模糊不清”①，“政治秩序正在从组织/科层体系（以及市场/无政府）向网络”转变②，基本实现了纵向垂直的科层体系与横向水平的社会变量之间的交叉与融合。在国家内部的族群/民族治理中，呈现出国家层面、族群层面、社区层面等不同层次行为体的良性互动与交融依赖，最终在多维叠加的立体格局上呈现出善治的复合型画面。

第二节　族群与国家：理论假设与治理结构

一　族群治理的理论建构

在多元族群国家中，族群与民族、族群与国家之间的关系是否和谐共融关系到整个多元社会的发展命运。对于民族国家而言，不论其国家结构是联邦制还是单一制，以中央政府为代表的国家体系始终是这个国家的最高权威，而不同的族群则是国家/民族的有机组成部分。但是族群与国家的政治地位并不是天生的，作为不同层次的两种理性行为体，族群与国家之间存在天然的张力。当国家治理高效、政治稳定且经济繁荣时，各族群的向心力和凝聚力就强，分裂趋向较弱甚至消失，多元共融的治理目标得以实现；但是当国

---

① Gerry Stoker, “Governance as Theory: Five Propositions,” in *International Social Sciences Journal*, No. 155, 1998, pp. 17 – 28.

② Joachim Blatter, “Beyond Hierarchies and Networks: Institutional Logics and Change in Transboundary Spaces,” in *Governance: An International Journal of Policy, Administration, and Institutions*, Vol. 16, No. 4, 2003, pp. 503 – 526.

家治理失灵，政治腐败、经济发展陷入困境时，族群与国家之间的张力会迅速拉大，各族群与国家之间的对立情绪和分裂意识增强，现有的不同族群可能会出现分裂组合进而形成新的民族，建构出新的国家。

1. 民族国家：多元族群共存的基础语境

作为人类社会发展进程中为了实现对全社会有效治理而创设的政治形式，国家自诞生以来就在公共治理的框架中始终扮演着基础性与关键性的角色。而在整个世界体系中，“民族国家越来越成为世界多层治理体系的一部分，民族国家不再有清晰的地理边界和主权划分”①。目前所谓的国家建构就是民族国家的建构，也即追求同一的国家民族的建构过程。目前存在于世界各地的多元族群国家根据各族群的关系结构主要可以分为一元主导结构、双主体结构、多元平等共存结构、对立统一结构等多种类型。详情参见表 1.1。

表 1.1　当今世界国内民族（族群）关系的基本类型②

类型	主要特征	代表国家	其他
一元主导型	存在占绝对优势的主体族群；其他少数族群所占比例较小；国家反对族群歧视，注重族群和谐与团结。	欧洲如俄罗斯、奥地利、瑞典、丹麦、葡萄牙、希腊等国；亚洲如日本、蒙古、约旦等国；非洲如埃及、突尼斯、马达加斯加等国；美洲、大洋洲基本不存在此类国家	国内族群关系比较单一，传统族群关系和谐，社会稳定，但随着新移民的涌入，日趋多元的社会也面临着诸多新的族群问题

① ［英］安东尼·吉登斯：《全球化时代的民族国家》，郭忠华、何莉君译，《中山大学学报》（社会科学版）2008 年第 1 期。

② 宁骚先生在进行此项分类时，是以“民族”概念来表示国内的各族群群体的，而考虑到本书的行文习惯以及上文对不同概念的区分，该表中将“民族”统一更换成了“族群”，此注。

续表

类型	主要特征	代表国家	其他
双主体族群结构	由两个主体族群构成，可能人口数量和影响力比较对等，也可能比较悬殊，除此之外，其他族群要么不存在要么比例极小。	比利时（弗族、瓦族）、乌克兰（乌族、俄族）；伊拉克（阿拉伯人、库尔德人）、塞浦路斯（希族、土族）；吉布提（伊族、阿族）、埃塞俄比亚（奥族、阿姆哈拉族）；加拿大（英裔、法裔）、危地马拉（危地马拉人、印第安人）等	族群边界明显的两大族群极易形成对抗格局，并引发大规模的族群冲突，虽然有的国家两大族群矛盾并不尖锐，但是该类型国家内的族群结构是造成暴力冲突的主要原因
多元平等共存型	世界上约有70%的国家是由两个以上，甚至几十个、几百个不同的族群组成的多元族群社会。	如瑞士、新加坡、坦桑尼亚。这三个国家分别代表了发达国家、新兴工业化国家和发展中国家三种类型，但却都实现了多元族群的和谐共处与社会稳定	可能存在主体民族，也可能没有。但是政府有效的政策和制度是有力保障，历史、文化、宗教等也发挥着重要作用
对立统一型	国家一般是多元族群社会，族群构成非常复杂，族群结构呈现多元互动的特点	英国、西班牙、美国、印度、澳大利亚等国家都是该类型的典型代表	各族群过去或当前就存在对抗情绪或暴力冲突，各族群内在的凝聚力对国家的统一与稳定造成威胁

资料来源：宁骚：《当代世界国内民族关系的类型与成因分析》，《民族团结》1999年第7期。

民族国家既是一种国家形态，也是一整套复杂的制度安排，而且已经“由事实证明出是比任何其他的政治组织更强有力的”① 制度体系。拥有共同的身份和认同目标是现代民族国家形成的标志。在持续的磨合中，国家与民族这种二元并存的结构形式渐趋稳定，原本松散的群体意识在国家的强力整合下，逐渐由族群这一多元的

① ［美］卡尔顿·海斯：《近世欧洲政治社会史（上、下卷）》，黄慎之译，中国政法大学出版社2007年版，第4页。

自在群体发展为国家民族这一自觉群体，多元的族群认同共融上升为民族认同，完成与国家认同的内在统一。这一过程是民族与国家重合的历史过程，也是国家制度建构以及现代国家民族的形成过程。一个有着卓越凝聚力的国家民族，可以为国家的稳定和发展奠定坚实的基础，而如果国家衰弱，民族精神涣散，最终将难以避免国家民族分裂的恶果。

中世纪末期的西欧，原本有着血缘、地缘、神缘以及历史文化联系的族群在王朝国家的整合下逐渐建构起同一的国家民族认同，形成现代意义上的民族国家。相比而言，世界其他地区的民族国家由于缺少类似于西欧这样的国家民族建构进程，加之大都经历过数百年的西方殖民统治，所以在反殖斗争以后即使形式上的国家制度体系得以建立，但是由于不同族群之间的异质化较为严重，国家与民族虽然在人为推动下实现了形式上的统一，但是国家框架下的各族群单位依然有着清晰的边界，不同族群之间以及族群与国家之间的结构性张力依然存在，甚至有些国家还通过人为界定识别来强化族群边界，给同一的国家民族建构造成了较大的阻碍。

国家建构中“或国家在先，或有民族在先”。[①] 比如英法就是先建立现代国家，然后借助国家的力量将不同的族群整合到国家民族架构下；而德国由族群精英动员倡导首先确立起德意志民族认同，然后借助王朝战争建立起现代民族国家。不论是哪一种形式，统一的国家和民族的形成都离不开对所属领土范围内多元族群的整合，并最终在此基础上实现民族国家建构，塑造出同一的公民身份和国家认同。近代以来，单一族群结构的民族国家为数甚少，绝大多数国家都是多元族群的民族国家。所以，当今世界现实中“坚持政治的和民族的单位必须一致”[②] 的“一族一国”或“一国一族”只能是一种不切实际的幻想。

---

① ［德］尤尔根·哈贝马斯：《包容他者》，曹卫东译，上海人民出版社 2002 年版，第 125 页。

② Ernest Gellner, *Nations and Nationalism*, Oxford: Blackwell, 1983, p. 1.

2. 多元族群国家的结构张力与体系合力

族群与国家的张力对于多元族群国家来说是一种客观存在。从国家层面来看，“族群的相处与国家的建构，两者关系非常紧密。族群是否和睦共处，影响国家的建设与团结；而国家实施的族群政策，则影响社会的分裂与整合。”① 从族群与族际层面来看，积极的族际交往交流交融是化解张力的有效途径，但是这种互动必须是双向的或者多元群体的共同参与，单向的族际接触则极可能会导致族群歧视或者“非我族类其心必异”这样的群体性隔阂。从社会发展的各个领域来看，族群与国家之间的张力主要涵盖政治、经济、文化与社会等多个领域，而如果就其内在的属性而言，则主要涉及利益、规范以及认同三个维度，族群治理的过程就是对三大维度张力的消解过程。

以民族国家为代表的国家形式自启蒙时代以来已经成为国家结构发展的主流，“是在特定国界范围内对既定的领土进行统治的政治体系”②。统一而整体的文化和语言认同、垄断了的暴力工具、国界清晰、存在于一个国家体系中是民族国家的一般特点。民族国家这种形式诞生之初是以“一族一国”的理念为基础的，但是随着民族主义运动在世界范围内的拓展，一个民族国家内部往往存在多个族群或者种族，多元族群的构成已经成为当前民族国家的普遍形式，“一族一国”这样的原初理念已经与现实进程相脱节了。冷战以后，世界范围内的新一轮民族独立运动与民族分离主义此起彼伏，与此密切相关的恐怖主义、极端主义、分离主义对冷战后多元族群国家“代表国家法律和政治结构合法性的‘民族’的一体性构成了挑战”③，成为国家稳定与统一的巨大威胁。

---

① ［新加坡］李元瑾主编：《新马印华人：族群关系与国家建构》，新加坡亚洲研究学会2006年版，第1页。

② ［英］安东尼·吉登斯、郭忠华编：《全球化时代的民族国家：吉登斯讲演录》，江苏人民出版社2010年版，第190—194页。

③ April Carter, *The Political Theory of Global Citizenship*, New York: Routledge, 2001, p. 100.

在族际交往中，族群的心理特质塑造了族群文化、族群规范以及外在的诸如语言、文化、宗教信仰等符号体系基础，作为一种习得的进化模式，族群成员在自身的成长语境中逐渐培植起对本族群的归属感和认同，即便是族群意识不强的个体在这种环境中也会受到影响，最终发生不同程度的改变。当然也有异类，比如穆斯林中可能也存在嗜好烟酒的人，混血儿可能对父母所属的族群文化与习俗都有排斥或兼容并蓄等。这种个体层面的行为与心理往往会影响他们的族群认同，但是相比整个国家民族而言，这种族群内部的差异就微弱的多了。多元族群的民族国家一方面要保证其作为统一的民族国家的存在，另一方面又要保障不同族群的合法权益，各个族群在面临族群身份与民族国家公民身份的选择时，张力与合力并存，对立与统一同在。而对于族群利益和族群认同的强调必然会削弱国家利益与认同，进而扩大张力弱化合力；如果国家治理得当，族群对国家的认同增强，张力减弱合力增强。“族群意识可以建立一个国家，也可以撕裂一个国家。”① 换言之，不论是对于民族国家而言，还是对于各个族群而言，都会面临身份认同的危机。

从某种意义上来说，族群与国家之间存在零和博弈的关系。以认同为例，人类是社会关系的集合体，先天的群居属性让每一个群体的成员都会对所在群体产生天然的向心力和认同感。对于族群而言，这种认同感在族群内部会内生为强大的凝聚力和群体整合观念，而在跨族群交流中则会形成以本族群为中心的自我意识，注重对本族群认同的强调，这在一定程度上将会影响对民族国家的整体认同，超出一定的范围则可能引发族群冲突甚至内战，而过度强化国家认同，则会挤压族群的认同空间，不利于族群保持自身的特性。班杰明（Geoffrey Benjamin）曾指出过分强调族群认同将令群体身份固化并人为建构出族群边界，“相当于否定了其他非族群性

① ［美］白鲁恂：《族群认同的先知》，载哈洛德·伊萨克《族群》，邓伯宸译，立绪文化2004年版，“序”第19页。

的社会模式……部分群体或许已经对那些专门为多元族群主义而创造的艺术和娱乐形式而厌倦，以至于会产生逆反心理并建构出与多元族群主义相逆的非族群模式”。[①] 身份固化将会给语言、宗教、文化艺术等贴上族群标签，在不同的领域扩展增强族群边界，可供国家认同浸润的空间变小，导致族群与国家之间持续存在紧张关系。当族群与国家之间张力持续扩大，不可避免地就会造成国家分裂和社会动荡。

但是，族群与国家又不必然存在零和关系。两者之间的互动博弈结果并非是完全确定的，张力的客观存在对于族群与国家而言同样是一种机会。一方面，族群认同的强化在一定程度上丰富了民族国家的多元化色彩，使国家在文化、经济和政治社会等领域有着更加蓬勃的活力和不同的声音，有助于国家治理体制的更新与完善；另一方面，对于国家利益、权力、规范和认同的强调则可以借助民族国家的上位能量实现单一族群无法实现的目标，凝聚各族群的力量形成国家框架下的体系合力，从而保障各族群的合法权益，尤其是在国际社会的地位。当然这里有个基本前提就是这个国家的中央政府必须是民主高效的，而不能是腐败和专制的，否则各族群所面对的将是剥削、歧视与不平等，而且极可能因经济上的发展不均衡而导致贫困，埋下族群冲突和国家分裂的种子。

总之，如果在增进族际互动的基础上协调与整合多元族群利益来寻求最优化策略，或许难以获得最佳的共赢结果，但是较易于达成没有输家的博弈结果，使不同族群可以在整合利益、规范与认同等结构性张力的基础上形成有效的体系合力；而如果片面追求某一族群或者国家整体利益而无视其他族群的利益，势必将导致没有赢家的最差博弈结果，拉大族际张力以及族群与国家之间的张力，造成族群冲突和国家分裂的局面。所以，对于多元族群国家而言，采

---

① Geoffrey Benjamin, “The Cultural Logic of Singapore’s Multiracialism”, in Ong Jin Hui, Tong Chee Kiong & Tan Ern Ser eds., *Understanding Singapore Society*, Singapore: Times Academic Press, 1997, p. 80.

取多元平等、和谐共融的族群治理理念，摒弃族群歧视或者族群沙文主义理应成为国家民族建构和善治的题中之义。

3. 族群与国家关系的三种状态

综上所述，如果将族群与族群之间以及族群与国家之间的关系进行具体分类的话，可以表现为三种状态：对抗→冲突；张力→竞争；合力→整合。相应地，多元族群国家中族群与族群之间、族群与国家之间的关系就可以表现为以下三种形式（见图 1.4—图 1.6）。

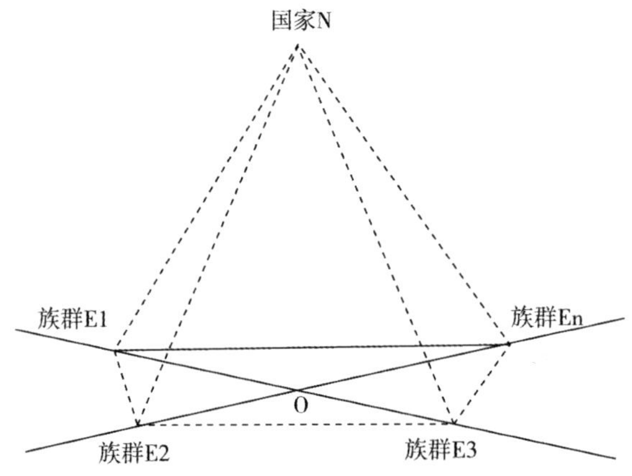

图 1.4 族群与国家关系的冲突模型

模型说明（图 1.4～图 1.6）：在这三个族群与国家关系的模型中，实线表示两个行为体之间是合作关系，形成正向的合力，虚线代表了行为体之间的对抗或者竞争关系，属于负向的张力。三种关系状态表现为金字塔式的锥体模型，其中国家（N）被假定为金字塔塔尖，高于族群并引领族群，是族际整合与国家建构的主导性力量，也是国家体系中唯一的最高权威；而族群处于基础性的地位，不同的族群（族群 E1、E2、E3……En）的利益、规范和认同相交于一点（图中的 O 点），这是多元族群之间的共同性，也是国家利益、规范和认同乃至国家意识形态的立足点，并通过公共力量将其上升为国家利益、规范和认同。整个锥体就是国家权威整合多元族群的一体化结构和体系。当所有的棱边线是实线时，国家是一个有机而稳定的统一体，族群与国家之间是合作共存关系；而棱边实线和虚线并存时，族群与国家之间有着明确的竞争关系，国家存在族群分离的危险；如果棱边都是虚线则存在严重的族群冲突，国家体系将会坍塌。在诸多多元族群国家中，不同的族群往往又是跨界族群，所以在该模型中，将族群坐标线延伸至金字塔之外，跨界属性是影响一个国家内部族群关系的重要变量，如果不存在跨界族群，该延伸则自动消失。

在冲突模型（图 1.4）中，族群与族群之间、族群与国家之间处于对抗状态，不同的族群之间在族群利益、族群规范和族群认同方面存在极强的异质性，无法实现多元共融的良性关系；而各个族群试图通过将本族群的利益、规范和认同上升为国家层面，实现独立建国的意愿。在这种关系模型中，对抗与冲突是两者关系的主流，不同的族群以追寻新的国家建构作为目标，最终造成既有的国家结构和体系坍塌，新的国家将建立在单一族群或者几个族群重新整合的基础之上。

典型案例就是苏联解体。据不完全统计，1988 年苏联境内 170 余个地区共发生 2100 多起与民族（族群）问题直接相关的示威游行和暴力事件，卷入人数多达 1000 万人；1989—1990 年，有 14 个加盟共和国先后爆发了较大规模的族群骚乱，造成约 2380 亿美元的经济损失，死伤人数逾百万，数十万人流离失所。在这一族群冲突日趋严重的背景下，由 100 多个族群构成的苏联在 1991 年圣诞之夜黯然解体。① 除却政治、经济与意识形态等显性原因之外，在苏联存在的几十年中族群与国家之间长期遮蔽和挤压的结构性张力的持续积聚是导致苏联解体的隐性力量。在外在因素的引燃下，各加盟共和国的族群冲突火焰越烧越高，最终释放为严重的族群对抗与分离主义，加速了原本就已经摇摇欲坠的国家结构和体系的坍塌。

如果不同的族群之间以及族群与国家之间天然存在的张力迟迟得不到有效的解决，虽然族群边界清晰，但是由于国家治理的能力较强，国家在族群与国家关系的博弈中处于明显的优势，此时族群与国家的关系将处在竞争状态，这便呈现出族群与国家关系的竞争模型（图 1.5）。在类似竞争模型的多元族群国家中，并不是所有的族群之间以及族群与国家之间都存在竞争关系，基于经济、政治和社会文化等多方面的原因，不同的族群之间如果在资源分配、均

① 王建娥、陈建樾等：《族际政治与现代民族国家》，社会科学文献出版社 2004 年版，第 39 页。

衡发展以及历史文化传统等领域存在较多共识，那么这些族群之间会更易于合作，而在此基础上国家的治理难度将大大降低，有助于在某种程度上推动族群和谐与社会稳定的实现。在这类国家中，往往会借助主体族群的示范作用来推动部分地族际整合目标的实现，但是必须有族群平等的预设条件，否则族际竞争将会扩大化。

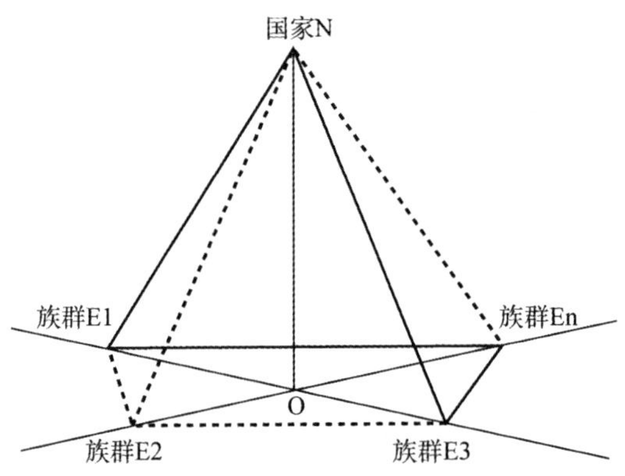

图 1.5　族群与国家关系的竞争模型

究其原因就在于此类型国家中各族群会在经济、政治以及社会文化等领域存在较多的差异，一方面这种明显的异质性将导致不同族群之间的张力无法弥合，存在短时间内难以消除的族群矛盾和边界，另一方面在族群与国家关系上可能会出现国家无法满足族群利益诉求或者族群与国家在规范与认同维度歧异较大的情况，此时便会诱发天然的结构性张力出现扩大的倾向。世界上大多数的多元族群国家几乎都存在这种竞争关系，比如加拿大的英裔与法裔之间，西班牙、法国等国家的地区与族群分离主义倾向等。2014 年 1 月 16 日，西班牙的加泰罗尼亚议会就以 87 票对 43 票通过议案拟借助全民公投的形式脱离西班牙独立，让该地区的族群分离运动愈演愈烈。[①]

---

① Fiona Ortiz, "Catalonia defies Madrid with push for independence vote", *Reuters*, http: //www. reuters. com/article/2014/01/16/us - spain - catalonia - idUSBREA0F0QT20140116.

如前所述，族群与国家之间以及族群与族群之间并不必然是零和博弈关系，国家框架下不同层级的行为体是可以通过有效的政策引领、制度规约和组织推动来实现族际合作以及国家合力的，这便构成了族群与国家关系的合作模型（图 1.6）。这是族群与国家关系的理想状态，现实国际社会中那些族际和谐、族群与国家之间在利益、规范和认同维度有着良好互动的国家也只是接近或者无限接近这一模型。在该合作模型中，族群与族群之间不存在或者在可以预见的时期内看不到冲突的可能性，各族群相互尊重彼此的利益、规范、文化传统与宗教信仰等，彼此之间地位平等和利益平衡，不存在族群歧视与剥削。

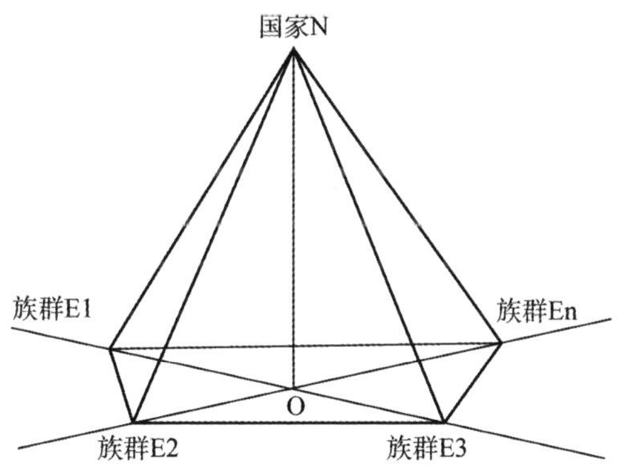

图 1.6　族群与国家关系的合作模型

在族群与国家层面，由于国家采取了有效的族群治理政策，将族群与国家之间的张力降到了最低限，通过族际整合推动国家建构和统一的国家民族的形成，族群共同体中的个体首先认同自己的国家公民身份或者将自己首先视为国家民族的一员，自身的族群身份居于次要位置。在类似该模型的国家中，族群与族群之间以及族群与国家之间较好地化解了彼此在利益、规范与认同维度的张力，并通过合作行为的推动，逐渐建构起行为体间的合力，从而达致族群治理的和谐共融状态。当今国际社会，较接近族群与国家关系合作模型的典型代表是瑞士和新加坡这两个国家。

上述三种模型中，存在一个共同的隐忧：跨界族群议题。跨界族群指的是同一个族群分布于两个及以上的国家中，形成跨越国界的人类共同体。跨界族群分属不同的国家体系中，可能是某一个国家的多数族群，也可能是少数族群，或者属于离散群体，根据其在所居住国家中的地位的不同而具有不同的影响力。在当今世界，跨界族群有的已经融入所在国家，对所在国形成了强烈的国家认同，比如瑞士的法裔、德裔族群；有的无法化解与所在国家或者该国家内部其他族群之间的张力，以致产生离心倾向，比如英国的北爱尔兰问题；有的始终处于离散状态，没有明确的族群认同，更谈不上国家认同或者国族认同，这一类的如吉普赛人、库尔德人等离散群体。在合作模型下，跨界族群对相关国家内部的族群与国家关系产生的影响微乎其微，比如马来西亚的马来人曾经对新加坡的马来人在华人为主体的社会中的地位问题表示担忧，而新加坡的马来人就认为马来西亚马来人的这种担忧是多余的①；在竞争模型和冲突模型下，国家内部的族群与国家关系可能会受到跨界族群因素的影响，但是跨界族群并不必然会影响到国内的族际和谐与社会稳定。

二　族群治理的理性趋向

人类从事研究的目的就是要“在宇宙中寻找理性”②，“韦伯从现代文明的紧张与对立出发，将理性区分为二元对立的价值理性与

---

① 有一次在新加坡搭乘出租车时，司机告诉笔者，他在马来西亚的亲戚曾经担心他的家庭会在新加坡受到华人歧视，或者因为享受不到马来西亚那种给予马来人的特权而没有社会地位。但是他告诉笔者他们在新加坡不论是在政治还是经济地位等多个方面并没有感到来自其他族群的明显歧视，相反因为新加坡发达的经济让他们过着比马来西亚亲戚更为舒适的生活，所以他认为马来西亚亲戚的这种担心是多余的。可见，虽然同为跨界族群，但是如果因为所在国家提供了更为优质的生存与发展环境，即使是少数族群也较为容易对这个国家产生清晰的国家认同，从而弱化彼此之间的张力，反之亦然。

② ［德］伽达默尔：《科学时代的理性》，薛华等译，国际文化出版公司1988年版，第29页。

工具理性。”[①] 而在具体的族群治理进程中，价值理性与工具理性又是相互依存的一对存在。具体而言，宏观层面的族群治理更倾向于价值理性的色彩，强调运用国家层面的政策引领、制度规约和组织推动来实现对族群与族群之间以及族群与国家之间张力的整合，比如新加坡族群治理中以“共同价值观”引领的国家意识的塑造。而微观层面的治理更多地体现工具理性的色彩，尤其是作为族群与社会成员的个体都是理性的人，在追求个人利益实现的过程中更多的是强调的对工具手段的运用以此来完成对利益的理性诉求，注重功利性的目的。政治资源分配、经济绩效等都成为族群等次国家行为体考量的重要因子，也正是这一工具属性，为国家推动的族群治理降低了难度，使族群整体和个体都被纳入国家这一利益共同体中，完成在利益、规范和认同等多个层面的族际整合与国家建构。新加坡族群治理中通过政策倾斜，在就业、教育以及社会生活等多个方面对马来族群的照顾就是基于工具层面的考虑。正如有学者所说，“民族（国家）首先是一个理性的政治组织，虽然它们也会使用清晰的族群符号，但是符号的象征意义要大于其实际效用”。[②]

由国家主导的族际整合进程就是要把松散或者分离状态的多元的利益群体纳入一个统一的政治体系的过程与结果，在该进程中既要维护同一的整体权威，又要承认作为组成单元的多元存在。这不论对于族群还是对于国家而言，首先是一个工具性的存在，族际和谐与社会稳定对于任何一方来说都隐含着功利性的收益在里面。而国家通过推动族际整合与国家建构，则可以整合多元族群的力量进而建构起国家意识形态以及国家信仰，推动各族群在利益、规范和认同维度与国家的融合，完成对国家凝聚力和社会整体稳定的价值追求。具体来说：

第一，族际整合与国家建构以民族共同体建设为治理方向，是

① 吕元礼：《亚洲价值观：新加坡政治的诠释》，江西人民出版社 2002 年版，第 127 页。

② John Hutchinson, “Ethnicity and modern nations”, in *Ethnic and Racial Studies*, Vol. 23, No. 4, 2000, pp. 651 – 669.

多元族群社会的根本价值追求，是族群治理的终极目标。国家建构的根本任务就是通过整合各族群之间的关系来提高国家民族的同一性和整体性。如果国家民族不能形成或者过于松散，这种较强的异质性便会成为民族国家发展的软肋，造成民族分离主义，引发国家的崩溃。当然，组成国家民族的各个族群是历史长期发展的产物，若要将多元族群整合为同质性较高的民族共同体同样需要长期的过程。国家民族是典型的政治性概念，利用国家这种政治形式来巩固、增进和维护民族共同体的利益是治理的必然选择。而民族国家内的不同族群则主要是基于共同的历史文化基础而形成的文化共同体。一个国家只能有一个国家民族，却可以存在多个族群，亦即政治性的民族共同体是唯一的，而文化性的族群共同体是多元的。在这种价值导向之下，如果国家治理得当，国家内部各族群之间由于没有坚硬的政治外壳的包裹，其总趋势会走向融合与同一。

所以，多元族群国家的公民如果从族群与国家两个层面来看则有着两重身份：一个是作为族群成员，主要是生理和文化意义上的，另一个是政治意义上的公民身份，也就是国家的一分子，“划清了各人所有利益的范围，人们相互间争吵的根源就会消除；各人注意自己范围以内的事业，群体的境况也就可以改进了。”① 但是如果族群身份超出了其本应具有的生理与文化意义而追求政治层面的意涵，族群与国家之间的张力便会加大，“在任何一个国家历史上的某一时刻，当对传统的准国家单位的忠诚同对国家的忠诚和国家的目标发生冲突时，政治共同体的问题就可能成为首要的问题，并造成重大的政治危机。”② 即使是立国已久的国家如果内在的族群将独立建国作为追求的目标，政治共同体内部本已解决的族群问题便会再次成为威胁国家统一的课题，多元族群社会便会随着国家分裂而瓦解。

---

① ［古希腊］亚里士多德：《政治学》，吴寿彭译，商务印书馆1981年版，第54页。

② ［美］加布里埃尔·A. 阿尔蒙德、小G. 宾厄姆·鲍威尔：《比较政治学——体系、过程和政策》，曹沛霖等译，东方出版社2007年版，第35页。

在和谐共融的多元族群社会中，容纳多样性、建构统一性是实现国家稳定、族群和谐的基本价值追求，是达致善治的必然选择，族群治理从国家和社会的不同向度，推动着整个治理过程的发展。其中，国家是推动国民融合与族群和谐的主导性力量，国家层面的政府负责全国性政策的制定和实施、制度和规范的建构与落实，以及国家意识形态、价值观和认同体系的塑造，各族群要自愿将国家视作最终的政治归宿，将中央政府视作代表这个国家的最高代言人，在具体的政治与社会实践中不会以推翻和替代既有的国家权力作为奋斗目标。如果国家体系中存在一个有着超凡魅力的国家领袖、存在一个占主导地位的政党和被全社会各族群广泛接受的国家意识形态，将在很大程度上推动国家内聚力和族群对国家向心力的形成。在具体的族群互动中，同样摆脱不了社会层面的配合。国家以中央政府为代表，社会则涵盖族群以及族群社团、宗教以及宗教社团、公民个体以及公民团体等。如果说国家在总体的治理框架中主导着族群互动与社会和谐进程的话，社会性的各层次行为体则在其中充当了跨族群的联结纽带和互动节点的基础作用。透过多层多元的网络治理模式让公共政策有了多维触点，从而在不同的层面和节点上施加影响和制造压力，实现有效决策，完成治理过程。

第二，族际整合同时又是工具性的路径，通过化解族群之间以及族群与国家之间的张力，协调各族群在多个维度的功能性诉求，消除族群冲突的隐忧，避免族群暴力。族群冲突主要表现为族群与族群之间的族际冲突、族群与国家之间的族国冲突两种，由于族群冲突涉及更多历史、文化、宗教等方面的因素，所以族群冲突的解决难度往往要比国与国之间的大型战争还要大得多。[①] 在民族国家框架下，组成国家民族的不同族群如果与国家政权发生冲突，无异于是挑战民族国家概念和国家的权威性。如果现有治理框架下缺少

---

① Daniel L. Byman, *Keeping the Peace, Lasting Solutions to Ethnic Conflicts*, Baltimore & London: The Johns Hopkins University Press, 2002, p. 2.

敦促（潜在）冲突各方达成一致意见的政治机制，最终不可避免地会诉诸暴力，并可能由此引发连锁反应致使冲突出现螺旋式升级，从而让族际整合成为泡影，国家建构进程归于失败。族群冲突可以有多种表现形式，也可以呈现为不同的烈度。冲突的产生一方面与资源、权力分配等硬实力有关，另一方面与语言、文化与宗教传统等软实力也有着密切的联系。族群与国家之间所存在的固有张力，让国家建构始终面临着来自族群在多元文化和政治等领域的诉求，当国家框架容纳不了这些多元诉求时，族群冲突的或然性就上升为一种必然的存在。

从人类历史上的发展来看，“不同族群之间的冲突以及族群与国家之间的冲突是当前族群冲突的两种表现形式，其中族群与政府和国家之间的对抗有着更强的政治化色彩”。[①] 族际冲突主要是发生于族群与族群之间的族群冲突，是两个或者两个以上的不同族群之间，族群与国家之间的冲突始终围绕族群与国家之间的结构性张力而展开，并更多地表现为强烈的政治诉求。目前不论哪一种形式的族群冲突，都涉及政治、经济、文化、社会等多个领域的权力分配、利益纷争、规范对立以及认同分歧等形式，带有典型的工具理性和价值理性色彩。直接导致族群张力扩大的一个因素源于国家建构过程中族群之间的不平等，不论是资源与权力分配还是对待不同族群的语言与文化传统等方面，次国家行为体尤其是弱势族群感受到一种明显的被排斥感、被剥夺感、被歧视感，从而引发认同危机。

全球化造成国家碎片化危险的同时也提高了少数族群的地位。综合来看，民族国家将国家建构作为根本性的任务，而弱化族群边界，破除沟通壁垒则是化解族群冲突、建构国家民族的前提条件。任何阻碍国内族际整合迟滞国家建构的行为在短期内可能不会对国

① Wilma A. Dunaway, “Ethnic Conflict in the Modern World – System: The Dialectics of Counter – Hegemonic Resistance in an Age of Transition”, *Journal of World – Systems Research*, Vol. 9, No. 1, 2003, pp. 3 – 34.

家构成实质性的影响，但是从长远来看将后患无穷。所以国家建构过程中必须通过政策引领、制度规约和组织推动等价值层面的理性力量来推动工具层面的理性选择，通过双重的理性导向来避免人为增大族群与国家张力的行为。

三　族群治理的多层结构

对于任何一个多元族群国家而言，能否很好地处理族群与族群之间以及族群与国家之间的张力将关系到这个国家族群治理的绩效，族群治理的结果事关国家与社会的公共秩序，决定着这个国家是稳定还是动乱，是落后还是繁荣，最终成为国家治理能力的风向标，成为在多个层面发挥作用的重要变量，并对国家的内政和外交产生根本影响。

1. 多元族群国家的多层属性

多元族群国家的治理通过以国家为主导、以族群为基础、以社会为内容的多层架构逐渐在民族国家框架下建构起典型的科层式等级结构，但是随着公民社会的发展壮大，非国家层面的行为体在治理进程中的话语权也得到了稳步的提升。当前国内治理体系依然是金字塔式的等级结构，国家与政府依然位于金字塔的最顶端，但是族群、社会组织、市场、个人等处于金字塔不同层级的行为体开始逐渐成为治理的主体，“没有哪个国家能够不拥有多层治理的体系，无论这个国家是多么的庞大或者强大”。[①]

之所以如此，与多元族群社会的多层属性是分不开的。作为多层治理主导力量的国家依然有着绝对的话语权，不论是在利益、规范还是认同维度，国家的权威在治理体系中有着不可挑战性。但是这并不意味着社会组织与族群等相关的次国家行为体是处在被压迫地位，不同层级的行为体所处的层级不同，掌控的领域也不同，也

---

① ［英］安东尼·吉登斯：《全球化时代的民族国家》，郭忠华、何莉君译，《中山大学学报》（社会科学版）2008 年第 1 期。

只能具备契合本层面的治理能力，所以不可能让社会组织去做政府的事情，也无法让族群行使国家的角色。在多元族群国家的治理体系中，逐渐形成了国家、社会和族群三者之间的密切互动关系，三者既相互制约又相互支撑，根据各自的治理层级实行明确的治理分工，逐渐确立起网络化的合作治理框架，各治理主体之间虽然存在垂直的科层制特点，但是平行的合作与共治正在日益凸显。

在多元族群社会中，利益、规范与认同三个因素是族群与国家之间的张力彰显的主要领域：国家利益与族群利益、国家规范与族群规范、国家认同与族群认同可以被视为三组密切联系的结构性张力，而族群治理的任务就是要通过在国家、族群与社会等不同层面的多层治理化解这三组张力，完成族际整合与国家建构，实现多元共融的族际和谐。具体来说，就是在发挥以政府为代表的国家治理主体作用的前提下，进一步发挥族群主体和社会主体（包括个人）的治理职责，解放和增强社会活力，推动族际和谐与国家意识形态的塑造。面对当前国家与族群之间、国家与社会之间、族群与社会之间的交集和日益复杂的责任、社会资源和国家权力互动存在明显相互依赖的前提下，不同层级的治理进程最终逐渐过渡到高度组织化的协调合作治理网络。

而具体的治理实践中，可能会出现多重任务与单层任务交织、多层治理层面交叠、治理体制与形式灵活多变等诸多议程。[①] 在多元族群治理中完善的制度建设是根本，依托制度化的形式根植于多元族群与社会体系中，保障国家治理体系的稳定与效率。作为一个规范性的概念，多层治理被视为权力分配和利益整合的有效治理模式，对于任何多元族群国家的族群治理实践而言，多层治理将充分激活国家、族群、社会组织、个人等次国家行为体之间的互动与联结，而不再仅仅将国家主导的政府管理与统治模式奉为圭臬。

---

① G. Marks & L. Hoogle, "Contrasting Visions of Multi - level Governance", in Ian Bache & Matthew Flinders eds. , *Multi - level Governance*, Oxford: Oxford University Press, 2004, p. 17.

2. 国家、族群与社会：族群治理的多层属性

就族群治理来说，族群冲突的治理主体不应仅仅包括政府和族群，公众以及其他非政府组织（族群社团、宗教社团等）也是可以积极作为的主体选择，族群冲突的解决根本上来说依赖于人与人之间关系的和平与和谐。人际关系可能会加剧也可能会缓和族群关系，族群和谐不仅是政府和族群的任务，也是作为个体的普通公众的责任。公众的参与就是将个人作为族群治理的主体。族群冲突不只是政府之间、族群之间、政府与族群之间，根本上其实还是人与人之间的冲突造成的。不同族群之间的怀疑、歧视、恐惧和憎恨是造成冲突的基本原因，而“民心相通”是化解这些问题的根本渠道，是“筑牢……民族共同体意识之本”①。政府作为治理主体，制定相应的政策和制度来规范和引导这类问题是题中之义，作为个体的公众则可以透过彼此的互动交流增进了解，建立互信，实现民心相通，最终推动和谐共融的民族共同体的实现。

桑德斯提出“公众和平进程”的概念来突出公众在解决族群矛盾和冲突中的作用，他将公众界定为除了政府之外的个人，强调通过公众而不是官方的对话来改善族群关系，促进族群和谐的实现。他还将公众个体之间的互动分解为五个可操作的变量：身份、利益、权力、感知与误解、交互作用（对抗和合作），这五个变量一旦被确认，则很容易找到改造不良关系体系的突破口，从而通过彼此之间的互动交流纾解族群情绪，更好地理解导致族群冲突的原动力，从而化解冲突。② 一般情况下，公众广泛认同的争端解决机制主要是对话和协商，而非争端与冲突，这也是人与人之间关系协调的主要渠道。

基于此，多元族群国家建构出一个多层互动的族群治理模

① 纳日碧力戈、陶染春：《“五通”铸牢中华民族共同体意识》，《西北民族研究》2020 年第 1 期。

② Harold Saunders, “Whole Human Beings in Whole Bodies Politic”, in *Kettering Review*, Vol. 24, No. 3, 1998, pp. 66 – 73.

式——金字塔模型（图 1.7）。其中国家处于治理体系的顶端，是族群治理的主导力量。族群是整个族群治理体系的基础，也是族群治理的主要面向，族际整合的目的就是整合松散的族际关系和族群张力，将族群利益、规范和认同与国家利益、规范和认同实现有效的化约，推动国家共同价值体系的建立。社会在整个金字塔模型中是协调族群与国家之间关系的中间变量，成熟的社会体系将成为族群与国家之间关系结构的缓冲分层。因为不论是社会组织还是具体的个人还是整个社会体系中的相关运作机制实质上是国家治理政策的执行者，在具体政策的落实、制度的实施以及组织促动的参与等方面，社会层面的群体和个体将扮演中介性的角色。

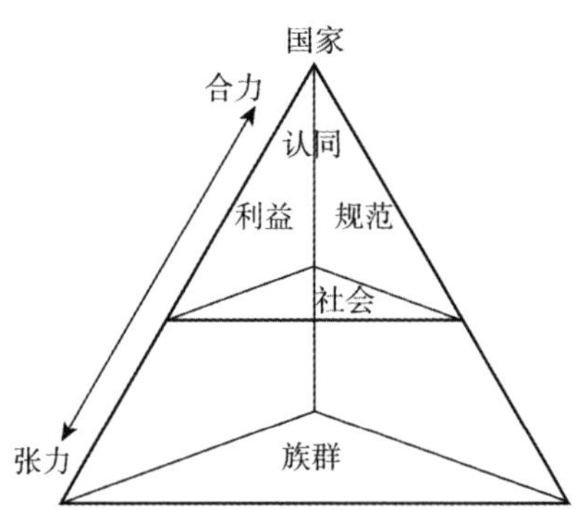

图 1.7　多元族群社会的族群多维多层治理模型

3. 新加坡族群治理：多层治理结构的典型案例

“在族群与国家关系上，建构还是解构，是新加坡这个多元族群国家的核心关切。”① 作为典型的多元族群国家，新加坡在族群治理中有着较为典型的代表性，几十年的族际整合与国家建构实践推动该国逐渐形成了多元共融的族群结构，以及由国家主导的多层治理模式。其和谐的多元族群图景表明，国家与社会之间的网络式分层治理结构对于这个有着多元宗教、多元语言与文化的多元族群社会而言是一个理性

① 范磊、杨鲁慧：《新加坡族群治理：国家与社会关系的视阈》，《东南亚研究》2014 年第 3 期。

且正确的选择。具体来说，主要体现在以下几个方面：

首先，新加坡并没有抛开传统的国家治理理念，依然将国家视为现代社会具有决定性的组织工具，毕竟“没有哪一种竞争性的政治结构——地方的、区域的、跨国的或者全球的——拥有像国家这样足够全面的多维能力”。[①] 在新加坡的族群治理中，国家依然扮演着主导性的角色，以政府为代表的官方治理体系依然在这一公共进程中发挥着决定性的作用。其次，新加坡特有的族群与文化结构赋予了以地缘和血缘为基础的族群社团重要的历史使命。以华人宗乡会馆为例，它们的存在对于新加坡各族群之间的和谐共处起到了润滑剂、催化剂的作用，成为新加坡社会和谐与国民融合的重要纽带和节点。再次，新加坡是典型的多元宗教社会，伊斯兰教、佛教、基督教以及道教、印度教、锡克教等多个宗教共存共生，作为以神缘为依托的宗教组织在传播信仰和善念之外，还承担起沟通族群和宗教信众的重要责任。最后，公民社会的蓬勃发展也给公众参与国家与社会事务提供了重要的平台。公众综合素质和政治参与意识的提升让他们“希望在自己共同关心的事务中联合起来，通过他们的存在本身或行动，对公共政策产生影响”。[②] 新加坡的族群治理正是建立在只有不同族群和宗教的国民和谐相处、互帮互助才能实现国内安全与社会稳定的理念之上。

多元族群社会的族群多层治理模型同样适用于新加坡。作为一个城市国家，新加坡只有一级政府，国家与社会的关系更加直接，相应地社区成为族群治理中族群与国家之间的协调变量（图 1.8）。由国家主导的“多元共融”多层治理模式使新加坡成为东南亚乃至全球多元族群社会和谐发展的典范。这种网络化的立体整合结构将与族群关系密切相关的国家、社会、族群、社区等行为体整合进以

---

① G. John Ikenberry, “What Can States do Now?”, in T. V. Paul, G. John Ikenberry & John A. Hall eds., *The Nation - State in Question*, Princeton: Princeton University Press, 2003, pp. 350 - 371.

② 高奇琦、李路曲：《新加坡公民社会组织的兴起与治理中的合作网络》，《东南亚研究》2004 年第 5 期。

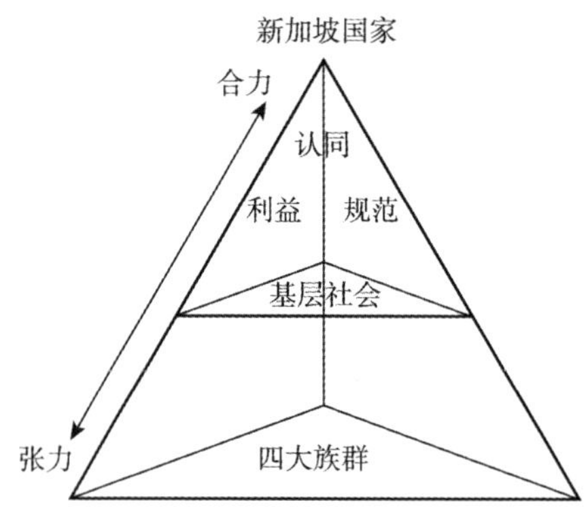

图1.8　新加坡族群多维多层治理模型

国家为统领，以族群为主体、以社会为基础的治理网络中，其中国家框架下政府与政治精英的正确领导是重要的前提，各族群以及相关社会组织在“新加坡国家”框架内同心同德、和谐共融的积极认同则为国民融合与社会发展奠定了坚实的社会基础。当资源分配与政治参与等关键利益出现冲突时，族群往往又会成为政治动员的工具，不过由于政府及时跟进的政策和制度改革，使新加坡建国几十年来很好地保证了社会稳定与发展的可持续。最终，新加坡实现了国家善治的三个目标：族群和谐、生活水准的提高和政治稳定。[①]在推进经济与社会持续发展、族群和谐与社会稳定的过程中，国家、社会组织与公众都扮演了重要角色，有效的族群治理则成为这些善治目标实现的基本保证。

第三节　利益、规范与认同：变量关系与研究假设

一　为什么选择利益、规范与认同?

不论是在国际政治还是国内政治领域，利益、规范和认同都是

① Chiew Seen Kong, "Nation Building in Singapore: An Historical Perspective", in Jon S. T. Quah ed., *In Search of Singapore's National Values*, Singapore: Times Academic Press, 1990, pp. 6 –23.

关系到整个政治结构生存与发展的重要变量。在现代国际关系理论中这三个概念是不同理论流派的不同侧重，但是在本书的预设中并没有赋予这些概念特别的派别色彩，而是将其作为整个分析框架中与政治结构和系统运行密切相关的多维变量来看待。作为族群与国家之间结构性张力的载体，利益、规范与认同这三个维度是多元族群社会推动族群治理的关键变量。

1. 利益、规范与认同的基本意涵

社会是人类构成的共同体，在推动社会政治发展的过程中最直接和最根本的诉求就是对利益的追逐。而不同的行为体在利益追逐过程中不可避免地会产生相应的利益冲突，并最终引发整个社会共同体的动荡。就这层意义而言，利益冲突已经成为人类共同体中不同层级冲突的根本性原因。将利益作为探究人类社会产生与发展内在规律的切入点，是认知社会本质的关键所在。就族群共同体而言，利益作为维系其生存与发展的核心变量，是否处理好族群内部、族群之间以及族群与国家之间的利益分配将影响甚至决定着族群关系乃至整个社会与国家的稳定，利益必然地被视为推动族群与国家关系发展的基本出发点。

规范是作为行为主体的人根据自身的利益需要，有目的有意识地制定出来，行使约束职能的行为准则。作为一种社会约定，规范是经由社会建构的，因此规范可以视为一种对拥有一定身份的行为体的适当行为的集体期望和预期，对规范的遵守或者背离都能够影响甚至创造出一定的行为模式。族群规范与国家规范之间并非不可通约，但是如果处理不慎则可能因两者之间的张力而引发冲突，所以族群治理进程的一个重要考量就是如何让国家规范成为各族群共同认可的行为规范并纳入族群体系中作为族体的行为模式，而国家同样需要在多元族群规范的基底里提取规范的共通属性，使下位的族群规范要素可以上升为上位的国家规范的组成要素。

认同是个人或群体在情感上、心理上从异质逐渐走向趋同的过程，“这个过程中，自我—他者的界限变得模糊起来，并在交界处产生完全的超越。自我被‘归入’他者”。[①] 认同有个体与集体之分，就个体而言，认同“会赋予一种个人的所在感，让行为者的个体性拥有稳定的核心”[②]，从而成为根植于自我领悟的一种属性。而集体层面的认同强调通过持续的社会化互动来形成特定意义上的集体身份，以此来弱化自我与他者的界限，并在互动中实现行为体自我与他者的超越，完成自我与他者的相互融入，达致本系统内部的有机整合，或者说认同就是“行为体所固有和呈现出来的借助与‘他者’的关系而塑造的特有属性以及形象接纳。”[③] 所以，可以将认同视为对自身特有属性的感知和认可，同时认同又具有关系属性，共同体的认同将在行为体与他者的互动关系中得到体现和强化。温特将这种关系性的认同界定为“主体间性”，并认为认同将会通过这种“主体间或体系特征，由内在和外在结构建构而成”。[④] 从而赋予认同清晰的关系属性，在不同行为体的互动比较中达致上位共同体认同或者共有观念的塑造与建构。对于族群与国家而言，“我们是谁，我们代表着什么……我们不再通过别人、通过与你争夺领土的敌人来判断自己的身份——尽管在某些地区这种做法依然如故……我们要像寻求自我认同一样去寻求国家认同。”[⑤]

综合来看，行为体的认同与身份规定了行为体的社会属性，利益则成为解释行为体行为动机的内窥镜。行为体的利益依赖于认同的引导，认同可以视为行为体利益的指针。如果没有利益，认同就

---

① ［美］亚历山大·温特：《国际政治的社会理论》，秦亚青译，上海人民出版社2000年版，第287页。

② Jeffrey Weeks, “The Value of Difference”, in Jonathan Rutherford ed., *Identity: Community, Culture, Difference*, London: Lawrence & Wishart, 1990, p. 188.

③ Ronald L. Jepperson, Alexander Wendt & Peter J. Katzenstein, “Norms, Identity and Culture in National Security”, in Peter J. Katzenstein ed., *The Culture of National Security: Norms and Identity in World Politics*, New York: Columbia University Press, 1996, p. 54.

④ ［美］亚历山大·温特：《国际政治的社会理论》，第282页。

⑤ ［英］安东尼·吉登斯：《全球化时代的民族国家》，《中山大学学报》（社会科学版）2008年第1期。

失去了动因，而没有了认同利益就失去了方向。就规范与认同的关系来说，规范不但能够规定行为体的外在行为，而且可以影响行为体的内在认同；规范的内化表现出行为体对可依赖的集体预期的回应，认同的深度和广度则主要取决于规范内化的程度。在多元族群国家中，利益、规范和认同这三个概念与国家这一政治行为体有着天然的联系，并贯穿于国家结构发展进程的始终，属于结构性的概念；同时，三者又都与人的行为密切相关，对于以人为主体的族群和社会来说，三者基本涵盖了人类不同层级的共同体所普遍追求的价值诉求。

2. 利益、规范与认同对族群治理的意义

利益、规范与认同从概念属性上来看属于不同的领域，利益强调行为体的物质性追求，是评价和指导行为体行动的变量，规范注重对引导和约束机制的塑造，而认同则侧重于心理层面的建构。如果将三者放置到族群与国家关系的架构中，则会与族群治理进程密切相关，成为族群治理中三个重要的核心变量。

首先，在多元族群国家的族群治理框架中，利益因素是族群与族群以及族群与国家关系的基础性变量。不论是在族群层面还是在国家层面，利益始终是不同层级的行为体追逐的理性目标。其次，在多元族群国家的族群治理框架中，规范为族群与族群以及族群与国家关系提供有效的保障。换言之，规范为不同层级的行为体提供了一个理性的约束架构，对国家规范的遵守成就了族群与国家的稳定关系，而如果将族群规范置于国家规范之上，则必然会拉大族际关系以及族国关系之间的张力。最后，认同因素是族群与族群以及族群与国家之间关系的灵魂。不论是何种层级的认同，都决定了该行为体之所以为其自身的归属感。国家认同如果高于族群认同，不同的族群且自动认同国家这个上位的政治共同体，则彼此之间的张力会弱化，合力会上升，反之亦然。利益、规范与认同三者之间是一种相互影响和相互促进的关系，不同层级的行为体如果在利益与规范维度达成一致，彼此之间将易于建构起清晰的认同感，而认同的强化则会为利益与规范的相互调适提供正向的推动力。

如前所述，从族群与族群以及族群与国家之间的关系来看，存在冲突、竞争与合作三种状态，出现这三种状态的根本原因就在于不同层级的行为体之间存在内在的张力。对这些张力的有效治理将决定多元族群社会是和谐稳定还是动荡冲突（图 1.9）。如果将国家框架下的族群治理视为相对闭合的一个体系，族群与国家之间、族群与族群之间的内在张力则主要体现在利益、规范与认同三个维度上。张力在这三个维度上越小，那么多元族群社会就越倾向于族际和谐与社会稳定，也就是无限接近或者达到图 1.9 中的 A 点，而如果内在于这些不同层级行为体间的张力越大，多元族群社会的族群分离倾向就越明显，族群冲突将成为社会动荡不安的主要因素，最终可能会出现突破这个闭合系统，导致多元族群国家分裂成为多个独立国家的结果，亦即图中所示的 B 点甚至 B 点以外。所以，如何弱化族群与族群之间以及族群与国家之间的内在张力将是族群治理的主要任务。

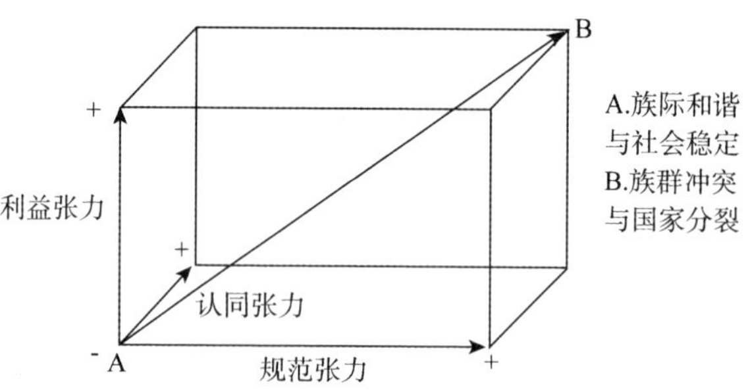

图 1.9　族群与国家的内在张力

二　基本假定与研究假设

1. 本书的基本假定

假定是“研究人员设定为真的前提，在研究过程中不再质疑其真伪”①，不需要再进行经验检验。研究假定是理论建构的基础和逻辑起点，科学的理论建构一般都是基于相应的研究假定之上。据此本书提出以下基本假定：

第一，族群与族群之间、族群与国家之间必然存在内在的结构性张力。在多元族群国家中，由于族群长期以来形成的特定的文化传统与价值规范塑造了族群的利益诉求与身份认同，在具体的政治、经济与文化行为中，强调遵守本族群规范，追求本族群利益和维护本族群身份认同都是本族群凝聚力和归属感的体现，是其作为人类共同体的天然属性。但是，当不同的族群被纳入民族国家的框架之后，族群与国家（民族）之间便会在利益、规范与认同这三个领域产生本体性的诉求，而不同族群之间的异质性将会对这种诉求产生负向的推动。最终，族群与国家之间因为族群张力的存在与扩张而产生了清晰的族群边界，成为多元族群国家需要解决的普遍难题。

第二，族群与族群之间、族群与国家之间的内在张力是可化约的。虽然族群与国家之间的内在的结构性张力是一种天然的必然性存在，但是这一张力并非无解，而是可以通过有效的族群治理来逐渐化约并促动其得以解决。

第三，和谐共融是多元族群国家不同层级行为体共同追求的理性选择。族群和谐与社会稳定的实现意味着国家内部的政治、经济与社会发展拥有良性的发展环境和发展动力。所以，对于多元族群国家来说，不论其国内族群有着何种诉求和取向，和谐稳定、多元共融始终是它们最佳的选择。

2. 本书的研究假设

研究假设是研究问题尚未得到检验的预想答案，或者可以界定为有待于证实或否定的对客观事实以及不同变量间相互关系的预估，是“对变量属性、变量关系以及如何改变变量属性和变量关系

---

① 阎学通、孙学峰：《国际关系研究实用方法》，人民出版社2007年版，第66页。

的预想性推断”。[①] 研究假设旨在通过建构不同研究变量之间可以验证的因果关系，来推演其内在的规律。具体包含明确的研究变量、关于变量之间关系的明确陈述以及变量关系必须能够借助研究来进行验证三个要素。研究假设的科学性被经验验证后即可成为结论。

（1）本书的研究变量设定。对于多元族群国家而言，族群治理既是一种手段又是一个过程，只要这个国家有着多元族群属性，就都面临着如何通过有效的族群治理实现族群和谐与社会稳定的根本任务。新加坡作为多元族群社会中族群和谐的典型代表，为本选题的研究开展提供了重要的案例支撑，论文通过对新加坡族群治理的研究，借助利益、规范和认同三个维度的变量导入，通过多层治理研究范式的植入，揭示新加坡在国家层面、族群层面以及社区层面达致族群和谐与社会稳定的基本规律。

本书以族群治理作为自变量，以族群和谐与社会稳定作为因变量，通过借助多层治理这一干预变量来深入探讨多元族群国家中族群治理与族群和谐稳定之间的相关性。族群和谐与社会稳定与否将成为多元族群国家族群治理成效的衡量尺度。就族群治理的具体实践而言，国家如果希望推动不同的族群在利益、规范和认同维度的整合，以实现从族群到国家、从碎片化到一体化的质的跨越，单纯依靠某一层面行为体的力量是难以实现的。对于天然地存在分层机制的国家而言，在推动对多元族群的治理进程中，国家与族群本身是一对既对立又统一的行为体，社会在两者之间的互动中充当了纽带的联结作用。如果缺少了社会这一环，族群与国家直面的脆弱性将暴露无遗。在新加坡这个案例中，社区成为社会角色的基层单位代表。政府正是通过对国家和不同族群之间的利益调适、规范整合与认同建构，在国家、族群与社区层面完成了多元共融族群治理体系的建设，在这个多元族群国家实现了族群和谐与社会稳定的美好图景。

---

① 阎学通、孙学峰：《国际关系研究实用方法》，第64页。

（2）在前述假定以及变量设定的基础上，本书提出如下研究假设：

假设一：在多元族群国家中，通过对利益、规范和认同维度的治理可以有效解决族群与族群之间、族群与国家之间的内在张力，推动族群与国家关系进入合作状态，实现族群和谐与社会稳定。新加坡这个多元社会之所以能实现多元共融的目标，建立新加坡民族共同体，上述结构性张力的有效解决是根本原因。

假设二：当族群治理无法弥合族群与族群以及族群与国家之间的内在张力时，族群与国家关系将会陷入竞争甚至冲突状态，催生族群分离主义，导致社会动荡和国家分裂。从而对假设一提供了证伪的可能性，增强了本选题研究的科学性。新加坡历史上的族群冲突即是这种假设的体现。

假设三：多层治理是推动族群治理目标实现的有效治理模式。在新加坡多元族群社会的治理进程中，国家、族群与社区三个层面的积极互动是当前新加坡族群和谐与社会稳定得以实现的必要条件，单一层面的治理对于该目标的实现几乎是不可能的。

总之，对族群、民族、国家以及治理等相关概念的界定是族群治理模型建构的基本前提，有助于明确理论的解释范围，奠定研究延展的基础。而通过对族群与国家之间结构性张力的分析，最终选定利益、规范和认同作为研究的自变量，将族群和谐与社会稳定作为因变量，勾勒出族群治理的理论假设和基本的变量关系，并引入了多层治理的解释模式，将国家、族群与社区作为新加坡族群多层治理结构的干预变量，从而搭建起一个相对丰满和有着较强解释力的族群多层治理理论模型与解释框架。

第二章

新加坡族群关系的历史与现实

种族暴乱的惨痛经历，也促使我和同僚们更加坚决地下决心建设一个平等对待所有公民、不分种族、语言和宗教的多元种族社会。多年来，我们制定政策时都坚守着这个信念。

——李光耀

第一节　多元共融：新加坡族群关系的结构

一　新加坡多元族群社会的形成

“新加坡没有历史，新加坡的历史从这里开始！”[①] 13 世纪末 14 世纪初新加坡曾经历过短暂的辉煌，但是接下来几百年的历史，新加坡留给后世的更多的是晦暗不明的传说，充满着神秘与模糊。到了 19 世纪初，新加坡岛就只是一个人烟稀少的马来小渔村了。1819 年开埠以来，二百年的沧桑记录下了这个小岛从渔村到英国殖民统治下的自由港、到“二战”沦陷于日军铁蹄下的昭南岛、到加入和脱离马来西亚的联邦州、再到今日独立自主的现代化城市国家的蜕变。“读历史，可以概括性地了解整个国家的兴衰盛弱，可以了解一个时代所发生的事件，可以从政治的沿革、经济的变迁、文化的发展、教育的改变、宗教的信仰等各方去了解一个国家、一个

---

① C. M. Turnbull, *A History of Modern Singapore: 1819 - 2005*, Singapore: NUS Press, 2009, “Introduction”, p. 1.

时代或者一件事物。”[①] 所以，对新加坡历史的探讨和认知也随着新加坡国家认同建构的进程开始逐渐走向深入。不过一般意义上对新加坡历史的认识，还是要从19世纪的开埠说起。

1819年英国殖民者的到来，开启了新加坡历史新的一页，新加坡的人口结构也在这一现代化进程的推动下日趋多元，现代新加坡的雏形逐步显现。1984年4月，时任文化部长的拉惹勒南就曾经在一次研讨会上意味深长地表示，任何力图把新加坡的历史追溯到中国、印度、印度尼西亚以及中东等这几个新加坡人祖籍地以寻求统一的国族认同的尝试都是危险的，这很可能会使新加坡成为充斥着“无休止的种族和社群冲突的血腥战场，并会成为那些更强大的作为新加坡人祖籍国的国家推行干涉主义的政治借口”，所以新加坡如何在“一个多元文化社会中倡导对过去的认识必须慎之又慎”。[②] 1965年独立之初曾经有过关于谁是新加坡奠基人的争论，最终政府将莱佛士（Stamford Raffles）确立为现代新加坡的奠基者，此举虽然也遇到了来自国内外的不同声音，但是政府没有动摇。当然，这并不意味着新加坡无视各族群在祖籍国所拥有的历史及文化传统，1993年，时任新闻与艺术部长的杨荣文就曾指出“尽管新加坡是一个年轻的国家，但是各个族群都有着悠久的历史，不论我们是华人、印度人、马来人还是欧亚裔。我们决不能失去对过往历史的感知，因为这是我们面临危机时精神力量的伟大源泉。历史文化薄弱的社会很容易就会被摧毁”。[③] 所以，对于新加坡这个多元族群的移民国家而言，如何看待各族群的历史与文化是对其治理智慧的考验。

---

① ［新加坡］何家良：《序》，载郑文辉《新加坡：从开埠到建国》，教育出版社1977年版，第1页。

② S. Rajaratnam, “Speech by Mr S Rajaratnam, Second Deputy Prime Minister (Foreign Affairs), at a Seminar on ‘Adaptive Reuse: Integrating Traditional Areas into The Modern Urban Fabric’ Held at The Shangri - La Hotel on Saturday, 28 April 1984 at 10.30 A. M. (Amended Copy)”, https://www.nas.gov.sg/archivesonline/data/pdfdoc/sr19840428b.pdf, p. 5.

③ George YEO Yong - boon, “Speech by Bg (Res) George Yeo, Minister for Information and The Arts and Second Minister for Foreign Affairs, at The Official Opening of St Gabriel's Secondary School on 21 Aug 93 at 6.00 PM”, https://www.nas.gov.sg/archivesonline/data/pdfdoc/yybg19930821s.pdf, p. 4.

新加坡自开埠到自治到新马合并再到独立建国，不同的时期呈现出不同的治理风格与发展模式，但是自始至终没有改变的价值观就是强调新加坡是一个多元社会，这种多元不仅表现在文化类型的多样性，而且在更深层次的文化价值主体、坐标以及更为敏感的宗教等实质性内容方面也强调要遵循多元主义。换言之，新加坡是一个多元文化、多种语言、多种宗教并存的多元族群国家。“二战”以后，随着人口流动日益频繁以及全球性新一轮民族独立运动浪潮的涌起，与族群密切相关的文化与文明开始成为影响国家统一与族群和谐的重要变量，以至于，“在这个新的世界里，最普遍的、重要的和危险的冲突不是社会阶级之间、富人和穷人之间、或其他以经济来划分的集团之间的冲突，而是属于不同文化实体的人民之间的冲突”。[①] 于是文化也就具有了整合与分裂的双重功能和属性，当然随着跨族群通婚和文化交流的深入，文化也并不必然是分裂的变量，文明之间的交流互鉴依然是人类社会的主流。

1819 年开埠以来，新加坡开始被英殖民者裹挟着迈入了现代社会，其位于东西方交通十字路口的地理位置为其成为移民社会奠定了重要的客观基础，并最终吸引了来自世界各地尤其是东亚、南亚和东南亚海岛区域的各色人种的相继移入。经过 200 年的互动交融，新加坡逐渐形成了被称作 CMIO 的族群关系模式，也即华人（Chinese）、马来人（Malays）、印度人（Indian）以及其他族群（Others）。而这四大族群内部又由不同的亚族群构成，比如华人大多源自中国华南地区，除了占比最高的祖籍福建者之外，还有潮州人、广府人、客家人、海南人等；马来人大多为来自马来半岛、印尼群岛和周边岛屿的马来人后裔；印度人主要是来自印度南部的淡米尔人，有学者认为早在 700 年前就有淡米尔人移居新加坡了[②]；

---

① ［美］塞缪尔·亨廷顿：《文明的冲突与世界秩序的重建》，周琪等译，新华出版社 1998 年版，第 7 页。

② See Arun Mahizhnan & Nalina Gopal eds. , *Sojourners to Settlers – Tamils in Southeast Asia and Singapore*, The Indian Heritage Centre and The Institute of Policy Studies, 2019.

欧亚人则主要是早期欧洲殖民者与亚裔人口通婚的混血族群，在当前新加坡人口四大族群中所占的比例最低；除此之外，还包括阿拉伯人、亚美尼亚人、日本人以及近年来逐渐增多的来自世界各地的新移民。

根据 2020 年 9 月新加坡统计局的最新统计数据，新加坡总人口为 568. 58 万人，其中新加坡居民人口为 404. 42 万人，华人的比例已经从 1990 年的 77. 8% 下降到了 74. 3%，马来人在居民人口中的比例由 1990 年的 14. 0% 下降到了 13. 5%，出现增长的是印度族群的人口，由 1990 年的 7. 1% 上升为 9. 0%，其他族群人口总比例也上升了两个多百分点。（见表 2. 1，表 2. 2）虽然近年来新移民大量涌入，但是并没有改变新加坡已经形成的四大族群模式，相应的族群比例保持了大致的平衡和稳定。

表 2. 1　　新加坡居民中各族群人口数量（1990—2020 年）（单位：千人）

年份	总人口	华人	马来人	印度人	其他
1990	2735. 9	2127. 9	384. 3	194. 0	29. 6
2000	3273. 4	2513. 8	455. 2	257. 9	46. 6
2010	3771. 7	2794. 0	503. 9	348. 1	125. 8
2012	3818. 2	2832. 0	509. 5	351. 0	125. 7
2013	3844. 8	2853. 8	512. 8	351. 7	126. 5
2014	3870. 7	2874. 4	516. 7	353. 0	126. 7
2015	3902. 7	2900. 0	520. 9	354. 9	126. 8
2016	3933. 6	2923. 2	525. 9	356. 9	127. 6
2017	3965. 8	2948. 3	530. 7	358. 8	128. 0
2018	3994. 3	2969. 3	535. 8	360. 5	128. 7
2019	4026. 2	2993. 7	540. 8	362. 6	129. 1
2020	4044. 2	3006. 8	545. 5	362. 3	129. 7

资料来源：新加坡统计局，https：//www. tablebuilder. singstat. gov. sg/publicfacing/createDataTable. action？refId = 14911。

表 2.2 新加坡居民人口族群构成比例（1990—2020 年） （单位:%）

年份	总人口	华人	马来人	印度人	其他
1990	100.0	77.8	14.0	7.1	1.1
2000	100.0	76.8	13.9	7.9	1.4
2010	100.0	74.1	13.4	9.2	3.3
2012	100.0	74.2	13.3	9.2	3.3
2013	100.0	74.2	13.3	9.2	3.3
2014	100.0	74.2	13.4	9.1	3.3
2015	100.0	74.3	13.4	9.1	3.2
2016	100.0	74.3	13.4	9.1	3.2
2017	100.0	74.3	13.4	9.1	3.2
2018	100.0	74.3	13.4	9.1	3.2
2019	100.0	74.4	13.4	9.0	3.2
2020	100.0	74.3	13.5	9.0	3.2

资料来源：新加坡统计局，https：//www. singstat. gov. sg/ -/media/files/publications/population/population2020. pdf. 各年份具体比例在公布的统计数据中未显示的，由笔者根据相应的人口数据计算得出。

二 新加坡各族群之间的关系

新加坡从开埠之初的小渔村逐渐发展成为一个有着近 600 万人口的高度发达的现代社会，在不同的历史时期虽然呈现出不同的发展特点，族群关系也或冲突或和谐，但是在独立建国以来的半个多世纪里，并未发生因族群矛盾而引发的社会动荡，各族群间的和谐共融成为社会发展的主流，这对于一个异质性极强的多元移民社会是何其的不易。而新加坡人国家认同的形成也是“一波三折”，先后经历了对祖籍国、英殖民政府、日本军国主义、马来西亚等认同对象的认同，直到 1965 年新马分家独立建国以后，才建构起基于新加坡本土的国家认同体系。

1. 独立以前的新加坡族群关系（1819—1965 年）

1819 年新加坡开埠以后，在历任总督的励精图治下，新加坡岛借助其被称作“东方直布罗陀”的有利地理位置，从当时籍籍无名的荒岛逐步发展成为东西方贸易和人员往来的重要集散地，成为英帝国治下最主要的转口贸易港之一。世界各地尤其是与新加坡相邻近地区的移民纷纷涌入，逐渐奠定了新加坡的多元族群社会结构。开埠初期，马来族群人数最多，约占人口总数的60.2%。清末民初，由于中国国内战乱、天灾等内在的推力以及南洋地区巨大的劳工缺口和贸易机会的巨大拉力，华人移民出现了大幅度的增加，人口数量在1849年即已超过其他族群，达到52.9%，并持续增加直到保持相对固定的族群比例在75%左右。[①] 据统计，1911年时新加坡岛内已经大约有48个族群，这些族群使用的语言也达到54种之多。[②] 到“二战”之前，新加坡的总人口已经接近80万人，其中华人约占75%，成为了该地区最大的族群。

在英国殖民统治时期，为了维护其统治下的社会秩序，英国殖民当局在新加坡采取了“分而治之”的社会治理政策，通过人为的分割，将各族群隔离在不同的区域集中居住。这一安排是建立在早期的城市规划基础上的，某种程度上“各族群对这种安排也非常满意，因为既可以获取最大限度管理本族群的自由，同时又可以得到英国的保护。”[③] 不过这种分而治之的民族隔离政策使各族群之间的交流受限，减少了互动的可能性，从而人为地在各族群之间制造了清晰的族群边界，族群融合也就成为一种幻影。加之作为一个移民社会和贸易转口港，来此的移民不论是华人、印度人还是其他族裔多以暂居谋生为主，依然将“叶落归根”作为自己的归宿，这种游子心态的结果就是对新加坡没有归属感。由此而造成移民缺乏本土认同，甚至早期移居至此的海峡华人和马来族群对当时这些新来的

① ［新加坡］郭振羽：《新加坡的语言与社会》，正中书局1985年版，第2页。

② ［英］哈·弗·皮尔逊：《新加坡通俗史》，福建师范大学外语系翻译小组译，福建人民出版社1974年版，第121页。

③ Victor Purecell, *The Chinese in Modern Malaya*, Singapore: Eastern Universities Press, 1960, p. 10.

移民持有较强的排斥情绪，称他们为“新客”。[1]

1942 年 2 月，新加坡沦陷以后日本侵略者将其更名为昭南岛，新加坡经历了三年多暗无天日的日据时期。由于南洋华人在支持中国国内的抗战方面积极踊跃，加上“日据时期抵抗运动的主要群体就是华人社群”[2]，所以日军对新加坡的抗日军民尤其是华人进行了大规模的屠杀和清洗，主要针对华人的肃清运动就有数千人遇害[3]。李光耀曾经在其回忆录中记述了当时的恐怖情景。为了压制华人，扶植代理人实行军国统治，日本人利用族群关系来挑拨不同族群尤其是马来族与华族之间的矛盾，实行“以马制华”。日军占领当局给予马来统治者特殊的优待政策，利用马来人土著社会的统治权威统治和清洗华人，并通过常设机构来整合该区域的马来统治势力以巩固占领期间的统治基础。此外，日本人还通过成立“印度独立同盟”（Indian Independence League，IIL），组织“自由印度”（Free India）政府等形式拉拢印度人，以孤立华人社会。日本侵略者的挑拨离间政策，极大地加剧了不同族群之间的对立和矛盾，使岛内各族群间的隔阂不断加深，矛盾持续激化，成为战后族群冲突的诱发因子。可以说，“马来亚地区华族与马来族社群之间相互猜忌的根源就是日据时期形成的。”[4] 在另一个层面，由于日据时期实行了严格控制外来移民的政策，使新加坡接受大规模移民的进程结束，“越来越多战前进入的移民开始把新加坡作为他们的永久家园。”[5]

---

① ［新加坡］李元瑾：《新加坡的中国移民：从“新客”到“新移民”》，载李元瑾、廖建裕主编《华人移民比较研究：适应与发展》，南洋理工大学中华语言文化中心、华裔馆 2010 年版，第 175 页。

② Walter Woon, “The fall of Singapore: Shades of grey”, *The Straits Times*, https://www.straitstimes.com/opinion/the-fall-of-singapore-shades-of-grey.

③ Timothy Hall, *The Fall of Singapore 1942*. North Ryde: Methuen Australia, 1983, pp. 211-212.

④ Walter Woon, “The fall of Singapore: Shades of grey”, *The Straits Times*, https://www.straitstimes.com/opinion/the-fall-of-singapore-shades-of-grey.

⑤ ［新加坡］苏瑞福：《新加坡人口研究》，薛学了等译，厦门大学出版社 2009 年版，第 57 页。

岛内各族群“叶落归根”的游子心态逐步向“落地生根”的本土居民心态转变。

“二战”以后在世界性反殖民主义运动的冲击下，马来亚地区的各族群也开始擘画“生长于斯”的这个区域的未来。当然，不同的社群对前途的期许也各不相同，马来人更多地倾向于强化自己在马来亚的土著身份，华人则认为“马来亚能够有今日的地位，无疑的是麇居此间各族群所造成的。……马来人于自然享有当地宗主权之际，必须也同时认识其他民族对当地的贡献，而其他民族与自恃对当地有着特别勋劳者，也应该尊重马来人的宗主权。唯有彼此尊重、容忍，才可以进一步达到和睦合作……马来亚的繁荣是中英巫印各民族共同造成的，而马来亚的前途，也是维系与各民族的合作的”。[①] 这种认知分歧就为接下来各族群在该地区争取自治、独立等政治运动中的内在矛盾人为制造了隐患。

在新加坡岛内，族群关系也随着自治运动的发展而不断异化。1959 年 6 月，新加坡自治邦政府成立。自治以后，新加坡不论在政治、经济还是社会发展等多个方面都是百废待兴，面临着前所未有的新变局。在此背景下，长期积压在英殖民者和日本侵略者高压统治政策下的族群矛盾借由对社会的不满情绪和民族独立的浪潮而得以释放。对新加坡的国家认同意识在独立建国前并未萌发，各族群此时依然与祖籍国保持着密切的联系，或者依然对祖籍国保留着强烈的政治认同。而被马来人视为外来移民的华人不仅是多数族群而且经济地位较高，自视为土著居民的马来族在经济上处于劣势，因而对华人乃至整个社会有着强烈的不满情绪，这种参差不齐的经济差距混合着各族群固有的宗教信仰、文化传统和语言，让这个松散的移民社会内部的宗教与族群矛盾一触即发。

1963 年，新加坡为了谋得更好的生存，在李光耀和人民行动党政府的积极推动下借助全民公投加入马来西亚。但是由于政治不信

① 《英国对马应有的认识》，《中兴日报》1949 年 4 月 18 日。

任、政见不统一、经济利益碰撞以及文化与宗教认同上的分歧，最终酿成了1964年马来人与华人之间的严重族群冲突。华巫矛盾由来已久，7月21日伊斯兰教先知穆罕默德诞辰游行中的摩擦成为族群暴乱的导火索。20世纪五六十年代是新加坡族群关系最为恶劣的时期，1964年的族群暴乱让这一地区族群之间的张力达到了顶峰。最终，马来西亚将新加坡逐出了联邦，迫使新加坡于1965年8月9日独立。李光耀在回忆录中述及这段历史时难掩无奈："……1964年7月，新加坡的马来族和华族之间爆发了一场严重的族群暴乱。我们也陷入了同巫统中的马来极端分子持续的斗争中，他们执意要建立一个由马来人来支配的社会，并且通过族群暴乱来威胁我们。我们则通过马来西亚人民团结总机构，团结全马来西亚的非马来族和马来族，争取建立'马来西亚人的马来西亚'。在别无选择的情况下，我们只好于1965年8月脱离马来西亚走向独立。"①

2. 独立建国以后的族群关系（1965年至今）

新加坡在被迫独立以后，刚刚经历过两场严重的族群冲突以后的新加坡社会裂痕短时间内难以修复，严峻的内外环境让这个新生的国家面临着严重的生存和发展困境，脆弱性与不确定性弥散在社会的每个角落。内部环境的恶劣可以通过有效的治理来改变，但是强邻环伺的周边地缘环境却无法改变，邻居是无法选择的，何况还是虎视眈眈的邻居。所以，1959年10月28日李光耀在南洋大学发表演讲时就指出："永远都不要忘记新加坡是东南亚的一部分，而且处在马来人组成的国家的中心。尽管新加坡人口中有80%是华人，但我们改变不了身处的地缘环境。地理和人种的定位是我们必须面临的现实。……如果你们能够以实际行动向东南亚各国人民表明南洋大学是华人为东南亚全体人民创办的寻求真理和学识的灯塔，那么你们对族群和谐及地区和平就做出了巨大的贡献。"②

---

① Lee Kuan Yew, *From Third World to First: The Singapore Story: 1965 - 2000*, Singapore: Marshall Cavendish, 2000, p. 12.

② Alex Joesy, *Lee Kuan Yew*, Singapore: Donald Moore Press, 1968, pp. 125 - 126.

1964 年发生于华人与马来人之间的族群冲突凸显了两大族群积蓄已久的深层次矛盾，如果处理不好这一问题，新加坡很可能会再度陷入国家分裂、社会动荡与民不聊生，甚至会由此引发周边邻国的入侵而亡国。所以“建国以后，严峻的国内外形势对执政的人民行动党提出了巨大的挑战，国内华族人口占多数以及处于马来世界包围之中的地缘位置，决定了新加坡政府必须要谨慎处理各族群之间的关系，确保这个脆弱的多元族群社会可以在公平合理的基础上得到发展”。[①] 所以，在对待华人的地位问题上，尽管华人是新加坡的多数族群，但是在整个东南亚地区是处于明显劣势的少数族群，加上冷战时期两大阵营在这一地区壁垒分明，东南亚华人是否选边站也曾一度成为困扰这一社群的棘手难题。李光耀曾告诫新加坡人，“一个复兴的中国已经不仅是东南亚各族人民仰慕的对象，而且还是会让大家陷入恐慌的对象”。[②] 所以政府在对待各族群的态度上，刻意淡化华人的多数族群地位，而给予在经济等各方面相对处于弱势的马来社群以较多的优待政策，同时通过建构共同的“新加坡人”国家认同的方式促进多元共融和一体化身份的形成。曾经频发的“种族欺侮和恐吓事件，令新加坡人甘愿容忍独立建国所要面对的艰辛。种族暴乱的惨痛经历也促使新加坡的领导者更加坚定地决心建设一个平等对待所有公民、不分种族、语言和宗教的多元种族社会。多年来，新加坡制定政策时都坚守着这个信念”。[③]

李光耀在回答华人关于“如何在周围全部都是马来人的东南亚地区生存与发展”的问题时指出：“建设一个多元种族的社会，让不同的族群共同体之间相互帮助和尊重。……由于我们可以帮助马来人并能与马来人合作共存，有些国家便觉得他们的地位受到危

① 范磊：《新加坡族群和谐机制：实现多元族群社会的善治》，湖南人民出版社 2016 年版，第 30—31 页。

② Alex Joesy, *Lee Kuan Yew*, Singapore: Donald Moore Press, 1968, p. 125.

③ Lee Kuan Yew, *From Third World to First: The Singapore Story: 1965 – 2000*, Singapore: Marshall Cavendish, 2000, p. 12.

害。……任何想建立一个华人沙文主义社会的想法都要遭遇失败。(因为那样) 新加坡必然会被孤立……新加坡必须牢牢地保住在东南亚的这一角落。这是毋庸置疑的。所以，我们必须尽力建立一个基于平等原则的典范的多元族群社会。”①

新加坡通过确立多元共融的族群政策，努力建设一个多元族群、多元文化、多元宗教的和谐社会，禁止一切歧视和不公正，注重族群之间的平等对话而非同化政策，并将此作为社会公平正义的基础。最终，“在对具有不同历史文化传统的地区和人民进行内部妥协的基础上，建立起统一的中央权力机构，通过统一的法律制度，将其地域上所有的人都纳入司法行政统辖之下，使之结成了与以往的族裔文化集团不同的利害相系、命运与共的政治共同体。”②就此李光耀强调，虽然新加坡人“分成了几个族群，但是，我相信只要政策公平，不偏不倚，尤其是失业和其他苦难由大家平等分担，而不是主要落在少数族群头上，他们就会和平共处。确保多种语言、多种文化、多种宗教组成的社会团结一致尤为重要。”③ 所以，各族群在李光耀所称的“新加坡人的新加坡” (Singaporean Singapore) 的认同框架下实现了很好的团结。

新加坡的族群政策非常成功，多元共融的族群关系格局为新加坡塑造了几十年的族群和谐与社会稳定，自 1969 年以来，除了一些族群关系因认知差异和言行的不当而引发小范围的摩擦和抗议外，新加坡就再也没有发生过大的族群冲突事件。族群之间和谐相处的一个重要考量是看族际通婚的比率及意向 (表 2.3)，早在 1989 年的一项调查中就显示“约有 47% 的华人愿意同马来人通婚，而 62% 的马来人则表示只要对方皈依伊斯兰教也愿意与华人通婚；

---

① Alex Joesy, *Lee Kuan Yew*, Singapore: Donald Moore Press, 1968, p. 450.

② 王建娥、陈建樾等：《族际政治与现代民族国家》，社会科学文献出版社 2004 年版，第 57 页。

③ Lee Kuan Yew, *From Third World to First: The Singapore Story: 1965 – 2000*, Singapore: Marshall Cavendish, 2000, pp. 24 – 25.

该调查中还显示华人中拥有马来人朋友的比率从 1969 年的 42% 提高到了 57%，马来人拥有华人朋友的比率则由 85% 上升到了 92%；各族群还有超过 80% 的人认为在面临外敌入侵和推动社会发展等国家层次的议题时，各族群应该团结协作，共同面对；对新加坡族群关系的整体评价来看，三大族群中有超过 90% 的人认为新加坡是一个族群和谐社会。”① 李光耀曾经就新加坡和美国做过比较，他指出新加坡的社会虽然和美国一样都是移民社会，但是美国是典型的大熔炉，而新加坡是个沙拉碗（马来语称此为“罗惹/Rojak”，是东南亚特有的一种蔬菜水果沙拉）。但是，“新加坡的这个沙拉碗并不是一盘散沙，而是多元共融的族群关系结构，一方面尊重各个族群独有的文化和价值理念，另一方面还必须要服从国家权威，以国家认同作为最高的归属对象。”② 正如蒂凡（Janadas Devan）所说：“我们希望新加坡人像一盘罗惹（Rojak）：混合并保留不同味道的同时调配出全新的口味。我们既是一体的，也是多元的；我们虽然多元，却仍然是一体的；我们能成为一体，因为我们包容彼此的多样性。”③ 在很多新加坡人看来，“新加坡人”这个称谓或者身份是一个加法，是在各自族群身份基础之上叠加的一个更大的公共场域或者圈子，每个人正是因为进入了这个圈子，才使天生固有的族群身份有了更大的实现自我价值的平台。独立前的族群冲突与暴乱根源就在于没有厘清这层关系，过度强调自我族群身份的同时忽视了更大范围内的价值和政治认同。以至于未能实现族群身份与国民身份的吻合式叠加，最终在族际张力的作用下陷入认同困境，引爆族群冲突，而现在的新加坡已经完成了这一叠加进程。

---

① 刘稚：《新加坡的民族政策与民族关系》，《世界民族》2000 年第 4 期。

② 范磊：《新加坡族群和谐机制：实现多元族群社会的善治》，湖南人民出版社 2016 年版，第 33 页。

③ Janadas Devan，“Choosing the Better Angels of Our Nature”，*The Straits Times*，https：//www. straitstimes. com/singapore/choosing - the - better - angels - of - our - nature.

表 2.3　　新加坡婚姻登记族群分布统计　　（单位：人）

族群	年份						
	2006	2007	2008	2009	2010	2011	2012
妇女宪章（The Women's Charter）							
总计	19761	19853	20389	22060	20230	22840	23134
华族	16063	15600	15738	16374	14535	16499	16387
印度族	759	818	790	840	799	879	950
其他族群	494	718	1051	1372	1346	1495	1614
跨族群	2445	2717	2810	3474	3550	3967	4183
伊斯兰教管理法案（Administration of Muslim Law Act）							
总计	3945	4113	4207	4021	4133	4418	4802
马来族	2472	2598	2593	2394	2381	2635	2803
印度族	165	171	191	182	174	178	189
其他	109	122	120	127	200	184	199
跨族群	1199	1222	1302	1318	1378	1421	1611

族群	年份				
	2013	2014	2015	2016	2017
妇女宪章（The Women's Charter）					
总计	21180	22863	22544	22017	22162
华族	14948	16750	16237	15944	16116
印度族	960	978	940	916	1054
其他族群	1407	1244	1225	1150	1067
跨族群	3865	3891	4142	4007	3925
伊斯兰教管理法案（Administration of Muslim Law Act）					
总计	5074	5544	5778	5954	6050
马来族	3001	3221	3377	3408	3172
印度族	217	198	216	243	246
其他	226	223	232	286	332
跨族群	1630	1902	1953	2017	2300

资料来源："Statistics on Marriages and Divorces, 2017", SingStat, accessed on Jun. 28, 2019, https://www.singstat.gov.sg/-/media/files/publications/population/smd2017.pdf。

第二节　族群冲突：新加坡族群关系的黑色记忆

新加坡的历史有过辉煌，有过萧条，有过和平与繁荣，也有过陷落与动乱。虽然新加坡已经实现了族群和谐的美好愿景，但正如李光耀所说，新加坡取得这些成绩的过程并不轻松，“我们绝对不能忘记，不论是公共秩序、个人安全或是经济和社会的进步与繁荣，都不是从天而降的，这一切都是一个诚实和有效的政府专心致志，孜孜不倦地努力所换来的成果”。[①] 新加坡族群和谐共融的实现是各族群不断地磨合以及吸取族群冲突的血的教训的结果。自1819年开埠以来，新加坡各族群之间曾经发生过几次较大规模的冲突，不过总的来看主要集中在“二战”以后东南亚民族主义比较高涨的时期，虽然冷战结束以后原本遮蔽在两极对峙格局之下的族群冲突、宗教矛盾、文明碰撞等都得以释放，尤其是“三股势力”对新加坡国内的族群与宗教关系也造成了一定的影响，但并未撼动和谐稳定的大局。

1945年以后，东南亚地区的领导人都在庆祝“二战”的结束以及殖民主义开始走向终结。彼时老牌的殖民帝国虽然力图借着“二战”胜利的东风重返东南亚，继续维持在这里的统治，但是“历史的潮流已经让他们清醒地意识到：即使是重返，也将是暂时的”[②]。“二战”后的新加坡面临着自治还是独立的选择，全球性的反殖民主义浪潮和民族独立运动也推动着本地民族主义的高涨，多元的族群认同在高涨的运动中逐渐得以塑造，一个想象的共同体开始形成。但是由于“各族群所主张的自我认同与新加坡整体的国族认同并未达成一致所以造成了族际关系的紧张与认

---

① Lee Kuan Yew, *From Third World to First*: *The Singapore Story*: *1965 – 2000*, Singapore: Marshall Cavendish, 2000, p. 11.

② Wang Gungwu, “Party and Nation in Southeast Asia”, in *Millennial Asia*, Vol. 1, No. 1, Jan – June 2010, pp. 41 – 57.

同困境”[1]，以至于陷入一种对民族独立和国家建构的争夺之中。面对这种情况，政府也意识到“导致社会不安的是种族、政治与治安三大问题，而这三大问题中又以种族问题为根本问题，也最为棘手”[2]。而此时的殖民政府以及随后的自治政府，在处理这些敏感议题方面也缺乏足够的智慧和能力来应对，即使面对一触即发的族群冲突，依然没有引起足够的重视。

一 族群间张力的初次爆发

1950 年 12 月 11 日，因荷兰亲生父母与马来族养母之间为争夺一名女孩抚养权而引发的持续三天的族群暴乱在新加坡爆发，造成 18 人死亡、173 人受伤，包括多辆汽车被纵火，财产损失巨大，给战后新加坡的族群关系造成了严重的影响。[3] 这就是被称作“玛莉亚暴乱”（The Maria Hertogh Riots）的一场剧烈族群冲突，也是战后新加坡跨族群张力的首次大规模爆发。

玛莉亚（Maria Hertogh）1937 年出生于爪哇，父亲艾德林斯（Adrianus Petrus Hertogh）是荷兰军人，母亲艾德琳（Adeline Hunter）是可以讲流利印尼语的印荷混血儿。1942 年太平洋战争爆发以后，艾德林斯被日军俘虏，下落不明。艾德琳在生下第六个孩子以后，出于安全考虑在 1943 年 1 月将五岁多的玛莉亚交与一位马来妇女阿米娜（Aminah binte Mohammad）抚养。不久，艾德琳也被日军俘虏。后来，阿米娜将玛莉亚改为马来名字纳德拉（Nadra binte Ma'arof），并按照伊斯兰教教义和习俗将其抚养长大。虽然是养女，但是八年间玛莉亚和阿米娜形成了非常深厚的母女感情。阿米娜流利的日语水平使她能够在日据时期的万隆担任日本宪兵队的

---

① Janadas Devan，“Choosing the Better Angels of Our Nature”，*The Straits Times*，https：//www. straitstimes. com/singapore/choosing – the – better – angels – of – our – nature.

② 林志佳：《简介新加坡人民协会：历史与功能》，载吕元礼等主编《新加坡研究》（2013卷），社会科学文献出版社 2014 年版，第 211 页。

③ National Library Board，“Maria Hertogh Riots”. http：//infopedia. nl. sg/articles/SIP_ 83_ 2005 – 02 – 02. html.

翻译。1947 年，由于担心玛莉亚的荷兰裔身份背景会让她在印尼独立战争中受到冲击，所以阿米娜带她回到了自己的家乡马来亚的登嘉楼。玛莉亚在这里进入马来女子学校，并在课余时间接受了古兰经的学习与训练。[①] 战后，玛莉亚的亲生父母历尽艰辛终于在马来亚找到了她们，并打算将玛莉亚带回荷兰。但是，随后的法庭判决以及媒体的渲染报道因宗教矛盾而逐步让事件发酵。就这样，一场给新加坡族群关系蒙上黑色记忆的族群暴乱就因为玛莉亚的抚养权问题而拉开了帷幕。[②]

事实上，阿米娜与艾德琳一家交情并不薄，她与艾德琳的母亲也就是玛莉亚的外祖母也是朋友，这应该也是艾德琳将玛莉亚托付给她的原因。而且，阿米娜家庭条件优渥，第一任丈夫还曾担任登嘉楼苏丹的私人秘书，并且有亲戚在战后担任马来西亚霹雳州的首席部长。她也曾随丈夫在东京担任过 11 年的马来语老师。[③] 在玛莉亚的抚养与教育过程中，阿米娜也扮演了积极的角色，比如在印尼反殖民主义运动浪潮中，她还曾因“窝藏”白人女孩而被捕，最终经过坚决的斗争与自我辩护而得以假释。也正是这些经历，让玛莉亚感受到了来自阿米娜的安全感。所以，不论从哪个角度来讲，阿米娜都应该被视作是一位社会地位较高且有强烈责任感的知识女性。

这场抚养权争夺案，持续约半年时间。最初，玛莉亚的生母艾德琳提出抚养权的要求以后，新加坡首席大法官查尔斯爵士（Sir Charles Murray - Aynaley）于 1950 年 5 月 19 日裁定玛莉亚归生母，并将其临时安置在荷兰驻新加坡总领馆等待返回荷兰。但是三天以后，玛莉亚的养母阿米娜提出上诉，将孩子再次带回身边并在 8 月

---

① Haja Maideen, *The Nadra tragedy*: *The Maria Hertogh controversy*, Subang Jaya, Selangor: Pelanduk Publications, 2000, pp. 31, 37.

② “Chiam's stand sparks debate on Maria Hertogh riots”, *The Straits Times*, Feb 26, 1988, p. 15.

③ Hughes, T. E., *Tangled worlds*: *The story of Maria Hertogh*, Singapore: Institute of Southeast Asian Studies, 1980, p. 4.

初宣布了玛莉亚的婚讯，将 13 岁的玛莉亚嫁给了她的亲戚曼梭（Mansoor Adabi），一位 22 岁的马来族教师。不过高等法庭还是于 1950 年 12 月 2 日宣判将玛莉亚的抚养权归还给她的亲生父母，这一判决对阿米娜的打击很大。在审讯和等待返回荷兰期间，玛莉亚被安置在善牧女修道院（Convent of the Good Shepherd）。在此期间的外出活动中，出于对玛莉亚人身安全的考虑，修道院安排其更换了与其他女孩一样的西式裙装。随后，新加坡岛内外的英文报章中便充斥了她如何被换掉马来传统服饰改穿西装、“伊斯兰教抚养不敌血缘关系”“跪在圣母玛丽亚前”等诸如此类的报道。甚至荷兰报章还通过强调玛莉亚的年龄并渲染玛莉亚已经失去童贞等字眼来挑动社会舆论。马来报章同样以此大做文章，将此说成是对信仰和灵魂的争夺战，挑拨穆斯林（主要是马来族和部分印度族信徒）与天主教徒（主要是欧洲人和欧亚裔人）的敌对情绪。

早在这一判决宣布之前的 11 月 25 日，就有大约 1000 人（主要是穆斯林）聚集在法庭外，这一即将爆发冲突的信号并未引起足够的重视。在媒体对这一事件的渲染和当时整个地区情绪高涨的反殖民主义运动浪潮的推动下，12 月 11 日阿米娜上诉再次被驳回以后，众多马来族和印度族的穆斯林聚集在法庭外闹事。最终这场原本属于民事领域的诉讼案被放大为不同宗教信仰和不同族群之间的对抗，引发了一场涉及多个族群和宗教的族群冲突，大量的本地穆斯林对欧洲人和欧亚裔本土居民进行了攻击，暴乱范围波及亚拉街、北桥路、惹兰勿刹、实龙岗、芽笼和加东等地区。这场族群暴乱造成多人死伤和财物损失，英殖民政府实施了七天的戒严，并调动了英国和马来士兵以及辜加（Gurkha）部队协助新加坡警方才最终平息了这场暴乱。

12 月 20 日，新加坡总督詹逊爵士（Sir Franklin Gimson）写信给立法会，警告“宗教反对宗教以及种族敌视种族”的危险性。暴乱发生以后，詹逊也接受了处理事件不力的批评并许诺成立调查委员会，一项调查报告也得到了巫统（UMNO）领导人拿督翁（Dato

Onn bin Jaffar）的证实。翁要求马来人“不要误入歧途”，要“保持冷静并且不要让本已很糟糕的局势继续恶化”[①]。英国对殖民政府在处理宗教情感等问题上的草率也表达了不满：“真是搞不懂为什么会将那个信奉伊斯兰教的女孩委托给天主教的修道院来监管。这很明显是对伊斯兰教的挑战，任何一个聪明的政府都不可能这样做。”[②]

可见，殖民政府在处理宗教与族群问题方面缺少智慧、章法和经验是这一暴乱发生的重要原因。李光耀曾指出，这起事件是“由一位英国法官漫不经心的判决所引起。他把一个混籍的穆斯林送入女修道院”[③]。早期就有舆论指出，玛莉亚与其养母的感情较深而不愿意见她的生母，而且玛莉亚曾用马来语给生父回信，强调不想回到亲生父母身边。后来法院对她的伊斯兰教婚姻的否决则更激化了穆斯林社群对政府的不满。整个事件过程中，穆斯林已经在不同的时段表现出了不满的信号，但是殖民政府和法院还是草率地将玛莉亚交给天主教修道院托管成为点燃暴乱的导火索。加上当时整个东南亚区域内高涨的反殖民族主义运动，即使没有这次暴乱，本土社群与殖民政府之间矛盾的爆发也只是时间问题。

这次因挑战宗教信仰而导致的族群冲突在新加坡人民的心中留下了深深的创伤。暴乱的发生凸显了当时的新加坡殖民政府在族群问题方面的处理能力不够，在涉及敏感的宗教、文化以及族群等方面的议题上不够谨慎，以致最终激化了矛盾。此事件也让政府和人民充分意识到族群与宗教两者的相关性以及这两者在新加坡这个多元族群社会中的敏感性，为此后新加坡政府处理相关议题积累了重

---

① *The Straits Times*, Dec. 13, 1950. & C. M. Turnbull, *A History of Singapore: 1819 – 1988*, Singapore: Oxford University Press, 1989, p. 242.

② Ganesan Narayanan, “The Political History of Ethnic Relations in Singapore”, in Lai Ah Eng ed., *Beyond Ritual and Riots: Ethnic Pluralism and Social Cohesion in Singapore*, Singapore: Eastern Universities Press, 2004, p. 45.

③ ［新加坡］新加坡联合早报编：《李光耀40年政论选》，现代出版社1994年版，第524页。

要的经验教训。也正是这一敏感性，造成这一事件在很长一段时间内都只是停留在新加坡民间的记忆中。进入新世纪以后，玛莉亚事件才被作为一个代表性的案例进入新加坡中学阶段的《社会研究》教科书，为青年人所认识和了解。政府希望学生能通过对这些历史的学习，深刻领会族群和谐的来之不易。[①]

暴乱以后的12月15日，玛莉亚的生母艾德琳带玛莉亚抵达了阿姆斯特丹，并在1956年嫁给了一名荷兰人。因为不堪忍受丈夫带给她的没日没夜的工作压力，玛莉亚曾计划谋杀她的丈夫，但是1976年8月计划暴露后被捕，后来经过一整天的听证会来讨论她悲剧般的人生，最终无罪释放。[②] 2009年7月8日，玛莉亚在远离新加坡的祖籍地荷兰去世[③]，留给世界的除了60年前的那场族群冲突的记忆，还有人类对族群与宗教和谐的思考。

二 族群矛盾政治化的灾难

1963年新加坡以全民公投的形式实现了与马来西亚的合并。但是，在多元族群社会的马来西亚联邦，马来人主导的政府却强调"马来人优先"的政策。甚至马来人还"有一种根深蒂固的感觉，认为只有他们才是'马来亚土著'（Bumiputras），在这块土地上天然地就应该享有某种特殊的权利。"[④] 首相东姑拉曼（Tunku Abdul Rahman）也宣称，"马来亚就是马来人的，不应该让各种族混合起来执政。……它就是我们的，这将对我们未来的子孙大有裨益。"[⑤] 但是人民行动党和其他州的反对党认为，"马来西亚作为一个想象

---

① Zainudin Nordin, "Inculcating Racial and Religious Harmony in Schools", Ministry of Education, http://www.moe.gov.sg/media/parliamentary-replies/2012/01/inculcating-racial-and-religious-harmony-in-schools.php.

② Hughes, T. E., *Tangled Worlds: The story of Maria Hertogh*, Singapore: Institute of Southeast Asian Studies, 1980, p. 61.

③ "Maria Hertogh dies", *The Straits Times*, July 10, 2009, p. 3.

④ Alex Joesy, *Lee Kuan Yew*, Singapore: Donald Moore Press, 1968, p. 95.

⑤ Alex Joesy, *Lee Kuan Yew*, Singapore: Donald Moore Press, 1968, p. 95.

的共同体是属于全体马来西亚人的，而非专属于某一集团或者种族。”[①] 当时横亘在新马之间的分歧不仅有对族群问题的认知分歧，在宪法、政党和人事等多个领域都存在不同的观点。就族群方面而言，李光耀所主张的“马来西亚人的马来西亚”引起了马来族群的紧张，并将此视为李光耀力图扩张人民行动党政治版图的野心。[②] 于是，马来西亚是“马来人的马来西亚”还是“马来西亚人的马来西亚”的分歧就成为影响族群与政党关系的关键因素。

在新加坡加入马来西亚联邦以后，人民行动党和巫统之间、新加坡与马来西亚其他区域之间在国家领导人选、联邦议会议席分配、新加坡自治权益和经济贸易等涉及资源配置和权力分配等内容的多个领域都存在着较多分歧，加之人民行动党的成员和主要领导又是以华人为主，所以很容易就被视作纯粹的华人政党，而相应的也把新加坡视为与马来社会不同的华人社会。

1964 年人民行动党在马来西亚联邦大选中表现积极，共在联邦各州提名了 11 名候选人，这种跨越地域的竞选让巫统与人民行动党互将对方视为竞争对手。组成了执政联盟的巫统与马华公会被选举中人民行动党力图取代马华公会来代表华人社会的尝试所激怒。而且人民行动党提出的竞选口号“马来西亚人的马来西亚”也在马来人主导的马来政治体系中引发不安。除去这些结构性问题，东姑和马华公会的陈修信似乎与李光耀在个人关系上也存在一些问题。东姑是马来西亚首相同时兼任巫统主席，而陈修信通过马华公会代表马来西亚华人的利益，李光耀则以人民行动党秘书长身份在联邦议会中代表新加坡，却试图推动人民行动党的影响力从新加坡扩大到马来半岛和东马。这些存在于领导人个人关系中的问题让已经凸显的结构性竞争与矛盾更加复杂化。

1963 年 9 月 21 日新加坡选举后，原本由巫统执掌的马来人选

---

① Alex Joesy, *Lee Kuan Yew*, Singapore: Donald Moore Press, 1968, p. 96.

② R. S. Milne, “Singapore’s Exit from Malaysia: the Consequences of Ambiguity”, in *Asian Survey*, Vol. 6, No. 3, 1966, pp. 175 – 184.

区的议席落入了人民行动党手中，新加坡巫统对此耿耿于怀。巫统秘书长赛加化阿咨（Syed Jaafar Albar）就攻击人民行动党在胜选的部分马来选区往马来人家中扔爆竹恫吓选民，后来调查证明这一指责是子虚乌有。1964 年 3 月 1 日在杜进才宣布人民行动党将参加联邦大选之后，《马来先锋报》更是刊出“1500 个马来人面对搬迁通知的威胁”的大幅煽动性报道。5 月 28 日继续报道说居住在哥罗福、梧槽和甘榜格南的3000 个马来人面对被逐出住家的威胁。而事实是当时新加坡政府推动的城市改造需要重新安置受市区重建计划影响的居民，所有族群的居民都会面对这种情况，而非仅仅针对马来人。6 月开始，新加坡巫统的领导人开始鼓动新加坡的马来人要求政府给予马来人特权，并组织了“新加坡马来人民族行动委员会”负责相关事务。《马来先锋报》在6 月 11 日宣称“新加坡巫统奉命采取步骤，救助遭行动党迫害者”，并号召新加坡的马来人“坚决做巫统的后盾，向行动党政府提出强烈和有效的抗议”。7 月 4 日，该报将李光耀在 6 月 30 日人民行动党一个支部开幕演讲中所说的“马来西亚40% 的马来人不能够把 60% 的非马来人赶走”歪曲为“能够把其他人赶出马来西亚的是华人和其他非马来人，会被赶出马来西亚的是马来人，因为他们人数很少。”① 诸如此类的言论大大地煽动了马来社群的情绪，让族群冲突的火药味越来越浓。

7 月 12 日，新加坡巫统再次举行集会，赛加化阿咨在演讲中再度攻击李光耀以及人民行动党政府：“我们新加坡的马来人和穆斯林已显示团结一致，准备为我们民族和我们未来的世代同生共死。如果我们团结一致，世界上没有任何力量可以践踏我们，也没有任何力量可以羞辱我们或蔑视我们。不论是一个李光耀，或是一千个

---

① 参见［新加坡］李光耀《李光耀回忆录（1923—1965）》，新加坡联合早报 2012 年版，第 610—612 页。

李光耀……我们都能够把他们干掉……"[①] 这种煽动性演讲对于引燃马来族的族群情绪，最终酿成族群暴乱起到了推波助澜的作用。在这场演讲后一个多星期，新加坡发生了大规模的族群暴乱。

1964 年 7 月 21 日是伊斯兰教先知穆罕默德的诞辰，新加坡的穆斯林举行了较大规模的游行庆祝活动。下午 5 点左右在马来族聚居的加冷和芽笼士乃附近区域，开始出现了华巫之间的族群冲突并升级为暴乱。暴乱首日在政府实施戒严以前即有 4 人死亡、178 人受伤。虽然戒严在一周后解除，暴乱还是持续了整整 12 天，直到 1964 年 8 月 2 日才结束。这场持续十多天的暴乱约有 2.5 万人参与[②]，最终造成 23 人死亡，454 人受伤，马来受害者和华人一样多。[③] 此外，华人私会党为了保护华人社会免受马来极端分子的冲击而涉入此次暴乱，约有 600 个私会党成员和 256 人因持有危险武器而被捕，加上 1660 个破坏戒严的人总共有 2516 人被拘捕。另有包括汽车在内的大量财产损失。

暴乱中负责平暴的马来西亚军队和警察公然偏袒马来极端分子，许多华人的生命和财产受到严重威胁，这起丧失理性的暴乱让两大种族产生了严重的隔阂。华族感到自己受到迫害从而不免以恐惧和怀疑的眼光看待自己的马来邻居，而马来族也担心华族的报复。所以，当时散居在马来人社区中的少数华人家庭便悄悄搬离了原来的住所，而华人聚居区中的马来人也主动迁出，避免再次发生摩擦。这让当时的人民行动党政府非常担心，因为这意味着他们"所推崇和争取的一切——谋求种族关系逐渐融洽以及推动种族界限逐渐模糊的努力，已被否定"。[④]

---

① 参见［新加坡］李光耀《李光耀回忆录（1923—1965）》，新加坡联合早报 2012 年版，第 612—613 页。

② Ganesan Narayanan, "The Political History of Ethnic Relations in Singapore", in Lai Ah Eng ed., *Beyond Ritual and Riots: Ethnic Pluralism and Social Cohesion in Singapore*, Singapore: Eastern Universities Press, 2004, pp. 46 - 49.

③ ［新加坡］李光耀：《李光耀回忆录（1923—1965）》，第 616 页。

④ ［新加坡］李光耀：《李光耀回忆录（1923—1965）》，第 619 页。

1964 年 7 月 21 日族群暴乱之后，当政府着手在所有选区成立亲善委员会，把各族群聚集在一起以恢复对新加坡的信心并制止谣言散播时，《马来先锋报》再次扮演了非常负面的角色。赛加化阿咨宣称暴乱之所以发生是因为“新加坡有个恶魔，使马来人和华人相互对抗……为什么英国、日本、马绍尔和林有福等政府统治下，新加坡没有发生这样的事件？……那是因为李光耀一直尝试向我们的民族主义精神挑战，并加以戏弄。”① 马来西亚联邦的部分领导人也指责新加坡政府所推行的政策没有给予马来人充分的尊重和特权而造成矛盾积累才酿成了族群暴乱，并强调李光耀在 6 月 30 日那场演讲是族群暴乱的直接诱因。

马来西亚联邦政府和新加坡州政府对该暴乱的起因各执一词，相互指责。英国驻新加坡的官员告诉伦敦，“巫统的这个极端分子对挑起新加坡第一次的种族暴乱，无疑扮演了相当大的角色。”美国驻新加坡总领事指出新加坡的种族暴乱是在政界人物授意下引起的，而且是“巫统领袖以浓厚的种族色彩，长期进行政治煽动，反对人民行动党的必然结果。”澳大利亚驻新加坡的官员报告说：“新加坡发生暴乱的责任应该明确地落在巫统头上。巫统党员展开种族主义运动，也宽容这种运动发生。”② 总之，可以确定“政治因素”是导致这场族群暴乱的主因，宗教、族群、经济以及文化等因素则在其中起到了推波助澜的作用。1982 年吴庆瑞接受采访时指出，“这样激烈的种族主义运动，加上组织良好的马来群众游行和马来武术团员的大批出动，如果不会有乱子发生是谁也不会相信的事。事态发展的结果必然是种族暴乱。”③

伊斯兰教先知诞辰暴乱发生不到两个月，9 月 2—11 日新加坡的华巫冲突再次爆发。据说是因为一名马来三轮车夫在樟宜路一带遭到一群华人围殴致死而引发。与 7 月那场暴乱不同的是，这次的

---

① ［新加坡］李光耀：《李光耀回忆录（1923—1965）》，第 616 页。

② 参见［新加坡］李光耀《李光耀回忆录（1923—1965）》，第 620—621 页。

③ 参见［新加坡］李光耀《李光耀回忆录（1923—1965）》，第 623 页。

暴力冲突很快得到控制，当局在暴乱蔓延之前就逮捕了肇事者。暴乱造成13人丧命，106人受伤。[①] 此次暴乱发生时，李光耀正在欧洲访问，杜进才发表声明指出这次暴乱是由印尼特工挑起，也由此造成新加坡与印尼持续多年的紧张关系状态。回望历史不难发现，在当时的新加坡由于各族群之间敏感的相处方式和脆弱的关系状况，只要华巫两大族群中任何一方与对方稍有摩擦，都会引来大规模的报复，这是当时新加坡族群关系所面对的残酷现实。

短短的不到两个月时间里，新加坡社会就经历了两次较大规模的族群暴乱，给当时的局势造成了非常大的影响。新加坡政府要求巫统要在整个联邦限制马来极端分子的行动，以配合新加坡推动的打压华族极端分子的行动。但是巫统并没有给予相应的配合，这令新加坡政府非常失望。为了摆脱被动局面，执政的人民行动党决定主动向马来西亚的其他地区扩展影响力，提升在整个马来西亚联邦政治版图中的存在感，并以更加积极的姿态推动“马来西亚人的马来西亚”这一理念。这一行动赢得了马来西亚联邦多个反对党支持与合作，民间舆论也受到了行动党宣传的影响。在这种情况下，巫统领导下的执政联盟意识到新马如果不分家，人民行动党迟早会成为挑战其执政地位的直接对手，所以东姑此刻已经萌生了新马分家，让新加坡脱离联邦而独立的想法。可以说，“1964年爆发的两场族群暴乱，成为了新马分家的先声。”[②]

1969年5月31日，新加坡再次爆发了一场族群暴乱。[③] 这场暴乱的导火索是马来西亚1969年5月10日的大选后，华人因赢得了超过半数的选票而上街游行庆祝，其中的一些过激言行引发了马来社群的不满，随即于5月13日爆发冲突。这场在吉隆坡爆发的华

---

① ［新加坡］叶添博、林耀辉、梁荣锦：《白衣人：新加坡执政党秘辛》，海峡时报出版社2013年版，第262页。

② 范磊：《新加坡族群和谐机制：实现多元族群社会的善治》，湖南人民出版社2016年版，第30页。

③ Tan Xin Wei Andy, *Religious Harmony in Singapore: Spaces, Practices and Communities*, Centre for Livable Cities Singapore, 2020, p. 9.

巫族群间的冲突最终因为马来西亚华人遭受到的暴行以及马来西亚军警对马来族群的偏袒引发新加坡社会的愤慨而逐渐蔓延到了新加坡。在新加坡持续一周的族群暴乱造成4人死亡，80人受伤，冲击了独立建国不到4年且族群矛盾尚未弥合的脆弱的新加坡，让新加坡政府一度紧张。不过，在骚乱中所展现的不同族群和宗教社群的居民相互保护对方的感人场面，某种程度上映衬了人性美好的一面的同时也表明新加坡独立以后在促进族群与宗教和谐方面的努力已经初见成效。这场族群暴乱的产生既是外来舆论影响的结果，也是新加坡国内各族群之间矛盾调适和压力释放的内在爆发，再次揭示了关涉族群和宗教议题领域的敏感性，以及族群、宗教与政治结合以后对多元族群社会内部族际张力、不信任和不和谐等不良因子的放大效应。此次暴乱之后，新加坡政府强化了在族群治理方面的行动力度，自此以后再也没有因族群矛盾而爆发剧烈的族群冲突或者暴乱。

第三节　族群和谐：新加坡建国以来的族群关系特质

李光耀曾经呼吁，“把一切关于族群仇恨和报复的流言蜚语砸得稀烂，让我们代之以和平和友好的工作而前进吧！”[①] 这不仅是李光耀的心声，也是当前新加坡社会的共识。历史让“新加坡在英国的裹挟下成为世界体系的一部分，漫长的140年殖民历史赋予其作为东西文化交融、经贸往来枢纽的独特地位，也让这个人口流动巨大的转口贸易港在短短的时间内就成长为一个多元多样的移民社会。”[②] 但是作为一个移民社会，来自周边地区的移民最初基本都是将此作为谋生的地方，以客居身份在新加坡工作和生活，对新加坡这块土地并没有明确的认同感，大多数移民还是以自己的祖籍国作

① 凌翔：《李光耀传》，中国友谊出版公司2014年版，第203页。

② 范磊：《新加坡族群和谐机制：实现多元族群社会的善治》，湖南人民出版社2016年版，第37页。

为主要的认同对象，叶落归根是殖民时代这些来自中国和南亚等地移民的主流心态。“二战”以后，东南亚地区的民族独立运动和反殖民主义浪潮高涨，新加坡亦参与其中并逐渐形成了超越族群和地方的民族国家认同，在随后走向自治、新马合并以及最终独立建国的进程中逐渐清晰，一个想象的共同体也在历史浪潮的推动下得以塑造生成。

独立以后，新加坡“从建设多种族平等发展、多元宗教一体融合的社会理念出发，通过语言、组屋、选举制度等一系列巧妙政策设计，逐渐重塑了新加坡人的生活方式，实现了各种族平等发展、融合发展”[①]，并逐渐在多元共融的基础上确立起清晰的多维多层的治理体制，逐渐“找到了处理这种多样性并且维持社会和谐的特有方式”[②]。一方面尊重各族群的族群认同，另一方面又强调在“新加坡人”的整体框架下，实现对新加坡国家认同的建构。这既尊重了不同族群的多样性，又促进了族群关系的包容与融合，从而实现了新加坡国民认同一体化与国民文化多样性的并存。所以，历经半个多世纪，新加坡的族群和谐与社会融合已经成为多元族群社会善治的榜样性案例。新加坡前伊斯兰教事务主管部长雅国（Yaacob Ibrahim）博士在1964年族群暴乱时尚在读小学，作为亲历者的他对族群和谐与跨族群信任有着更为深刻的认知，他认为：“如果当危机来临时各族群相互指责、散布谣言，就会造成彼此猜忌和情绪紧张，也会给社会造成更大的破坏。所以必须强化人民之间的信任，即使面对危机也不会动摇信心。……新加坡社会整体上已经取得了进步，但是不能满足于现状，因为与种族和宗教等有关的分歧一触即发，新加坡还需要继续努力以不断提升社会的凝聚力。”[③]

---

① 国防大学课题组：《新加坡发展之路》，国防大学出版社2016年版，第78页。

② ［新加坡］许通美：《探究世界秩序：一位务实的理想主义者的观点》，门洪华译，中央编译出版社1999年版，第379—380页。

③ “How Yaacob Learnt the Importance of Trust Back in 1964”, *The Straits Times*, 14 March 2008, p.41.

一 政策引领推动族群和谐

1965 年 8 月 9 日，新加坡脱离马来西亚而独立，从此以后 42 岁的李光耀、47 岁的吴庆瑞、50 岁的拉惹勒南以及所有生活在这块土地上的人们便有了一个新的国民身份："新加坡人"。他们并不是天生就是新加坡人，也不是敲锣打鼓地要成为新加坡人，他们甚至在 8 月 9 日这一天是流着眼泪来面对这一新的身份。带着对这个新生国家未卜前途的担忧，记者会上的李光耀就曾一度哽咽地表示："所发生的事已成事实，但请保持坚定、冷静。我们将在新加坡建立一个多元种族的社会。这不是一个马来人的国家，不是一个华人的国家，也不是一个印度人的国家。新加坡将给所有人提供一个安身立命之所……"① 李光耀"说这番话的目的，是为了向新加坡的少数族群保证，他们的地位时刻会获得保障，所受到的待遇将不会比多数族群来得差；同时提醒作为多数族群的华人不应该欺压非华人，因为他们自己也曾在新加坡加入马来西亚联邦时受到欺压。这番话传达了两个重要信息——在安抚少数族群的当儿，也严厉提醒多数族群不要越线，不可让跟他们肤色不同的人生活在痛苦中。"② 只是在当时的情境下几乎没有人相信新加坡会成功，因为对于这个资源匮乏的岛国而言，生存都是一个大问题。新加坡已经今非昔比，与独立时的掩面而泣形成鲜明对照的是，李光耀曾自豪地指出："新加坡在完全不同的基础上建立起来。我们是一个任人唯贤的多元种族国家，我们已经在不同的种族、不同的社会与经济阶层之间找到了一个平衡点。"③ 不得不承认，"对于一个似乎注定要

---

① ［新加坡］叶添博、林耀辉、梁荣锦：《白衣人：新加坡执政党秘辛》，海峡时报出版社 2013 年版，第 281 页。

② 李显龙：《种族、多元种族及新加坡在世界上的地位》（http：//www. zaobao. com/zopinions/views/story20171004 – 800306）。

③ Han Fook Kwang，Zuraidah Ibrahim，Chua Mui Hoong，Lydia Lim，Ignatius Low，Rachel Lin，*Lee Kuan Yew*：*Hard Truths to Keep Singapore Going*，Singapore：Straits Times Press，2011，p. 29.

失败的国家来说，新加坡已经做得非常好了”。[①]

“新加坡人民主要是来自马来半岛、中国和印度次大陆移民的后裔。然而，大家所具有的共同目标，使每个新加坡人都公认并感到是一个民族。”[②] 为了促进各族群对国家的认同感，新加坡政府一直致力于建构一套涵盖各族群价值理念的共同价值体系，1991 年制定的《共同价值观》（*Shared Values*）得到国会批准，从而建立起了将家庭、社区、族群、宗教等有机整合进国家统一意识形态的认同体系。这一共同价值观体系共包括五个核心领域：“国家至上，社会为先；家庭为根，社会为本；社会关怀，尊重个人；协商共识，避免冲突；种族和谐，宗教宽容”。[③] 从而以国家意识形态的形式融合了多元化的价值观，有力地推动了各族群共融发展目标的实现。

当社会出现破坏族群与宗教和谐的言论和行为，新加坡政府向来都会采取零容忍的态度。自新加坡建国以来，政府一直强调，虽然“持有种族沙文主义思想的人在新加坡只占少部分，但如果不加以抑制……它可能会成为大多数人的思想，人们对种族和语言的感情是难以抑制的，感情用事一定会带来灾难”。[④] 所以，对有关族群、宗教以及语言教育等领域的言行以及某些可能威胁族群和谐的活动政府都会谨慎对待，并对媒体采取严格的管制，通过社会舆论积极鼓励社会宽容，反对不同族群的族群中心论和族群沙文主义。[⑤] 2017 年一名来自印度的伊斯兰教导师纳拉莫哈默（Nalla Mohamed Abdul Jameel）被指在不同宗教团体之间煽动敌意。他在詹美清真

---

① ［新加坡］马凯硕、孙合记：《东盟奇迹》，翟崑、王丽娜译，北京大学出版社 2017 年版，第 177 页。

② Ministry of Information, Communications and the Arts, National Archives of Singapore: *Singapore 2003*, 2003, p. 45.

③ Singapore White Paper, *Shared Values*, Singapore: Singapore National Printers, Jan. 6, 1991.

④ 郭俊麟：《新加坡的政治领域与政治领导》，生智文化 1998 年版，第 38 页。

⑤ ［新加坡］许通美：《探究世界秩序：一位务实的理想主义者的观点》，门洪华译，中央编译出版社 1999 年版，第 382 页。

寺主持祈祷时，用阿拉伯语诵读出了“求真主帮助我们对付犹太人和基督徒”的冒犯性语句。他最终被控上法庭，在认罪后被判罚款4000新币，并驱逐出境。后来纳拉莫哈默主动在麦士威路的多元和谐馆（Harmony in Diversity Gallery）向来自不同宗教团体的宗教领袖道歉，并得到了谅解。他在声明中也表示，“身为一名来自异乡的居民，我奉行自身的信仰时，应当符合这个国家的社会规范和法律。我完全承认我的有关行为在这个极为多元宗教和多元文化的社会里，是不会被容忍的。”① 新加坡伊斯兰教理事会（MUIS）在就该事件所发的文告中指出，“纳拉莫哈默的言论在各社群和睦共处的新加坡中没有容身之处。伊斯兰教理事会的道德规范要求所有宗教导师确保教义顾及新加坡的国情。”② 纳拉莫哈默在被遣送回国时表示：“这个国家虽小，却能在全球占据领先的位置，尤其是促进宗教和谐方面。这也是我带着沉重的心离开这个国家的原因。我期许自己有一天能回到这个美丽的国家。”③

平等多元的族群政策为新加坡族群共融局面的形成提供了积极的推动，新加坡的族群治理也取得了为世界瞩目的成就，但是不同族群之间发展不平衡的现实并没有彻底消除。李光耀渴望消除各族群之间的发展不平衡，他认为如果在多元族群社会中存在某一族群落后于其他族群的情况，那么国家的稳定与团结必将受到影响。相比而言，华人、印度人以及欧亚裔的经济能力和社会地位要明显高于马来人，发展速度上马来人也明显滞后，这种情况的出现既有历史遗留也有现实原因。马来人的落后主要涉及教育、就业和住宅等方面。教育是其中最重要的一个方面，李光耀曾指出，“对新加坡人来说，为了全体人民的利益，不论种族、宗教或语言，我们都必

---

① 何惜薇：《涉发表冒犯言论被警方调查 伊斯兰教导师道歉 称言论不出自〈可兰经〉》，《联合早报》2017年4月1日。

② 郑靖豫：《有损宗教和谐 发冒犯言论伊斯兰教导师遭罚款遣回印度》，《联合早报》2017年4月4日。

③ 叶伟强、黄小芳：《受邀会面共进早餐 尚穆根：发表冒犯言论伊斯兰教导师诚意悔过》，《联合早报》2017年4月6日。

须让有天赋才能的年轻一辈，接受最高的教育，使他们的潜力得到充分发挥。”[①] 对于马来人而言更是如此，所以他认为“一旦马来人也像其他人那样受到教育，具有才能，那么他们得到更好的职业和享受更高生活水平的能力也就自动地跟着来了。”[②] 在此基础上，政府对马来族群提供了较多的扶持政策，马来族群对社会的满意度和认同感会相应地得到提升。

“新加坡是个多元种族组成的共同体，既实现了一体化的统一又保留了各族群多元化的独特风情。”[③] 新加坡在强调同一性注重“新加坡人”国家认同建构的同时，也保留了马来人的传统街区（如甘榜格南的清真寺和马来文化街）、华人的牛车水、印度人的小印度等。有基督教堂，也有清真寺、佛教寺院、印度教以及锡克教的寺庙等。目前新加坡本岛内唯一的甘榜[④]罗弄万国村（Kampung Lorong Buangkok）[⑤]，则让现代都市的新加坡人在闲暇之余还能近距离观察到这个城市国家曾经存在过的乡村慢生活以及多族群和谐共生的原初状态。每个族群的新年，新加坡都是公共假期，小印度的屠妖节很热闹，穆斯林的哈芝节也会在甘榜格南等地举行隆重的庆祝活动，而华人新年的“春到河畔”更是吸引各族群互动的多元舞台。所以，新加坡人会说出“新加坡有四个‘新年’”这样的话。在各族群的传统节日，一方面是某一族群热烈庆祝的日子，另一方面也是各个族群共同参与，推动族群互动交流与融合的好机会。每

① ［新加坡］新加坡联合早报编：《李光耀40年政论选》，现代出版社1994年版，第457页。

② Alex Josey, *Lee Kuan Yew*, Singapore: Asia Pacific Press, 1968, p. 92.

③ Ministry of Information, Communications and the Arts, National Archives of Singapore: *Singapore 2003*, 2003, p. 46.

④ 甘榜，即马来语的“乡村或者村落”（Kampung，有时也拼作Kampong或者Kompong）的音译，目前新加坡已经约定俗成将此作为田园风光、乡村生活的代名词。在新加坡的华语语境中，也常会看到“甘榜精神”等这样的词汇，指的就是旧时在乡村不同族群之间、邻居之间守望相助，平等包容的原初精神。

⑤ Ng Huiwen, “One day in Lorong Buangkok, Singapore’s last kampung on mainland”, *The Straits Times*, Oct. 8, 2017, https://www.straitstimes.com/singapore/one-day-in-buangkok-singapores-last-kampung-on-mainland.

一个族群都不会将自己封闭起来，而是与其他族群分享节日的快乐与祝福。[①] 新加坡以它有效的族群治理方式将多个族群整合在国家框架下，既保存了多元族群的多元文化，同时又在此基础上塑造了一体化的新加坡国家意识形态。

二 制度保障塑造多元共融

为了维护新加坡多元族群社会的和谐与多元共融格局的稳定，培养新加坡国民统一的价值体系，确立一体的国家意识形态，确保各族群在政治、经济、文化和社会等多个领域共存共融，政府给予每个人以同等的发展机会，同时也会从实际出发照顾到部分少数族群在教育、经济等领域暂时与其他族群还有一定差距的事实，在多个方面给予相应的政策倾斜和制度保障，以确保他们不会与社会发展的步伐相脱节，比如集选区制度、总统保留选举制等。

要平衡各族群的利益就会涉及对多数族群的淡化问题，所以自建国伊始政府就通过一系列的举措来弱化新加坡这个多元社会的“华性”（Chineseness），有学者将这一进程划分为三个时期：从1965年到1979年是“去华性”（De – emphasized the Chineseness of Singapore）时期，从1979年到1990年是“亚洲化”（Asianizing Singapore）时期，1990年以后是“多元文化”（Multiracial Culture Democracy）时期[②]。建国初期，新加坡政府并没有完全否定中华文化，而是利用政府工具刻意淡化了以华人为主体的多元社会的“华性”，同时对少数族群的语言、文化以及社会和经济地位等给予充分的强调，比如马来语被确立为国语，华语与淡米尔语、英语等一起成为官方语言之一。英语具有中性色彩和全球化背景下强大的通用性，但是其背后的西方化隐喻也给新加坡的国家传统造成了一定

---

① 范磊：《新加坡族群和谐机制：实现多元族群社会的善治》，湖南人民出版社2016年版，第196—197页。

② Raj Vasil, *Asianising Singapore: The PAP's Management of Ethnicity* , Singapore: Heinemann Asia, 1995. pp. 38 – 155.

的冲击，所以从20世纪70年代末开始，新加坡政府开始注重“亚洲化”，推动“亚洲价值观”，彰显国家的“亚洲性”，并逐步过渡到20世纪90年代以后的多元文化时期，各族群之间和平共处、和谐相处、共存共赢，一个多元而具有活力的新加坡开始基本成型。具体而言，新加坡政府通过政策引领的同时，也在制度层面对其进行了有效的规约和建构。比如在经济领域为各族群提供均等的发展机会参与经济建设和享受经济发展绩效、在文化领域充分保障各族群之间对宗教信仰的自由和平等、在基层组织建设方面通过社团和社区的积极互动促进各族群之间的和谐等。可以说，有效而合理的制度是在事物发展进程中遭逢问题、困境之后，为了解决问题而建构起来的因应机制和相关的手段与措施，是与外在环境的变化并生的持续调适过程的结果。

2013年12月8日，新加坡的小印度地区发生了影响较大的社会暴力事件，起初被称作小印度暴乱（Little India Riots）。此次暴力事件虽然被很多媒体解读为是40多年来新加坡再次发生的社会暴乱事件，甚至有舆论将其与族群议题联系起来，事实上这并非族群暴乱，如果非要给它定性的话，充其量“只是某一社会群体为了表达特定的情绪，单方面制造的社会暴力事件，属于暴乱但不属于冲突，属于普通的社会暴乱而非族群暴乱”。[①] 政府为了淡化该事件的影响，后来将Riots这个词的华文表达由最初的“暴乱”修正为“骚乱”。在2014年年初的一场专访中，李显龙曾指出：“是有一场骚乱，但不是在新加坡人之间，而是在新加坡的外籍劳工之间，主要是印度工人。这场骚乱不包括新加坡人，对于我们的族群和谐没有影响。”[②] 虽然这一事件与族群和宗教议题并没有直接的联系，但是作为40多年来新加坡再次爆发的大规模社会暴力事件，必然会引起新加坡国内各方以及世界各国的普遍关注。事后，新加坡国防

① 范磊：《切莫误读小印度暴乱》，《联合早报》2013年12月13日。

② 胡舒立专访：《李显龙谈新加坡》，《新世纪》第591期，2014年2月17日。

部长黄永宏就指出："国人都明白和谐与安全对新加坡来说是极为宝贵的资产，我们十分珍惜。有些东西得来不易，必须极力争取，我相信新加坡人也懂得珍惜，愿意做出努力确保这些宝贵资产不会流失。"①

在这个以多元族群共存共融引以为傲的社会里，只要关涉族群议题的内容直到建国半个多世纪以后的今天依然还是会引发舆论的普遍关注，虽然"多元种族是官方经常对外展示的国家橱窗形象，但种族和语言又长期被当成敏感议题，鲜少公开讨论。"② 比如在2020年第13届国会选举中，工人党推出的盛港集选区竞选团队候选人之一的辣玉莎（Raeesah Khan）是马来族新加坡人，在2020年大选时被举报在个人社交媒体页面曾经发表了多条关涉种族议题的不当言论。③ 比如评论新冠疫情期间警察执法歧视少数族群，偏袒华人（Rich Chinese）和白人，并用"棕色女人"（Brown Women）来称呼人民行动党推出的少数族群候选人，同时还指责警方无情关押少数族裔，骚扰伊斯兰教职人员以及无视城市丰收教堂的腐败等。适逢大选，这些言论一经举报即引发舆论热烈关注，最终以辣玉莎道歉而收场。考虑到疫情期间大选的特殊性，新加坡政府在辣玉莎道歉以后未作深究，不少选民也表示接受她的道歉，最终辣玉莎所在的团队赢得盛港集选区，当选新一届国会议员。当然，在选举期间有人举报辣玉莎发表于2018年和2020年选举前一个多月的不当言论，也被很多新加坡人视作执政党打压反对党的惯用手段，不过从其言论内容来看，在多元族群社会语境下也确实有失偏颇，辣玉莎在道歉中辩驳称之所以发表此等言论是为了引起社会对少数族群的关注。从选举结果来看，辣玉莎有关种族歧视和关

---

① 《黄永宏：安全与和谐是宝贵资产 国人应加以保护》，《联合早报》2013年12月12日。

② 沈泽玮：《"华人特权"与弱势华语》，《联合早报》2021年1月31日。

③ "Singapore GE2020：Police investigating netizen who claims to have flagged WP's Raeesah Khan's social media posts", *The Straits Times*, https：//www.straitstimes.com/politics/singapore-ge2020-police-investigating-netizen-who-claims-to-have-raised-alarm-against-wps.

涉宗教的不当言论虽然引发社会关注，但是并没有对其参选产生根本性的影响，这一事件在某种程度上凸显了新加坡社会对种族与宗教议题的包容性在不断增强，种族与政治之间的关联在被有意淡化。

纵观新加坡族群关系的发展历史，就是一个从矛盾冲突到共存共融的曲折发展过程。建国前曾经发生过的多次严重的族群冲突与暴乱给新加坡社会留下了黑色的沉痛记忆，独立建国以后，国家治理体系与治理能力的现代化推动了积极而有效的族群政策以及完善的制度建设，并最终推动族群和谐成为新加坡这个原本有着强烈族群张力的多元社会的标签式的符号，多元共融也作为一种理念已经深深地植入了新加坡人的基因。朱立伦在考察了新加坡的族群关系以后说：新加坡“能在这么复杂的坏境中创造出一个社会和谐稳定的发展，是非常不简单的”。[①] 这不仅是对新加坡族群治理的一种肯定，也用简单的话语概述了新加坡族群治理的艰辛历程。

---

① 曾昭鹏：《专访台湾桃园县县长朱立伦：新加坡维持族群和谐值得台学习》，《联合早报》2007 年 9 月 19 日。

第三章

新加坡族群治理的利益维度

我们希望新加坡人像一盘“罗惹”（Rojak）：混合并保留不同味道的同时调配出全新的口味。我们既是一体的，也是多元的；我们虽然多元，却仍然是一体的；我们能成为一体，因为我们包容彼此的多样性。

——贾纳达斯·蒂凡[①]

第一节　族群与国家中的利益因素

一　利益概念：族群与国家的双重向度

在民族国家体系中，族群与国家无疑是一对利益攸关的利益共同体。在单一族群国家中，由于族群与国家（民族）边界重合、利益趋同，所以两者之间并不存在实质性的利益张力。而对于多元族群国家来说，由于族群利益的多样性和多元化，往往会造成国家利益并不能完全满足所有族群利益诉求的情况，国家在处理族群与国家利益关系时稍有不慎，就可能会引发族群与国家以及族群与族群之间的张力爆发，造成国家分裂。总的来看，作为国家民族共同体组成部分的“族群通过寻求自决权或者保持族群纯洁性给民族国家

---

① 贾纳达斯·蒂凡（Janadas Devan）是新加坡第三任总统蒂凡那的儿子，新加坡资深媒体人，曾任《海峡时报》副总编辑，2011年起担任新加坡政策研究所（IPS）所长，并担任新加坡总理公署执行秘书。

建构制造障碍似乎可以被视为 20 世纪最为重要的政治符号之一”。[①]

民族国家合法性存在的基本前提就是强调国家框架下不同族群与国家之间在利益、规范和认同等领域的协调与整合。一方面各族群认同于国家，将国家作为上位的利益庇佑者，另一方面国家包容并整合不同的族群共同体，将其作为自身存在与发展的重要结构基础，亦即国家发展要建立在各族群发展的基础之上，而族群发展则要在国家框架下才能实现，只有国家才能为作为次国家行为体的族群提供根本的保障和支撑。在多元族群国家中，即使不同族群在国家框架下通过国家与政府的整合实现了在根本利益上的一致性，但是往往也会因为在政治参与、经济发展、文化传统等方面的异质性而产生各异的利益诉求，引发不同领域和层次的张力。如果处理不好，“少数族群基于经济利益方面各种分散的微观矛盾可能会在一定条件下通过族群文化聚集起来，进而演化为大规模的族群冲突”。[②] 国家内部不同族群在利益维度的发展差异则会从根本上影响这个多元社会的稳定与发展，最终在基础层面阻碍族群与国家之间结构性张力的解决：一是使族群成员产生被剥夺感和被歧视感，加之存在于族群之间以及族群与国家之间复杂的历史、文化等因素，必然会影响到族群个体对国家的认同以及整个社会共同体的稳定；二是利益分化与利益差异将在很大程度上激化不同的族群共同体、族群个体之间的矛盾，引发族际纷争甚至暴乱。不同的族群中如果出现部分族群发展缓慢而导致发展差距扩大的情况，将会持续拉伸存在于其中的结构性张力，进而对国家的完整统一、整体发展和良性循环造成结构性的破坏。

多元族群国家内部各族群在与国家的互动中所表现出来的利益取向，一般涵盖族群在政治、经济、文化、社会等多个领域的共同利益，或者各族群在其生存与发展进程中必不可少的资源与主客观

---

① Joseph Rudolph, *Politics and Ethnicity: A Comparative Study*, New York: Palgrave Macmillan, 2006, p. 2.

② 宁骚：《论民族冲突的根源》，《中国社会科学季刊》（香港）1995 年夏季卷。

条件的有机整合。如果国家政策得当可以有效地支持对族群利益张力的化解，而如果国家在治理层面存在族群不平等，造成族际失衡则容易诱发族群冲突，比如马来西亚的国家权力就是由九个世袭的苏丹轮流行使，而军队和武装力量也是马来人占据绝对优势，从而形成了主体族群掌控公共服务特别是内部安全与军事领域的局面，这种持续性的结构性利益失衡如果得不到有效的管控则会给国家治理体系裂痕的产生提供可能性。①

利益维度的族群与国家关系可以从国内层面与外交层面来理解，相应的利益自身也就具有了多棱属性和面向，既体现在国内政治、经济等领域，也在外交领域有明确的体现。就国内层面而言，族群利益与国家利益主要通过政治领域的权力分配、经济领域的资源竞争以及社会领域的利益调适等方面体现出来。国家通过建立全国性的国家治理体系来实现政治、经济、文化和社会等利益的协调，确保不同的族群在具体的利益分配中尽可能地实现公平与平等，避免明显的利益失衡局面出现。就族群而言，各族群是否有平等的政治参与权利以及平等地管理国家公共事务的权力是其核心的政治利益，不同族群的政治利益在其利益诉求中居于关键性的地位，如果政治利益受损，那么其他领域的利益诉求也将成为空谈。族群的经济利益包括与族群生存和发展密切相关的资源、政策以及发展绩效等，比如对弱势族群的扶持等优待政策以及相应的制度建设都是确保经济利益得以实现和维护的重要保证。由于经济利益与人类共同体的生存与发展密切相关，所以经济领域所存在的利益竞争较易引发族际矛盾与冲突，对于多元族群国家来说如何确保经济领域的平等与公平则将会为维护整个国家利益的完整创设重要的基础。

国家利益可以从两方面来理解：一是政治层面的国家利益

---

① John Coakley, *Nationalism, Ethnicity and the State: Making and Breaking Nations*, London: SAGE, 2012, pp. 145 - 146.

(Interests of State) 指的是中央政府主导的公共治理体系所代表的整个国家的利益，二是民族国家层面的国家利益 (National Interests)，两者都是民族国家框架内的所有族群共同体以及全体国民整体利益的代表。如果将利益具体化就是“一切满足民族国家全体人民物质与精神需要的东西。在物质上，国家需要安全与发展；在精神上，国家需要国际社会尊重与承认。”① 换言之，国家利益就是满足整个国家（包括组织和个人）物质与精神需要的内容集合。而从对外关系的角度来看，国家的外交政策与行为必须始终围绕国家利益服务，在为国家赢得国际社会尊重和承认的同时，还要避免伤害国内不同族群的族群利益，如果因为外在的生存诉求而牺牲国内族群利益，必然会导致族群关系恶化，引发族群冲突或者内战。

国家的利益诉求与偏好始终是与国内外形势的发展息息相关，是所有内外因素相互依赖相互制约而共存于国家框架中的。全球化时代的国家利益在内涵与范围上早已超出了一国的范围，有了更多跨界以及国际化和全球化的色彩，但是定基于国内族群和国家整体利益的考量不会改变。相比而言，族群利益不论在范围还是性质上都与国家利益存在实质性的差异，可以说“人类迄今为止的历史表明，民族（族群）既是最为基本的人群共同体，也是最为稳定的人群共同体，同时还是最为重要的利益共同体。”② 族群利益则是基于本族群在政治、文化与经济等领域的主客观条件而逐渐产生，不同的族群会产生不同的利益诉求，并受到国家整体发展水平和族群自身发展能力等因素的影响和制约，与族群与国家的生存和发展息息相关，不可分割。

主客观条件方面所存在的差异决定着民族国家的建构也有着明显的多样性。比如“一战”以后的民族主义浪潮和“二战”以后的反殖民主义民族独立运动都催生了大量的新兴民族国家。但是这

---

① 阎学通：《中国国家利益分析》，天津人民出版社 1996 年版，第 10—11 页。

② 周平：《民族政治学》，高等教育出版社 2003 年版，第 2 页。

些后发的民族国家与早期欧洲民族国家脱胎于王朝体系相比，不论在内容还是在形式上都有本质的不同。尤其是“二战”以后诞生于亚非拉地区的民族国家，暴风骤雨般的民族独立运动打碎了旧有的殖民主义或者封建主义体系，在“想象的共同体”框架内通过对多元族群的整合，建构起形式上的多元族群国家，但是最初并未形成统一的国家民族，相应地在利益、规范和认同等多个层面依然存在清晰的结构性张力，族群之间以及族群与国家之间的合力与凝聚力暂时并未很好地生成。历史上有着共同的文化纽带和历史记忆的不同族群可能也发生过自发的融合，并且在族群精英的推动下为了共同的历史命运被整合到统一的民族国家框架下，但是并不能保证这些在国家力量推动下而整合到一起的族群对这个“想象的共同体”的国家民族会培育出清晰的认同感。从这个意义上来说，在历史的长线条上持续推动国内不同族群的国家认同感培育是所有多元族群国家都面临的重要任务。也只有如此，族群与国家才会逐渐消解存在于期间的结构性张力，族群利益与国家利益才能实现吻合式叠加的实质上的统一。

对于多元族群国家而言，多元文化、语言与宗教共存是其典型特征。族际整合难度大、国民融合程度低是其面对的迫切议题，虽然随着“小的、独特的社会单位的衰落，以及大规模的、非人格化的官僚体制的出现，人们的忠诚和认同将被引向民族国家，而不是内部的种族和族群团体。但是，似乎相反的趋势正在成为当今世界的特征。”[①] 所以，消除存在于不同族群与区域之间的认同壁垒，借助国家与社会多层互动的力量将不同族群的政治、经济以及文化力量整合到统一的政治共同体框架下，最终实现从多元族群到一体国族的跨越，奠定国家与社会共同体的结构性基础是族际整合与国家建构进程中的根本任务。

---

① ［美］马丁·N. 麦格：《族群社会学》，祖力亚提·司马义译，华夏出版社2007年版，第6页。

在上述进程中，化解国家与族群之间的张力是整合的基础，权力分配是其中的关键。“政治权力是政治关系中的权力主体为夺取、制造和分配以物质利益为中心的各种资源，依靠一定的政治强制力而拥有的对政治权力客体的制约能力。”① 多元族群国家中，政治权力的分布对于不同族群之间的利益分配将起着决定性的作用。各族群为了在国家的利益分配格局中占据有利位置，会不遗余力地借助工具性的手段来完成对权力的追逐和掌控。而如果在权力分配中国家无法保证各族群之间的利益平衡，则极有可能滋生族群沙文主义、族群霸权或者族群歧视，从而让原本就无法弥合的族群张力持续积聚，族群分离倾向会越来越明显，对国家统一与族群和谐构成严重威胁。在经济层面，亦复如此。

虽然不同国家的政策和具体发展程度存在差异，但是对均衡发展和利益协调的追求是这些国家行为体推动族群治理的主要考量。利益作为主体多元的概念，主体需要与利益分配之间往往会出现不一致的情况，这就造成无法满足利益诉求的利益主体产生对利益分配主导者的不满情绪。多元族群国家中，各族群在追求自身利益的过程中往往都是将族群自身的利益诉求作为逻辑起点，从而不可避免地在族群之间以及族群与国家之间产生矛盾，加之不同族群由于历史与现实原因而造成的发展不平衡，有的族群处于经济上位有着雄厚的经济实力，有的族群则处在经济下位有着较多的贫困人口，族际贫富差距拉大以后族群与国家之间的张力也就相应拉大了。

二　新加坡国家利益与族群利益的关系

作为典型的多元族群社会，新加坡在“二战”结束以后风起云涌的民族独立浪潮中随时面临着族群沙文主义（Ethnic Chauvinism）的挑战，而族群沙文主义也成为族群利益与国家利益交锋的重要手段。新加坡社会中的族群沙文主义主要存在于华人和马来人中，作

---

① 周平：《政治学导论》，云南大学出版社 2002 年版，第 27 页。

为第三大族群的印度人则出于人数和地位上的考虑，彼时在政治上并没有明确的族群取向，对政府的多元族群政策也持比较积极的态度，从他们更倾向于追随人民行动党而不是新加坡印度国大党（SIC）就可见一斑。1961 年人民行动党分裂时，较大比例的华人党员脱党组建了社会主义阵线，以李光耀为首的温和派与党内外激进派进行了激烈的斗争，在斗争进程中印度族党员及印度族群所给予的支持很大程度上影响了斗争的最终结果。

“二战”中日本人以东南亚解放者自居，鼓吹“亚洲人的亚洲”，并通过残酷镇压东南亚华人的抗日斗争、承认马来人是新马地区土著居民等手段巩固其在东南亚的军国主义统治。“这种高压军事统治的殖民主义破坏性非常明显……（但是）在马来亚人民，尤其是民族主义者的意识中强化了他们追求民族独立的信念。”[①] 为了培养马来人的政治参与意识和族群优越感，日本人在政治上赋予他们很高的特权地位，助长了马来族群的族群沙文主义倾向，并在无形中渗透进了马来族群的价值体系中，从而对战后的新马政局和社会发展留下了诸多不良遗产。1963 年新马合并以后，马来沙文主义在整个马来西亚有了进一步发展，新加坡巫统在 1964 年 7 月组织的马来人大会将这个倾向推到了顶峰。为了给大会造势，在会前发布了名为《新加坡马来人的地位》（*The Situation of Malays in Singapore*）的文件，要求人民行动党要“保护马来甘榜和马来人保留地；马来人在公共组屋中要享受低租金；在政府和商业机构推行马来语；马来人享有免费交通，免收马来学生的学费和教材费；在各教育层次提供给马来人更多的奖学金；以立法保证马来人就业。”[②] 这些要求并没有得到政府的完全同意，李光耀当时仅同意其中关于教育的内容，于是马来沙文主义者就开始在新加坡挑起华巫两族的族群情绪，引发了新加坡历史上最严重的两次族群暴乱。这是典型

---

① 韩方明：《华人与马来西亚现代化进程》，商务印书馆 2002 年版，第 155 页。

② Raj Vasil, *Asianising Singapore: the PAP's Management of Ethnicity*, Singapore: Heinemann Asia, 1995, pp. 23 – 24.

的以族群利益挑战社会整体利益的例子。

新加坡建国以后，政府通过一系列的政策引领和制度规约，将国家利益与各族群的族群利益统一起来，一方面坚持以国家利益为上位利益，强调其不可挑战的崇高性，另一方面则通过在政治、经济以及文化发展等领域的因应措施来保障各族群的合法利益不会受到侵害。在此背景下，完成了多元共融族群治理架构的建构，大大地弱化了族群之间以及族群与国家之间的结构性张力，使不同的族群在“新加坡人”的国家认同下，在内外多个衍生层面凝聚起来共同维护新加坡的国家利益，使多元族群社会的多样化利益诉求得到了有效地解决。

在新加坡族群关系的历史进程中，还曾经多次出现外部力量影响甚至干涉其内部族群事务的情况，不论是新马合并期间巫统内的极端势力对新加坡岛内族群关系的挑拨与煽动，还是到了独立建国以后马来西亚国内政党的激进派别、印尼的一些机构，以及其他地区的宗教极端势力等对新加坡族群关系以及其他相关事务施加的影响，都对新加坡的族群与宗教事务构成了较大的冲击，尤其是在冷战结束以后，“伊斯兰宗教极端主义和暴力活动成了新加坡独立以后所面临的最严峻的安全问题”。[①] 虽然最终新加坡通过国内严密的组织体系和独立自主的外交原则化解了这些干涉，但是这些外在的影响力对当时新加坡境内族群关系的影响是显而易见的。对于任何一个主权国家而言，外部势力如果介入本国政治、经济和族群关系当中，其结果都将是非常严重的。[②]

第二节　多层治理：新加坡在利益维度的族群治理结构

“多元种族及由此带来的一连串问题，远远超出民族和宗教问题

---

① Eugene K. B. Tan, “Defeating the Scourge of Terrorism: How Soft Law Instruments in Singapore Can Develop Societal Trust and Promote Cooperative Norms”, *RSIS Papers*, Sept. /Oct. 2020, p. 1.

② 马戎：《族群关系变迁影响因素的分析》，《西北民族研究》2003 年第 4 期。

本身，它们在新加坡甚至是国家兴衰成败、生死存亡的大问题。”①吴庆瑞在回顾建国初期族群矛盾带来的压力时曾经满怀忧虑地说：“我们就像在风月场所闲逛的无知少女一样，不幸几乎是不可避免的。”② 也正是这一危机意识的形成，使新加坡在族群治理方面成效显著。自建国以来，各族群和谐相处，共同推动国民融合与“新加坡人”建构，再也没有发生过较大的族群冲突，创造了多元族群社会发展的奇迹。族群关系的和谐给人民行动党的长期执政提供了稳定的发展环境，逐渐成长为名副其实的多元族群政党。尤其是在涉及族群与国家最核心的利益维度，新加坡政府在国家、族群与社区三个层面通过政策引领、制度规约和组织推动等多种形式，最终将族群与国家在利益维度的张力进行了有效的化解，保障了族际整合与国家建构的顺利进行。目前，在政治、经济、文化以及社会等多个层面族群利益与国家利益和谐相处，呈现出一幅生动的利益共存和相互促进的局面，甚至有人将新加坡称为“乱世中的绿洲”③。

一　治理的国家层面：政府主导下的利益均衡布局

新加坡在国家层面为族群治理提供了高效而有力的结构性保障，毕竟“集聚合法的权力并运用于特定的目标，这是只有国家和国家集团才能做到的事情。”④ 为此，作为主导性力量，政府建立起完善的制度结构，制定了相应的社会文化、政治和经济政策，通过国家层面的治理结构来主导新加坡族群关系与社会和谐的发展。这种常态化的政策设计和制度安排成为新加坡族群治理的有力保障，

---

① 郑维川：《新加坡治国之道》，中国社会科学出版社 1996 年版，第 15 页。

② Goh Keng Swee，“A Holy order to Scale New Heights：Dr. Goh Keng Swee's Last Major Speech before Retiring from Politics，25 September 1984”，in *Goh Keng Swee：A Legacy of Public Service*，ed. Emrys Chew & Chong Guan Kwa，Singapore：World Scientific，2012，p. 311.

③ ［新加坡］叶添博、林耀辉、梁荣锦：《白衣人：新加坡执政党秘辛》，海峡时报出版社 2013 年版，第 559 页。

④ ［美］弗朗西斯·福山：《国家构建：21 世纪的国家治理与世界秩序》，黄胜强等译，中国社会科学出版社 2007 年版，第 115 页。

并最终将公众纳入整个治理框架中，通过持续的学习、协调、适应等阶段，引导各族群在既定的方向和框架中不断强化对国家的认同、增进彼此之间的认知和交融。

在具体的族群治理实践中，新加坡政府并没有对国内的主体族群给予特殊待遇与权力，在其成立之初就把自己视为一个维护多元族群利益的政府，并以法律形式确立了建立族群和谐社会的目标。如新加坡本土评论所说："不像大马的土著，新加坡华人在教育、就业以及商业活动等方面，并没有受到特别保护。……尽管华人占人口的绝大多数，但是他们没有使马来人或印度人沦为'二等公民'。"[①] 最终，政府通过在政治权力分配、经济效益扶持以及社会发展倾斜等多个领域的政策和制度建构，在利益维度逐渐建构起一个多元而有活力的族群治理体系。

1. 政治参与中的族群平等与张力弥合

"人民行动党政府深知政治领域确保族群平等的重要性。政治领域所涉及的权力分配与政治参与是极易引发族群动员、煽动族群情绪的重要舞台，也是能否化解族群张力的关键，所以在政治领域的利益平衡中，人民行动党政府付出了极大的努力。"[②] 也正是在这个意义上，很多人将新加坡善治的头功记在了人民行动党所推动的族群治理领域，认为"人民行动党最大的功劳其实是成功地将多元族群主义付诸实行。"[③] 如果从新加坡建国几十年来各族群与宗教间和谐共融的关系状态来看，这一评价并不为过。

这一政策的出发点和立足点自然还是基于新加坡的族群结构以及执政党成员的族群比例。由于"人民行动党党员有 75% 是华人，

---

① 韦红：《新加坡解决民族问题的有效途径——多元一体化》，《中南民族学院学报》1999 年第 1 期。

② 范磊：《新加坡族群和谐机制：实现多元族群社会的善治》，湖南人民出版社 2016 年版，第 53 页。

③ ［新加坡］叶添博、林耀辉、梁荣锦：《白衣人：新加坡执政党秘辛》，海峡时报出版社 2013 年版，第 559 页。

因此被认为是代表华人利益的政党”[①]，在新马合并期间更是成为巫统攻击人民行动党的所谓证据。不过，在人民行动党执政至今的60多年里，其始终贯彻了多元族群主义的基本政策，从来没有为包括华人族群在内的某个族群争取特殊利益，而是以社会和国家的整体利益为依托，制定照顾新加坡人整体利益的政策，充分凸显了其作为多元族群社会公民利益代言人的身份。这也与其党章中所规定的要“建设公平公正、包容开放的多元种族社会，不分语言与宗教，并培养新加坡人的国家认同感”[②] 相一致。为此，李光耀也曾经表示，人民行动党“政府必须照顾全体利益——如果不可能的话，也得照顾大多数人的利益。”[③] 当然，为了照顾少数族群的发展和利益诉求并规避多数族群的沙文主义倾向，新加坡在宪法中就明确规定：“始终不渝地保护新加坡少数族群和宗教共同体的利益，……马来人是新加坡的原住民，政府应在承认他们的特殊地位方面负起责任，相应地政府有责任保护、保障、支持、培养和促进马来人的政治、教育、宗教、经济、社会和文化利益，以及马来人的语言。”[④]

1970 年，为了平衡少数族群在多个层面的利益诉求，确保立法程序中尽可能地保证少数族群合法权益的实现，新加坡成立了“少数族群权利总统理事会”（Presidential Council for Minority Rights），理事会主席和成员人选由总统在听取内阁的建议后委任。政府向国会提交新法案立法之前，都须交由该理事会审查，然后向总统提交报告，以确保政府所起草的各项法案在内容上不会损害或影响任何种族和宗教社群的权利。截至 2021 年 3 月，少数族群权利总统理事会现有 16 名成员，由首席大法官梅达顺（Sundaresh Menon）担任主席，常任理事包括吴作栋、李显龙、丹那巴南（Suppiah

---

① 郭俊麟：《新加坡的政治领域与政治领导》，生智文化 1998 年版，第 120 页。

② “Party Constitution”，PAP，https：//www. pap. org. sg/about－pap/party－constitution.

③ ［新加坡］新加坡联合早报编：《李光耀 40 年政论选》，现代出版社 1994 年版，第 525 页。

④ *Constitution of The Republic of Singapore*，S. I. 1963，No. 1493.

Dhanabalan）、尚穆根（K. Shanmugam）以及阿都拉（Abdullah Tarmugi）。[①] 同时，理事会也向总统建议担任宗教和谐总统理事会（Presidential Council for Religious Harmony）理事的人选，以及向总统提名马来族社群委员会和印度族及其他少数族群社群委员会的人选，并关注所有由国会或政府提请的涉及任何种族或宗教社群的事务。除了少数族群权利总统理事会之外，还设立了宗教和谐总统理事会（PCRH）、族群与宗教互信圈（IRCC）、社区发展理事会（CDC）等组织，在国家与社会层面为各族群尤其是少数族群的利益诉求提供切实的保障和指导。

吸收各族群的政治精英进入国家政治体系是人民行动党政府推行多元族群主义的组织保障，尤其是少数族群精英，这些优秀人才的会聚为政府打造有凝聚力和韧性的多元社会提供了强大的纽带和灵魂。但是，由于不同的族群在发展程度上的不同，造成部分族群尤其是少数族群出现高级人才短缺的情况，所以人民行动党政府通过一系列的政策和制度设计来缓解这一困境，一方面以集选区制度、总统保留选举制等制度来确保少数族群更多参与政治和国家治理的机会，另一方面则从根本上推动教育体制改革提供更多的教育保障为少数族群提升教育水平和综合素质创造条件。20 世纪 70 年代新加坡政府的公务员比例中，华人占 67.2%，马来人占 19.8%，印度人占 9.8%，其他族群占 3.2%。而当时各族群的人口比例则是华人占 76.2%，马来人占 15%，印度人占 7%，其他种族占 2%，在参政比例方面体现了政府对少数族群的政策倾斜和支持力度。在历届内阁中，除了总理由华人担任之外，少数族群副总理和部长占据了较大的比例，2020 年大选后的内阁组成中就有尚达曼、尚穆根、维文、马善高、易华仁、英兰妮、孟理齐等多位少数族群政治精英的优秀代表。在迄今为止的八位新加坡总统中，就有五位来自少数

① "Presidential Council for Minority Rights", Istana, https://www.istana.gov.sg/Presidents-Office/Other-Presidential-Councils.news/pressreleases/2011/appointment_to_presidentialcouncilforminorityrights.html.

族群，分别为首任总统马来族的尤索夫（Encik Yusof Bin Ishak）、欧亚裔的薛尔思（Benjamin Henry Sheares）、印度族的蒂凡那（Chengara Veetil Devan Nair）、印度族的纳丹（Sellapan Rama Nathan）以及现任总统马来族的哈莉玛（Halimah Yacob）。截至2021年3月的104位议员中有29位是少数族群议员①，比例与人口比例基本相符。

为了更好地维护马来族群的权益并强化与马来社群的关系，人民行动党专门成立了马来事务局，负责马来族党员的具体工作，积极争取马来社群对人民行动党政府在政治、经济和社会等领域政策的认可与支持。在执政初期，人民行动党中央执行委员会以及各个基层支部中，不同族群的党员比例也与新加坡总人口中的族群比例基本保持一致（表3.1，表3.2）。但是1961年人民行动党的分裂造成华人党员大量脱党，所以短期内出现了华人比例明显下降的情况，而少数族群的马来人和印度人在行动党党员中所占的比例有了相应的提高。最初，这被视作是新加坡政治发展进程中约定俗成的惯例，即必须保证少数族群在政治活动中的权利，以保障不同族群之间的利益平衡，避免族群沙文主义和族群歧视等问题的出现。

表3.1　人民行动党20世纪60年代族群成分的变化

党员	华人		马来人		印度人		其他		不详		总计
	人数	%	人数	%	人数	%	人数	%	人数	%	
1961年的党员	2160	92.9	95	4.1	64	2.8	4	0.2	3	0.1	2326
1961年脱党的党员	1737	92.7	79	4.2	53	2.8	2	0.1	3	0.2	1874
1961年后入党的党员	1534	63.1	389	16.0	474	19.5	30	1.2	3	0.1	2430
1966年年中的党员	1976	67.9	408	14.0	492	16.9	32	1.1	3	0.1	2911

资料来源：冯清莲《新加坡人民行动党：它的历史、组织和领导》，苏宛蓉译，上海人民出版社1975年版，第119页。

① "List of Current MPs", Parliament of Singapore, https://www.parliament.gov.sg/mps/list-of-current-mps.

表 3.2　　1966 年年中人民行动党党员与新加坡人口族群比例对比（单位:%）

	华人	马来人	印度人	其他
1966 年新加坡人口	78.7	12.1	6.6	2.5
1966 年年中人民行动党党员	67.9	14.0	16.5	1.6

资料来源：冯清莲《新加坡人民行动党：它的历史、组织和领导》，苏宛蓉译，上海人民出版社 1975 年版，第 99 页。

在“二战”以后逐步展开的新加坡选举政治中，马来族聚居的新加坡南部岛屿曾经是马来人政党尤其是巫统的传统票仓。在“二战”以后高涨的民族独立运动和反殖民主义运动的推动下，新加坡各族群的政治意识觉醒以及对政治权力的追逐已经成为其实现不断膨胀的利益诉求的重要途径。人民行动党意识到这一点之后就在 1959 年大选以后开始到这些选区活动，并借助执政地位在这些岛屿内部推行一系列的利民、惠民措施，为马来社群办了不少好事、实事。人民行动党的这些努力“一方面赢得了更多的选票，另一方面则吸收了大量的马来人新党员加入。”① 1963 年大选时，人民行动党赢下了这些选区，冲击了巫统在马来社群中的传统优势，引发新加坡巫统的不满，并在马来族群精英的煽动下实现了族群动员，最终被利用成为 1964 年族群暴乱的起因之一。

经过了族群暴乱洗礼的人民行动党政府开始深入思考具体的对策。在对当时局势以及国内外经验教训综合分析之后，政府意识到要在国家治理中避免重蹈覆辙，一方面要通过完善的国民教育体系让普通民众习得和平和谐与共存共融的重要性，另一方面则要充分发挥族群精英的意见领袖和示范效应，并通过对族群精英权力诉求的协调来缓和族群情绪，让不同族群的优秀人才都成为政府治理的当事人，将适度的制度威权与代议民主相结合，以此来维护多元族

① ［新加坡］冯清莲：《新加坡人民行动党：它的历史、组织和领导》，苏宛蓉译，上海人民出版社 1975 年版，第 103 页。

群社会的和谐稳定。所以，政府积极寻求通过意识形态引领、加快国会立法、成立相关组织机构、制定并改革相关政治制度、发展基层组织等形式在政治领域实现对少数族群利益的维护，化解不同族群之间以及族群与国家之间的结构性张力，其中集选区制度（GRC）[①] 和总统保留选举制是典型代表。这两项制度是新加坡在政治领域追求族群平等、确保政治权力分配、各族群利益均沾的重要举措。最终新加坡通过软性的制度威权和选举民主相结合的方式完成了对新加坡多元族群的政治利益的协调与平衡，不同族群之间即使对相同的政治议题存在不同的意见，也会在国家框架下借助合理、合法的方式来化解，确保国家不会因为劣质的民主体制而陷入无休止的纷争与冲突中，杜绝了将族群与宗教议题政治化的可能性，进而也就有效避免了族群冲突的出现。

2. 经济绩效推动的族群平等和张力弥合

如果说独立前的多次族群暴乱凸显了不同族群对政治权力的诉求是导致族群冲突的直接原因，异质性极强的历史文化认同与规范分歧是深层次原因，那么政府也意识到不同族群之间明显的贫富差距则是造成族群冲突和社会动乱的根本原因，“各族群感受到在国家框架下遭受到不平等待遇时便会诱发族群分离意识造成族群冲突”[②]。但是新加坡在1965年脱离马来西亚独立时是一个连生存都困难的国家，如何巩固和发展新生政权、如何缓和族群关系和维护社会稳定、如何解决失业危机实现经济转型和突破发展瓶颈的压力是摆在新生的新加坡面前的迫切课题。其实，经历了“二战”以后，英殖民者留给新加坡的就是一个烂摊子，1959年自治政府成立时新加坡的失业率就高达14%，因此而积压的社会矛盾加重了这个社会的脆弱性。当时政府的主要任务就是要养活这个岛上的居民，

---

① “Group Representation Constituencies (GRCs)”, Singapore Elections Department, http://www.eld.gov.sg/elections_ type_ electoral.html#group.

② Alexis Heraclides, “Janus or Sisyphus: the Southern Problem of the Sudan”, in *Journal of Modern African Studies*, Vol. 25, Jun. 1987, p. 215.

持续提升他们的生活水准，确保不同的族群之间不会因为生存问题而再度爆发族群冲突。经济基础决定上层建筑，从这个意义上而言，建国初期新加坡最大的政治就是发展经济，为人民行动党政府的执政合法性提供有效支撑，也为新加坡的未来奠定基础。所以，人民行动党把政府工作的重点都用在了经济发展上。①

在确保整体经济发展的同时，如何缩小族群发展差距、提升弱势族群的经济能力是维护族群和谐、消解族群张力的根本途径。鉴于马来族群在经济发展方面的弱势地位，政府通过政策倾斜和制度保障来提升马来族群的经济地位。最终政府通过提升马来人的教育水平来增强他们的经济能力，逐渐缩小了与其他族群的经济发展差距，有效地促进了各族群的合作和共处。而基于“有恒产者有恒心”原则实行的“居者有其屋”的公共组屋政策，也成为政府在经济与社会发展领域通过政策和制度建设凝结各族群的有效途径。其实，“新加坡从一个‘渔村’到世界级现代化大都市的转变是超出人们想象的，尤其是在 50 年前，这里还是一个贫民窟……”② 如果放眼世界其他地区就会发现，“许多资源丰富的非洲国家都与新加坡在大约同一个时间获得独立，但是它们已经被种族灭绝斗争和部落战争搞得四分五裂”。③ 个中缘由就是没有处理好族群关系，造成各族群、部族以及种族之间歧视严重，矛盾重重，社会动荡，白白浪费了所固有的良好自然条件而未能发展起来。所以新加坡政府所采取的基于族群平等并照顾少数族群的多元族群政策对于这个异质性较强的国家产生了根本性的影响。

1965 年新马分家时，新加坡的马来社群曾经担忧“在新马分家后华人占多数的新加坡社会将成为华人的天下，马来族群将不得

---

① Peter S. J. Chen, *Singapore Development Policies and Trends*, Singapore: Oxford University Press, 1983, p. 89.

② 王才强：《新加坡城市规划 50 年》，高晖等译，中国建筑工业出版社 2018 年版，第 3 页。

③ ［新加坡］叶添博、林耀辉、梁荣锦：《白衣人：新加坡执政党秘辛》，海峡时报出版社 2013 年版，第 558 页。

不接受少数族群的地位。……华人在政治和经济等多个领域的优势地位则更为马来人所嫉恨和恐慌，这种失望和愤怒以及随之而来的挫败感一直持续到了 1970 年代”。[①] 对于马来人的心态失衡问题，人民行动党政府给予了充分的重视，并通过多种方式稳定马来人的情绪，让他们明白马来族群的土著地位不会因为新马分家而改变，他们在政治、经济、文化等多个领域的特殊权益也将受到新国家的保护。如新加坡宪法第 152 条第 2 款就规定：“马来人是新加坡的原住民，政府应在承认他们的特殊地位方面负起责任，相应地政府有责任保护、保障、支持、培养和促进马来人的政治、教育、宗教、经济、社会和文化利益，以及马来人的语言。”在第 153 条进一步规定：“立法机构应该制定专门的法律条款来处理马来穆斯林的宗教事务，应针对穆斯林的宗教事务成立一个委员会，负责向总统提供咨询。”[②] 透过这些法律文本不难发现，与新加坡国内其他族群尤其是华人族群相比，马来族群被赋予了法律上的特殊地位。这一特殊性还体现在国家的语言政策以及国家象征符号方面，比如将马来语确定为新加坡的国语，国歌也是用马来语演唱，而国旗、国徽中也被植入较多的马来元素，在教育和经济发展等多个领域对马来人也给予了特殊的关照等。所以，“当新加坡与马来西亚分家的时候，东姑拉曼曾向新加坡的马来人表示，如果你们受到歧视，感受压迫，你们可以迁移到联邦来。结果没有马来人迁离新加坡，因为他们在新加坡受到比马来西亚还好的待遇，生活安定的他们无须迁到一个不可知的生活环境。新加坡正像欧洲的瑞士，建立起了一个融合的多元族群的国家”。[③]

“经济发展是社会稳定的基础，只有实现了经济的整体发展才可能赢得不同族群的认同和支持，从而为经济发展提供稳定的社会

---

① Raj Vasil, *Asianising Singapore: the PAP's Management of Ethnicity*, Singapore: Heinemann Asia, 1995, p. 43.

② *Constitution of The Republic of Singapore*, S. I. 1963, No. 1493.

③ 陈烈甫：《李光耀治下的新加坡》，台湾商务印书馆 1985 年版，第 13 页。

环境，实现良性循环。”[①] 对于人类社会而言，住房问题始终都是影响社会发展和稳定的大问题，所以才有了古人所云的“居者有其屋”“安得广厦千万间”这样的理想。孟子有云：“民之为道也，有恒产者有恒心，无恒产者无恒心，苟无恒心，放辟邪侈，无不为已。”李光耀丰富的基层工作经验使其充分体会到孟子这句话的含义。他认为要维持社会稳定与族群和谐，“恒产”是基础性的条件，而其中的“关键在于让所有人都能在经济发展中受益，甚至不得不用新的方法去调整分配财富的机制。”[②] 只有这样才能让民众形成“恒心”，这就是影响至今的政府组屋计划。组屋概念最初源自 1927 年英国殖民政府设立改良信托局（SIT）所推动的城市环境改善运动，20 世纪 30 年代政府在中峇鲁修建了第一批组屋区，但是在接下来的 30 年里并没有改善持续严峻的住房困境。20 世纪 60 年代初，新加坡约有 84% 的家庭住在店铺和简陋的房屋内，拥有像样住宅的人口不超过人口总数的 9%，而其中马来族群聚居的甘榜更是基础设施简陋，贫苦不堪。经过建屋发展局几十年的努力，在 20 世纪 90 年代，不仅基本实现了“居者有其屋”的目标，同时还有 15% 的家庭可以购买到更好的私人公寓。在过去的半个世纪里，新加坡政府共建设组屋超过 120 万套，目前约有 82% 的居民住在政府组屋中。[③] 新加坡成功的住房政策一方面为人民行动党赢得了稳固的执政根基，另一方面则通过为所有族群的国民提供住房，确保了社会贫富分层的恶化，防止个别族群因为赤贫而可能会产生的对政府和社会的不满情绪。2008 年的一项调查显示，新加坡各族群国民对住房的满意度高达 96.4%[④]，相应地“公积金和居者有其屋计划

---

① 范磊：《新加坡族群和谐机制：实现多元族群社会的善治》，湖南人民出版社 2016 年版，第 88 页。

② ［美］汤姆·普雷特：《李光耀对话录》，张立德译，现代出版社 2011 年版，第 58 页。

③ HDB Key Statistics，http：//www10.hdb.gov.sg/eBook/AR2012/keystatistics.html.

④ HDB Survey，*Key Findings of Sample Household Survey 2008*，available at http：//www.singstat.gov.sg/publications/publications_and_papers/households_and_housing/ssnsep10-pg15-23.pdf.

确保了政治稳定，也是新加坡的选民在每次选举中都以大多数票一再投选人民行动党的一个重要原因”。[①]

就业是政府和各族群民众共同关心的另一个重要的民生议题。20 世纪 60 年代初期失业率居高不下的问题不仅让下层民众的生活苦不堪言，充满了对社会的不满，同时也让人民行动党政府感到了执政的压力，担心就业问题被少数族群极端分子利用，将其作为族群动员的工具。在政府的励精图治下，经过几十年的发展，多年以来新加坡的失业率一直控制在 3% 以下，即使 2011 年刚刚经受过全球性金融危机的冲击，这一年的失业率依然仅有 2%，创 1997 年亚洲金融危机以来的最低。2020 年由于新冠疫情的影响，新加坡总就业人数创下了 20 多年来最大的跌幅，整体年平均失业率升至 3.0% 的高位[②]，不过依然没有超过 2003 年和 2009 年的水平。从这一数据对比可以看出新加坡在就业领域所做出的积极努力。正如 1984 年李光耀就曾明确指出的，新加坡的发展目标有两个：“第一，应付基本的需求，使人民能过健康的生活，并在一个良好的环境中实现他们的抱负。第二，提供一个安宁稳定的环境，让绝大多数的人民享有个人和政治自由。”[③] 依托经济绩效来提升各族群民众的生活和收入水平，在很大程度上有效地提升了各族群的幸福指数，有助于化解族群张力，实现多元族群社会的稳定与和谐。

3. 基于族群利益的国家利益最大化：外交的视角

族群因素不仅是新加坡国内政治的重要考量，在很大程度上也影响着新加坡的外交政策，这与其族群构成还是有直接关系。虽然新加坡的主体族群是华人，但是华人在整个东南亚地区属于少数族群，尤其是在马来群岛地区。为了平衡国内不同族群之间的利益与

---

① ［新加坡］谢志淼：《新加坡基层的政治参与问题》，载人民行动党中央执行委员会编《人民行动党：1954—1979》，人民行动党中央执行委员会 1979 年版，第 284—285 页。

② “Summary Table：Unemployment”，16 March，2021，https：//stats. mom. gov. sg/Pages/Unemployment - Summary - Table. aspx.

③ 《总理相信一人一票制能继续》，《联合早报》1984 年 8 月 17 日。

情感，新加坡必须谨慎处理与国内四大族群密切相关的祖籍国的关系，或者与那些在宗教、文化等议题上较为敏感的国家的关系。比如与中国的关系，如果处理不好不仅会造成马来人和印度人等族群的不满，也会让主体族群的华人表达抗议；而与那些本身和伊斯兰国家存在紧张双边关系的国家打交道时，新加坡更要顾及国内穆斯林以及周边伊斯兰国家的族群情感和利益，比如在处理与以色列的关系时，就因为建交问题引发穆斯林社群的抗议声音。作为生存在马来国家海洋中的小国，在对外关系中既要为国家谋取最大利益，又要谨慎处理各种平衡，以免自己被卷入大国政治或者地区政治的纷争之中。正如新加坡前外长杨荣文所言："如果人民行动党不是多种族党派，我们与马来西亚和印度尼西亚的关系就会更加复杂。我们国家内部如果分裂，国家安全便岌岌可危，他国必然乘虚而入。……我们需要少数种族作为联系其他东南亚国家的桥梁。他们使我们的社会多姿多彩，是一支有生力量。"①

建国之初，新加坡就明确了"外交与防务政策首先要确保新加坡不会也不可能被其他大国所利用，否则就会陷入地区争端与冲突的泥潭。不选边站，不依附于任何大国是新加坡对地区和平的积极贡献。只要新加坡不与大国集团纠缠不清，就不会受到其对手因恐慌而可能采取的极端对抗手段"。② 基于对冷战大背景和特殊地缘政治环境的考虑，彼时的新加坡在处理对外关系尤其是对外军事合作方面慎之又慎。所以，当收到以色列驻泰国大使纪德隆（Mordecai Kidron）主动提出的协助新加坡建立和训练军队的倡议时，李光耀考虑到以色列在族群与宗教问题方面的敏感性并没有立即接受这枝橄榄枝，而是寄希望于同属第三世界的阿联（埃及）、印度等国能够协助新加坡解决这一问题。由于这两个国家对新加坡的诉求并不

---

① ［新加坡］杨荣文：《榕树下的沉思：杨荣文言论集》，周蕴仪译，复旦大学出版社 2018 年版，第 3—4 页。

② Chan Heng Chee & Obaid ul Haq eds., *The Prophetic & the Political*: *Selected Speeches & Writings of S. Rajaratnam*, Singapore: Graham Brash, 1987, p. 283.

感兴趣，所以新加坡只好转向以色列，并在深度接触之后达成秘密协议，由以色列协助新加坡建立和训练军队。自 1965 年 11 月开始，先后有 18 名以色列军事教官来到新加坡，不过出于避嫌的考虑他们的公开身份是“墨西哥人”。作为回报，秘密协议还明确了新加坡必须公开承认以色列的主权国家地位并与之建交的内容。为了避免激怒国内的穆斯林社群以及周边的伊斯兰国家，新加坡并没有立即在国际场合公开支持以色列，而是在“新加坡和本区域的马来穆斯林已经习惯了以色列设于新加坡的官方代表”① 之后，先允许以色列在新加坡设立商务代表机构，并于 1969 年 5 月与之低调建交。但是在建交多年以后，新加坡都没有在以色列设立大使馆，足见其在处理两国关系中对关涉族群与宗教议题的事务所秉持的谨慎心理，即使是以色列这样的“恩人”，依然坚持以避免影响国内族群关系、保障族群和谐为首要考量。

在处理对华关系方面，“新加坡从来都没有失掉原则和立场，始终将国家安全、地缘政治、国际地位和国家利益的巩固与提升作为基本考量。”② 1978 年 11 月，邓小平访问新加坡，这是一次被李光耀称作“难忘的会面”③ 的访问，双方在多项地区与双边议题领域达成共识。而邓小平也明显意识到这个华人人口占 75% 的国家，“并不想在其更强大的邻国面前显得过于亲华”。④ 新加坡是中国以外世界上唯一的华人占多数的国家，但是它并不是一个华人国家，因为即便是华人自身在移居新加坡以后所带来的传统文化也已经随着东西方文化的持续交流和本土化的趋势而被赋予了更多的“南洋

---

① Lee Kuan Yew, *From Third World to First*: *The Singapore Story*: *1965 - 2000*, Singapore: Marshall Cavendish, 2000, pp. 43 - 44.

② 范磊：《新加坡发展和中国关系的理性逻辑与双重面向》，《当代世界社会主义问题》2021 年第 1 期。

③ Lee Kuan Yew, *From Third World to First*: *The Singapore Story*: *1965 - 2000*, Singapore: The Straits Times Press, 2000, p. 660.

④ ［美］傅高义：《邓小平时代》，冯克利译，生活·读书·新知三联书店 2013 年版，第 284 页。

风味”，更何况是在这样一个多元文化、多元宗教、多元族群的文化异质性很高的移民社会呢？作为东南亚最后一个与中国建立外交关系的国家，李光耀曾经指出：“为了我们的国家利益，我们应该是亚细安（东盟）内最后一个同中国建交的国家。……亚细安成员国的头脑中总是有一种潜在的怀疑、猜测和不安，认为新加坡既然有75%的人是华人，那么将很容易受中国操纵，站到中国一边去。通过采取这种最后一个的立场，我们向亚细安伙伴，也向中国表明，我们是我们，是新加坡人。”①

其实，虽然两国在很长一段时间里没有正式的外交关系，但是彼此之间在经济上的互动却始终没有停止过，相关数据显示②，1959 年新加坡就已经是中国的第十大贸易伙伴（6999 万美元），20 世纪 60 年代还成为中国仅次于香港的第二大外汇来源地。早在新加坡独立建国前的 1956 年就有以中华总商会会长高德根为团长的新加坡工商业贸易考察团一行 54 人应邀对新中国进行访问，不仅得到了中国官方贸易机构的接待，签署了 500 万英镑的贸易合同，还应邀参加国庆观礼，受到毛泽东和周恩来的接见。1959 年 10 月 26 日，易润堂与陈翠娥受李光耀委派，对中国进行了为期一周的访问。20 世纪 60 年代初期，甚至一度出现了时任副总理杜进才以及李光耀本人访华的多次可能性，但因故均未成行。1965 年 8 月 18 日，新加坡独立不到十天，政府再次委派时任新加坡驻马来西亚最高专员的高德根到中国香港与新华社香港分社副社长祁烽会晤，通报新加坡独立的消息。但是随着独立后新加坡本国经济与安全需要的变化，开始逐渐向华盛顿靠拢，李光耀也分别在 1967 年、1968 年、1969 年、1970 年连续四年访问美国。加上 60 年代中期以后中国外交的左倾倾向逐渐严重，中新关系开始由最初的良性接触很快跌入低谷。总的来看，新加坡与中国的关系疏远也好，亲近也

① 《李光耀谈新中建交》，《联合早报》1990 年 7 月 4 日。

② 裴长洪：《共和国对外贸易 60 年》，人民出版社 2009 年版，第 80 页。

罢，都是出于对其本国国家利益的考虑，并非族群情感的牵引。一个稳定而开放的中国对于地区局势以及新加坡的生存与发展会带来诸多利好，而一个动荡和封闭的中国则必然会对地区局势造成不利影响，进而影响新加坡的国家利益。

有学者在讨论新加坡与中国关系时认为“新加坡在早期处理和应对中国事务时从来没有形成自己的成熟立场，两国的双边互动更像是大象和跳蚤的舞蹈”[①]。也有学者指出：“新加坡与其他新生国家不同，外交政策与国内政治之间是脱节的。”[②] 但是综合来看，新加坡的外交与几乎所有国家的思路是基本一致的，即外交是国内政治的延续。正如时任副总理的王瑞杰所指出的：“外交政策不只是外交部长到处与其他外交部长商谈，外交政策其实从国内开始，如果国人分歧或持有不同立场……那我们还得先解决国内的紧张局势，才能有立场跟其他国家商谈。”[③] 所以，在面对中国这个大国时，不论是在建交前还是建交后，新加坡都没有失掉其所秉持的原则和立场，也没有让外交政策和国内政治脱节，而是始终将本国国内族群关系的和谐稳定以及国际地位和国家利益的巩固与提升作为基本考量，尽可能地将自身利益实现最大化。具体而言，这一对双边关系的发展主要围绕以下几个方面展开。

首先，如何对待华人族群在其国内乃至在东南亚地区的地位以及如何对待华语等都是其在处理同中国关系中慎重考量的问题。“二战”以后，东南亚国家纷纷独立造成华人的国籍归属成为需要解决的迫切议题，华人占主体的新加坡更是如此。1956 年 10 月周恩来在接见到访的新加坡劳工阵线主席、前首席部长马绍尔（Da-

---

① Michael Leifer, *Singapore's Foreign Policy: Coping with Vulnerability*, New York: Routledge, 2000, p. 110.

② Chan Heng Chee, *Singapore: Domestic Structure and Foreign Policy: Final Draft*, Singapore: s. n., 1988, p. 2. Paper presented at the second Quadrilateral Conference, University of California, Berkeley, January 6 – 10, 1988.

③ 李熙爱：《迎接首位非华族总理？王瑞杰：整体尚未准备好》（http://www.zaobao.com/znews/singapore/story20190329 – 943983）。

vid Saul Marshall）时就指出中国不实行“双重国籍”制度，所以生活在新加坡的华人要么放弃中国国籍成为新加坡公民，要么保持中国国籍以侨居身份生活在新加坡，但是中国政府充分尊重他们的自主选择。[①] 即便如此，新加坡华人的祖籍地情结并没有在短期内消退，甚至出现过 1972 年中国乒乓球队到访，新加坡华人为本土球队喝倒彩以及全体高呼中国革命口号的场面[②]，这种难以置信的情况对当时新加坡国内的族群情绪产生了一定的影响，甚至让李光耀“稍微感到惊异，并且有点生气”[③]。

这在某种程度上凸显了在当时的新加坡，华人社会依然存在明确的左派倾向以及族群沙文主义的苗头，并通过 20 世纪 50 年代的学生运动以及 70 年代的“南洋商报事件”等得以展现。正如李光耀所说，新加坡要生存就要“彻底铲除活跃于华文中学和南洋大学的共产党颠覆分子。我们也需要时间逐渐淘汰那些在中国出生，容易倾向沙文主义，却在宗乡会馆和中华总商会担当要职的人。我们都见识过，在中国出生的人是那么容易因为感情和血缘因素而动情”。[④] 在当时特定的冷战环境下，新加坡的华人社群往往会受到来自中国内地的革命主义思潮的熏陶，以致对社会稳定以及族群关系造成一定的影响。南洋大学作为当时学生运动最为活跃的阵地，政府最终通过注销南洋大学创始人陈六使的公民权以及在 20 世纪 80 年代初关闭南洋大学而彻底消除了这一隐忧。[⑤]

在新加坡的对华关系中，不论是新加坡领导人访问中国，还是中国领导人访问新加坡，新加坡的领导人在早期都会特别强调这个

---

① 《周总理谈新加坡的中国人国籍问题》，《人民日报》1956 年 10 月 13 日。

② Lee Kuan Yew, *From Third World to First: The Singapore Story: 1965 – 2000*, Singapore: Marshall Cavendish, 2000, p. 638.

③ ［新加坡］新加坡联合早报编：《李光耀 40 年政论选》，现代出版社 1994 年版，第 587 页。

④ Lee Kuan Yew, *From Third World to First: The Singapore Story: 1965 – 2000*, Singapore: Marshall Cavendish, 2000, p. 640.

⑤ 参见［马来西亚］利亮时《陈六使与南洋大学》，南洋理工大学中华语言文化中心、八方文化 2012 年版。

多元族群国家的“新加坡”属性，而非华人社会属性。李光耀首次访华特别提出官方场合要全程讲英语，以避免国内其他族群对此的反弹。而即便是在当前新加坡族群关系稳定、族群和谐的大环境下，虽然新加坡的领导人和各部部长大都拥有双语甚至多语言能力，但是在访华或者接见中国代表团时依然会以英语作为主要的工作语言。比如2014年2月中国记者对李显龙专访前，总理公署就明确告知要使用英语访问，因为这是新加坡的工作语言[①]。这一方面是长期以来形成的语言传统，另一方面则是出于对其他族群情感的考虑。李光耀1976年初次访华期间，时任总理的华国锋曾希望送给他一本关于1962年中印战争的书作为礼物，但是考虑到书中的观点，李光耀最终没有接受。他对此解释说是因为新加坡有印裔居民，书中的观点又较为敏感，如果将此书带回新加坡所产生的象征意义将会对新加坡的族群关系产生微妙的影响。[②] 而1976年初次访华的经历也消减了李光耀对中国的政治疑虑，在回国后即放宽了新加坡公民到中国旅行访问的限制，其用意在于“让新加坡的华人到中国看看，会更热爱新加坡”[③]，从而弱化对中国的政治情感，强化对新加坡的国家认同。

其次，外在的地缘环境与国内的多元族群社会属性决定了新加坡对外关系的价值取向。“新加坡是一个移民社会，这意味着其他国家将以为，我们的心目中不是以本国的利益为依归，而是支持我们祖先的祖国。”[④] 这是1949年以后，新加坡乃至东南亚的其他族群对华人可能持有的政治认同的基本观点，由于华人在地缘和血缘等领域的团结与生理亲近感，极易给本土社群造成东南亚华人政治认同依然倾向于中国本土的错觉，而在华人为主体的新加坡社会，

① 胡舒立专访：《李显龙谈新加坡》，《新世纪》第591期，2014年2月17日。

② Lee Kuan Yew, *One Man's View of the World*, Singapore: Straits Times Press, 2013, p. 50.

③ 刘一斌：《中国与新加坡建交的漫长历程》，《党史博览》2012年第10期。

④ 《新加坡外交部代理首席助理秘书巴里·德斯克的演讲》，《南洋商报》1975年8月7日。

各族群自然是要担心这个复杂的移民社会是否会变成海外华人所谓的“第三中国”。冷战的背景下这种担忧也不是毫无根据，但是给新加坡造成了极大的麻烦。由于新加坡与周边国家的实力差距较大，被比喻为是“小猫”（新加坡）和“猛虎”（印尼）以及“狼狗”（马来西亚、泰国和菲律宾）之间的共处关系。[①] 而周边这些国家在冷战时期又大都与中国大陆保持着敏感而紧张的关系，所以如何处理同周边各国的关系决定着新加坡的国家安全以及生存和发展，但同时也将影响到国内各族群之间的关系走向。如果“印度、斯里兰卡、中国或任何一个国家发生政治冲突时，新加坡人最好不要因受到文化情感的影响去支持任何一方，而应该保持中立。”[②] 这就是新加坡的在对外关系中的基本价值取向，也是其安身立命的出发点和立足点。

1990 年 10 月 3 日，中国与新加坡正式建交，成为东盟国家中最后一个与中国建交的国家，在形式上可以说化解了国内族群以及周边伊斯兰国家对新加坡与中国特殊关系的担忧和所谓的“第三中国”的疑虑。对于两国新建立的外交关系，新加坡本土媒体指出“新中之间在正式建交以后所有的关系都必须建立在互惠互利，实际有用的基础上，也只有在这种基础上发展起来的关系，才是真正可靠，真正可以长久的。”[③] 新加坡与中国关系的演变经历了从“经热政冷”到“经热政热”的转变，一方面体现了其现实主义的外交政策，另一方面则显示了新加坡在涉及族群议题方面的谨小慎微。至今，有关华人、中国等相关的议题领域都会成为新加坡外交中尽力谨慎处理以避免引起邻国误解的课题。所以，从这个意义上来说，新加坡外交的实用主义原则其实很大程度上是基于其国内族群政治考量而确立的实用主义，国家利益是建立在确保族群利益和

---

① 参见陈烈甫《李光耀治下的新加坡》，台湾商务印书馆 1983 年版，第 157 页。

② 《杨荣文：种族和谐仍潜藏敏感情绪可因想不到小事触发冲突》，《联合早报》2007 年 7 月 1 日。

③ 《新中正式建交有其特殊意义》，《联合早报》1990 年 10 月 4 日。

族群情绪不被侵害的基础之上，李光耀曾说他对中国的关注是为了新加坡长远的国家利益。[①] 而如果因为外交影响了国内族群和谐，国家层面的族群治理将意味着失败，不过新加坡并没有这样做，所以它能维持这个多元族群社会在复杂的内外环境中保持持久的和谐与稳定。

2020 年 10 月 3 日，中国与新加坡迎来建交 30 周年。因为新冠疫情的原因，两国的双边交往及庆祝活动未能全面展开，但是两国领导人在政治、经济与社会等领域的频繁互动与沟通则向外界展示了彼此对中新双边关系的重视。习近平主席在祝贺中新建交 30 周年的贺电中指出，中新“两国合作超越双边范畴，在地区和国际层面发挥示范效应。中方愿与新方共同努力，继续以高质量共建‘一带一路’为主线，深化各领域务实合作，共同维护多边主义和自由贸易，推动两国关系取得更大发展，为地区和世界稳定繁荣作出积极贡献。”新加坡总统哈莉玛在贺电中表示，“新中关系 30 年来蓬勃发展，务实合作持续推进，人文纽带日益密切。面对新冠肺炎疫情，两国互施援手，共同促进经济复苏、维护贸易畅通和供应链稳定，还开辟了许多新的合作领域。”[②] 目前，两国在“一带一路”框架下的相互依赖程度在不断加深，以建交 30 年为契机，双方已经达成共识，均表示将共同推动两国关系发展进入 4.0 时代。在巨大的经济利益面前，新加坡与中国的关系开始越走越近。

李光耀曾指出：“我们应该自主决定自己的命运，而不是去做外国人的走卒或玩物。”[③] 作为充满脆弱性的小国，新加坡不论是坚持独立自主的中立外交，还是坚持利益至上的务实外交，还是两边下注实行对冲战略的大国平衡外交或者注重国际法和国际仲裁与调解，其外交逻辑都是理性的，这一理性既有工具性又带有明显的价

---

① ［美］汤姆·普雷特：《李光耀对话录》，张立德译，现代出版社 2011 年版，第 63 页。

② 《就中新建交 30 周年 习近平同新加坡总统哈莉玛互致贺电 李克强同新加坡总理李显龙互致贺电》，《人民日报》2020 年 10 月 4 日。

③ Alex Joesy, *Lee Kuan Yew*, Singapore: Donald Moore Press, 1968, p. 29.

值偏好，充满了一个小国基于其国内的族群结构而在国际舞台上追求生存、维护国家利益、提升国际形象和地位的理性追求。[①] 这种在外交领域同样从族群利益与国家利益结合的角度谨慎处理与世界各国的外交关系尤其是与本国族群有着特殊关联度的国家的关系取向，顾及了不同族群的族群情感，最终在尊重族群利益的基础上实现了国家利益的最大化。

二　治理的族群层面：族群主体自觉中的利益选择

以政府主导的国家政治体系在利益维度弥合族群与族群以及族群与国家之间张力的努力中当之无愧地成为族群治理进程的主导力量。而随着国家治理中社会化取向的不断提升，有着典型社会性特征的族群在族群治理的利益维度中理应作为主体性的力量而发挥作用。利益维度的族群治理对于各族群来说，经济利益的满足以及自身的经济地位是形成不同的族群态度的基础。所以提升少数族群和经济上处于弱势的族群参与经济建设的能力，优化国家经济结构中的族群经济力量是解决族群张力的重要途径。具体而言，“包括中国、日本、韩国以及新加坡等在内的东亚国家都确信提高本国居民的生活水准是获得社会和谐的唯一途径”。[②] 但是，在“二战”以前的漫长殖民统治时期，新加坡在这方面的所作所为并不为人所称道。

殖民地时期，英殖民政府实施的是“分而治之”的政策，通过聚居与隔离的形式加强对各族群的管理。相应地在不同的族群中形成了典型的社会分层和分工，比如欧洲人大多位于社会的顶层，拥有更多行使公共权力的机会；来自英殖民地的印度人约有三成是社会的中上层职员或者管理者；华人在经济上有着绝对的优势，并且大多愿意从事商业、文化教育以及服务业，但在政治上没有多少话

---

① 范磊：《新加坡发展与中国关系的理性逻辑和双重面向》，《当代世界社会主义问题》2021 年第 1 期。

② Ngiam Tong Dow，“Forward”，in Terence Chong ed.，*Management of Success*：*Singapore Revisited*，Singapore：Institute of Southeast Asian Studies，2010，pp. xi – xii.

语权，处于明显的劣势；马来人大多生活在甘榜乡村，主要从事农业和渔业，即使融入城市生活也大多是从事手工业的下层劳动者。2000年的数据显示，新加坡各族群在职业选择方面相比殖民时代已经有了很大的改观（表3.3）。历史上处于明显弱势地位的马来族群的职业分布在技术与文秘等领域已经占有了较大的比例，不过相比其他族群而言，马来族在管理与专业领域的比例还是相对较低。

表3.3　　新加坡居民各族群职业分布　　（单位:%）

职业	华族		马来族		印度族		其他族群	
	1990年	2000年	1990年	2000年	1990年	2000年	1990年	2000年
公务与管理领域	11.0	15.9	1.1	2.9	7.1	12.5	13.2	27.0
专业领域	5.8	10.7	2.0	4.0	5.2	12.7	10.8	17.5
技术与相关领域	13.0	19.6	8.6	16.4	10.0	18.0	16.8	19.0
文职领域	14.9	13.5	16.0	20.0	15.0	15.4	18.2	12.5
销售与服务领域	14.0	11.7	15.4	16.2	17.1	13.7	15.9	12.2
制造业与相关领域	26.5	18.6	37.7	27.5	24.1	15.4	12.8	6.7
清洁与重体力领域	9.7	6.2	16.2	10.7	15.2	8.0	6.5	3.0
其他	5.3	3.8	3.0	2.3	6.4	4.3	5.9	2.2

资料来源："Chapter 6: Economic Characteristics", in *Census of Population* 2000 *Advance Data Release*, Department of Statistics Singapore, 2000, p. 45。

2013年进行的一项调查表明，新加坡各族群在就业以及晋升中所感受到的被歧视感马来族依然保持最高的比例，其他依次为印度人和其他族群，而华人比例最低（图3.1）。从这份调查结果也可以看出来，虽然新加坡积极推动族群平等，但是在现实中可能还是存在一定的出入。时隔5年后，2018年8月至2019年1月新加坡的两家机构再次就同一主题进行了全国调查①，就调查报告数据的

① Mathew Mathews, Leonard Lim & Shanthini Selvarajan, *IPS - ONEPEOPLE. SG Indicators of Racial and Religious Harmony: Comparing Results from 2018 and 2013*, July 2019, https://lkyspp.nus.edu.sg/docs/default-source/ips/ips-working-paper-no-35_ips-onepeoplesg-indicators-of-racial-and-religious-harmony_comparing-results-from-2018-and-2013.pdf.

整体来看，新加坡的种族与宗教和谐在各项指标方面有明显改善，跨族群社会信任度也明显增加，但是在就业问题方面，少数族群在职场上感受到被歧视的比例呈略微上升趋势。报告显示，约有1/3的马来族或印度族新加坡人感觉在职场会受到歧视，在应聘工作方面则由22.3%的马来人会感到经常受到歧视，要比2013年的数据高出近3个百分点。而在职业晋升方面，认为有时候受到歧视的马来人的比例达到了32.4%，比2013年的26.7%高出较多。调查也显示，雇主在聘用雇员时除了应聘者的综合能力之外，有40%的受访者会考虑应聘者的族群归属，甚至在看护或者保姆职业领域，会考虑族群因素的比例超过了75%。这些数据意味着“在新加坡社会，种族因素还是存在的，至少在潜意识里还是会影响人们的一些决定。”① 调查结果虽然仅具有一定的代表性，其揭示的现实问题多多少少反映了当前新加坡社会发展的新动向，也带给这个社会更多的思考，不过并没有从根本上改变新加坡社会平等多元的主流特征。

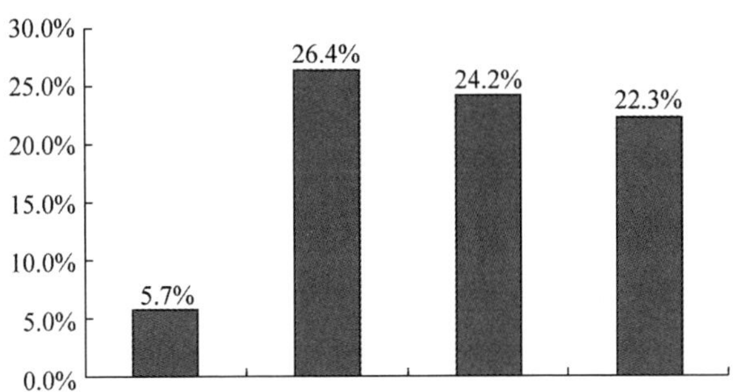

图3.1　新加坡各族群在就业及晋升中的被歧视感调查

资料来源：Mathew Mathews，“Singapore Perspectives 2014：Insights from the IPS Survey on Race，Religion and Language”，http：//lkyspp. nus. edu. sg/ips/wp - content/uploads/sites/2/2013/12/SP2014_ Insights - from - the - IPS - Survey - on - Race - Religion - and - Language. pdf。

① 黄伟曼：《我国种族与宗教和谐各指标显著改善 但更多少数族群感受职场被歧视》，《联合早报》2019年7月31日。

特定的历史环境决定了在一百多年的殖民统治时期不同族群在利益维度基本能达成一种默契，并无太大的冲突。随着世界性的民族主义运动的发展，新加坡各族群的族群意识也慢慢觉醒，而经济和政治上的分层与差异最终折射到族群关系上往往会出现族群歧视并进而引发族群冲突。经历过独立前的几次族群暴乱之后，新加坡政府与各族群都意识到推动族群平等、增进族群交流的重要性，在多元族群政策的指导下，新加坡各族群也通过积极配合政府的治理实践，让本族群成为族群治理的当事人，营造了符合各族群和谐发展、共存共融的良好氛围。正如李光耀所说："我深信如果我们不能给予马来人和教育程度较低的印度人一份社会认同感，让他们拥有自己的组屋、工作以及孩子平等受教育的机会，那么这个社会就会出现像贝鲁特那样的种族矛盾。"① 而之所以能够在共有的空间将不同的族群凝聚在一起，李光耀认为"是经济上的需要——和平、稳定以及增长"。②

以马来族群为例。在独立初期，马来族群的发展程度与其他族群相比处于明显的劣势，为了避免因经济地位和发展程度而引发马来族群与其他族群和国家间的利益张力持续拉大，政府为此推动了一系列有效的举措来扶持马来族群的发展。独立初期的马来人因为经济条件不好，导致入学接受教育的比例很低，而"一旦马来人也像其他人那样受到教育，具有才能，那么他们得到更好的职业和享受更高生活水平的能力也就自动跟着来了"。③ 所以，国家一方面借助政府的力量为马来人提供从小学到大学的教育补助，确保其享有平等的受教育权利，并为特别低收入的马来家庭提供一定的经济救

① Han Fook Kwang, Zuraidah Ibrahim, Chua Mui Hoong, Lydia Lim, Ignatius Low, Rachel Lin, *Lee Kuan Yew: Hard Truths to Keep Singapore Going*, Singapore: Straits Times Press, 2011, p. 35.

② Han Fook Kwang, Zuraidah Ibrahim, Chua Mui Hoong, Lydia Lim, Ignatius Low, Rachel Lin, *Lee Kuan Yew: Hard Truths to Keep Singapore Going*, Singapore: Straits Times Press, 2011, p. 58.

③ Alex Josey, *Lee Kuan Yew*, Singapore: Asia Pacific Press, 1968, p. 92.

助，帮助他们寻找就业机会等；另一方面培育马来族群的自助能力，在为缺少竞争力的族群提供发展机会的同时，也鼓励他们依靠自身的努力来追求平等的实现，而不是仅依靠政府的救济与扶持。1968 年成立的新加坡伊斯兰教理事会（MUIS）的宗旨之一就是要维护和照顾穆斯林在宗教、社会与福利等方面的诉求，将之与国家福祉紧密相连，并将协商与包容作为理事会的核心价值。① 据统计，2011 年新加坡穆斯林作出的定期捐款比 2010 年增加了 3%，达 2330 万新元，共有 2210 个家庭每月从这项由伊斯兰教理事会负责管理的伊斯兰教救济金（Zakat）中获取援助。② 这些举措使需要帮助的穆斯林家庭得到了及时的救助，避免了族群内部可能因贫富差距而滋生极端主义，有利于维护族际和谐与社会稳定。在政府相应的政策倾斜与族群自身的努力下，少数族群的教育水平有了很大的提升（表3.4）。

新加坡伊斯兰教社会发展理事会（Mendaki）是成立于 1982 年的马来族群自助团体，主要将穆斯林社群中最底层 30% 的人口纳入扶助计划，并以预防性和发展性的方式为需要帮助的马来社群提供尽可能多的帮助，弥补国家政策和举措的不足。2002 年以来该理事会逐渐将教育、青年、家庭和就业作为其核心工作领域。③ 为了更好地实现其发展愿景，该理事会与政府部门、学校、清真寺、马来人组织、社区中心、家庭以及学生托管中心等积极合作，推动穆斯林社群在教育、经济和社会地位等事关生存与发展利益的诸多方面提升能力，增强穆斯林对新加坡国家的认同感和凝聚力。仅 2011 年就有 12500 名长期失业者、低技能工人和单亲家长从伊斯兰教社会发展理事会开办的就业培训课程受惠。④ 2017 年该理事会的收入

① Islamic Religious Council Singapore (MUIS), http://www.muis.gov.sg/cms/aboutus/default.aspx.

② 《继续推动马来社群进步》，《联合早报》2012 年 3 月 8 日。

③ Yayasan MENDAKI, http://www.mendaki.org.sg.

④ 《继续推动马来社群进步》，《联合早报》2012 年 3 月 8 日。

超过 4200 万美元，比前一年增加了 500 万美元，其中的绝大部分是来自政府的拨款。[①] 自 2018 年 5 月起，主管伊斯兰教事务的部长马善高被任命为新一届理事会主席。在马善高的推动下，新加坡穆斯林社区的三大机构伊斯兰教理事会（Muis）、伊斯兰教社会发展理事会以及马来人活动执行委员会理事会（Mesra）合作组建了被称作 M3 的协作平台，秉持以公民为中心和“最后一英里”原则为有需要的家庭提供在社会事务和教育等领域的项目支持，旨在为马来人和穆斯林社群提供全面的支持与帮助，鼓励将个体成长融入到建设有影响力的社区计划中，同时汇集专业人士和社区领袖为社会发展和培养下一代做出积极贡献。[②] 最终，马来社群通过这些族群层面的自助机构在利益领域有效地缩小了与其他族群之间的发展差距，降低了因贫富不均和发展不平衡而可能诱发族群冲突的风险，对新加坡的族群和谐与社会稳定发挥了重要的作用。

表 3.4　新加坡各族群的教育情况（2000 年、2010 年）　（单位:%）

教育	总计		华族		马来族		印度族		其他族群	
	2000 年	2010 年	2000 年	2010 年	2000 年	2010 年	2000 年	2010 年	2000 年	2010 年
非学生的最高学历（15 岁及以上）	100.0	100.0	100.0	100.0	100.0	100.0	100.0	100.0	100.0	100.0
低于中等教育	42.6	32.4	42.1	33.8	50.1	37.0	38.4	22.5	23.7	10.8
中等教育	24.6	18.9	23.2	18.2	32.1	27.1	26.4	17.2	25.2	9.9
中等以上教育（非大学）	9.9	11.1	9.7	9.9	10.6	19.2	10.8	11.2	12.1	7.6
专科及职业教育	11.1	14.8	12.4	15.5	5.1	11.6	8.0	14.1	11.6	13.3
大学	11.7	22.8	12.6	22.6	2.0	5.1	16.5	35.0	27.5	58.4

① “Mendaki and Muis to set up joint office”, The Straits Times, https://www.straitstimes.com/singapore/mendaki-and-muis-to-set-up-joint-office.

② “About M3”, https://www.m3.sg/who-we-are/about-m3.

续表

教育	总计		华族		马来族		印度族		其他族群	
	2000 年	2010 年	2000 年	2010 年	2000 年	2010 年	2000 年	2010 年	2000 年	2010 年
中等以上教育										
25—34 岁	55.9	81.5	60.0	83.7	31.5	62.9	55.6	84.0	59.3	88.0
35—44 岁	32.2	64.3	34.4	64.8	14.8	41.0	36.2	74.5	56.6	84.6
45—54 岁	21.3	35.7	22.3	36.2	8.7	20.2	24.7	42.5	51.6	76.2

资料来源：新加坡统计局，http：//www. singstat. gov. sg/publications/Publications_ and_ papers/cop2010/census_ 2010_ release1/indicators. pdf。

华人作为新加坡最大的族群，虽然在经济与社会发展以及人口规模等方面都有着明显的优势，但是自新加坡建国以来并没有享受过任何特殊待遇，甚至在语言政策等领域还遭受到了政府的打压。这就不得不引发华族对人民行动党政府的不满与抗议。比如关停南洋大学，并注销南洋大学创始人陈六使的公民身份，以至于关于陈六使的讨论至今在新加坡都是一个讳莫如深的话题。再就是 1971 年发生的“南洋商报事件”，更被视作华族在本族群的政治、经济和文化利益受到政府的挤压之后以族群沙文主义为特点的一次族群情绪爆发。对这次由华人知识分子推动的事件，李光耀指出：“《南洋商报》要求政府以华文出版宪报，因为这是大多数人的语文。他们甚至申诉，停车场管理员都讲英语。他们这样做的最终目标，无非是要求华文成为唯一的官方语文，在政府和法庭用的语文。这结果必然导致流血暴动，因为占全国人口 25% 的非华人——马来人、印度人和欧亚裔人将受到排挤。如果华文成为唯一的语文，他们将无法在地位和职位上同华人竞争。……我们应朝向一个更公平和更平等的社会迈进，使每一个人照自己对社会的贡献，取得一份公平和应有的酬劳。”① 最终政府逮捕了商报高层管理人员，强势平息了

① ［新加坡］新加坡联合早报编：《李光耀 40 年政论选》，现代出版社 1994 年版，第 526 页。

这一可能会诱发族群冲突的事件。

“南洋商报事件”之后，人民行动党政府也意识到了过往的政策对华人社群过于苛刻，随后开始逐步检讨已经推行的教育和语言政策，而华人族群也深刻意识到作为多数族群必须要避免族群沙文主义，不能以谋取族群特权为目标进而将本族群的利益来冲击国家整体利益和其他族群尤其是弱势族群的利益。为了更好地团结华社力量为新加坡的国家建构与国民融合服务，1986 年 1 月，由福建会馆、潮州八邑会馆、南洋客属总会等七家华社团体联合发起成立了新加坡宗乡会馆联合总会，以此作为新加坡华社的最高领导机构。宗乡总会成立以来，“通过建立紧密联系的宗乡会馆网络来推动新加坡的族群和谐与社会凝聚力”① 的同时，也有效地提升了公众对华族语文、文化和传统的认识，拓展了华人社群的影响力以及和其他族群的良好关系。不同的族群只有“在经济和政治上更团结而非更加隔膜，对经济发展才会更有利，并促进政治稳定。”②

三　治理的社区层面：基层组织框架下的利益调适

1. 作为基层活动总枢纽的人民协会

多元族群国家社会稳定与族群和谐的实现离不开基层组织的培育作用。新加坡在殖民时代就出现了诸多的基层机构，但是从殖民时代发展而来的族群与宗教组织有着很强的自发性与狭隘的地域/族群意识和思想局限。20 世纪五六十年代被视为新加坡的骚乱时代，族群暴乱与政治冲突让这个多元社会呈现出四分五裂的状态。人民行动党执政以后，为了促进族群和谐、消解族际张力、提升社会凝聚力和韧性以更好地协助民族国家建构，于 1960 年 7 月 1 日成立了人民协会（简称人协，PA）。成立之初有 28 个覆盖多元族群、语言和宗教的民众联络所（后改称民众俱乐部，CCs）。1978

① 参见《新加坡宗乡会馆联合总会章程》，新加坡宗乡会馆联合总会，http：//www. sfcca. sg/sites/default/files/SFCCA%20Constitution%202012. pdf。

② ［美］汤姆·普雷特：《李光耀对话录》，张立德译，现代出版社 2011 年版，第 58 页。

年，经过近20年的发展，遍布全岛的民众联络所已达到166家，包括1483名全职工作人员和450名兼职义工。[①]

人协成立时，李光耀表示成立人协的目的就是要在各族群民众中“培养对我们的社会建构有利的社会素质”[②]。具体来说，人协在具体的实践层面通过对新加坡这个多元社会各族群的利益协调，将个人利益、社区利益以及族群利益实现有机联结，通过积极的社区互动来促进族群利益与国家利益的调适，满足族群利益诉求的同时又保证了国家利益的实现。为了吸引社区居民参与活动，人协通过民众俱乐部组织了多元化的文化活动，既有华族的传统戏曲，也有马来族和印度族的歌舞、鼓乐，还有现代性的文艺形式。演出团队也涵盖华、巫、印等各族群，所以较易引起社区居民的共鸣。同时，也会有议员或者李光耀本人深入社区进行演讲，就基层民众普遍关心的议题进行走访，从而及时掌握各族群民众的利益诉求和思想动态，从而为下一阶段的竞选和执政提供借鉴。这些活动成为人协打破族群边界，构建和谐族际关系的开始。

在人协成立初期，由于主客观条件的限制，未能阻止1964年的两次族群暴乱。独立建国以后，人民行动党政府对族群暴乱进行了深刻的反思，更加意识到通过人协引导好社区发展、做好利益调适的重要性。拉惹勒南就曾经指出：“每当我回想从前的这一段日子（指的是童年与不同族群的朋友在一起和睦相处，并形成多元种族主义思想雏形的时期），我实在想不通为什么有时候会有极端种族主义的情绪出现，除非这是人为的差错或捣乱，要不然，各种族之间是可以和平、友好相处的。”[③]

“人协成立的宗旨就是要把各个离散和几乎是各自为政的社群

---

① Chen Heng Chee，“Political Developments 1965 - 1979”，in Ernest C. T & Edwin Lee eds.，*A History of Singapore*，Singapore：Oxford University Press，1991，p. 165.

② Jimmy Yap，*We Are One*，Singapore：People's Association，2010，p. 38.

③ ［新加坡］冯仲汉专访：《新加坡总理公署前高级部长拉惹勒南回忆录》，新明日报（新加坡）有限公司1991年版，第71页。

和族群拉在一起，超越种族、语言、宗教和文化的藩篱。必须把多元的群体拉在一起参加各种消闲、社交和教育活动。"[①] 同时，"使更多的人民，懂得怎样好好地利用他们的空闲时间，使生活变得更有意义和更有价值"。[②] 一方面，通过促进不同族群的社区居民积极参与人协主办的各类社会活动，借助具体的活动来推动不同族群居民之间的互动合作，从而满足他们的基层利益诉求，在培养社区认同的基础上强化新加坡国民意识；另一方面，通过挖掘和培养年富力强的社区领袖来鼓励族群精英参与到族群治理进程中来，既可以积极培养年轻人为社区、为族群、为国家的奉献精神和社会责任感，又可以让族群精英的榜样作用和灵魂作用为社区和族群关系的发展提供重要的推动力。李光耀在人协成立25周年庆祝活动的致辞中指出："这些富有创新精神的基层组织，已经把我们这个多元种族、多元语言和文化的社会建成一个更加团结的社会。"[③]

人协将使命确定为通过对社区的联通和建构来达致"一个民族，一个新加坡"（One People，One Singapore）的目标，并将此作为沟通人与人、民众与政府之间的桥梁，以此来实现利益调适与消解结构性张力。人协"多年来不辞劳苦的付出，造就了我们今天和谐的社会。他们将背景各异的人凝聚在一起，共同建设属于我们的家——新加坡。"[④] 在人协看来，社区工作的目的就是要实现社区和谐，社区和谐又是社会和国家和谐的基础，这不仅是符合社区和族群利益，也是国家利益的核心关切。不同种族、语群、阶层和年龄段的民众都积极参加民众俱乐部的基层活动，虽然存在明显的族群、文化与宗教多样性，但是这种多元化的参与对于国家的同一性和整体性认同的建构发挥了重要的推动作用。人协有一个响亮的口

① ［新加坡］吴俊刚、李小林：《李光耀与基层组织》，胜利出版社2000年版，第35页。

② 《普及群众康乐活动，人民协会正式成立》，《南洋商报》1960年8月21日。

③ 《人协和联络所是贯彻国策的工具》，《联合早报》1985年6月30日。

④ Jimmy Yap, *We Are One: The People's Association Journey: 1960–2010*, Singapore: People's Association: Straits Times Press, 2010, p. 5.

号："我们在一起"（Bringing People Together），力图通过"共享价值、追逐梦想、饱含希望、珍藏记忆"在社区建立"爱的大家庭"，共筑新加坡的族群和谐与社会稳定。[①] 最终，人协"在没有政治干预之下，通过文娱、教育活动计划，打破种族、语言、宗教和文化的藩篱，达致一个和谐融洽的社会。"[②] 不同族群的民众逐渐超越了狭隘的族群与宗教局限，在"新加坡人"的国家认同下开始营造国家利益与族群利益的新型互动。

2. 社区组织体系与族群和谐的实现

社区组织对于新加坡国家建构、族群和社区和谐的发展以及各族群之间的利益调适有着不可替代的作用，社区组织体系包括人协领导下的基层组织和其他由族群与宗教机构领导的社区组织构成，其中基层组织与领导人、执政党、工会和武装力量等共同组成了国家政权的组织基础。"人民行动党政府执掌政权后的重要任务之一，就是团结各族群人民，建立一个和谐的多元族群社会，同时致力于国家建设，塑造民族认同感。……基层组织都是政府为了达致建国目标而组织的……"[③] 李光耀曾将基层组织喻作新加坡政治体系的神经网，并特别强调了基层领袖的作用，他认为"基层领袖在加强人民与政府之间的联系上扮演着重要角色。他们促进族群和谐与社会凝聚力，他们在建屋局组屋区协助培养归属感与社区精神，他们协助解释与替政府政策辩护，他们把一般人民的情绪、期望及不满反映给政府。"[④] 建国半个多世纪以来，基层组织在维护各族群的正当利益诉求、做好基层利益代言人、扮演与国家联结纽带的角色、维护新加坡的社会稳定与族群和谐等方面发挥了基础性的作用。

---

① "About us", People's Association, http://www.pa.gov.sg/about-us.html.

② 《为民服务二十五年》，《联合早报》1985年7月1日。

③ 吕元礼等：《鱼尾狮的智慧：新加坡的政治与治理》，经济管理出版社2010年版，第247页。

④ 《在新加坡的生理组织里建立神经中枢和神经网》，《星洲日报》1978年4月16日。

早期的基层组织，既有各族群为了维护自身利益而自发组织的会馆、宗教团体、行业协会等民间组织体系，也有殖民政府为了更好地协调族群关系、避免大规模的族群利益冲突而设立的民众联络所等机构。为了进一步整合基层组织力量，使其符合新加坡的民族独立和建国运动的发展需要，人民行动党通过人协将早期的官方基层组织整合起来，逐渐形成一套完整的基层组织体系。在2010年庆祝人民协会成立50周年的晚宴上，李显龙总理说：“即使是50年后的今天，维护社区凝聚力仍是重要的任务。”① 2020年人协成立60周年，官网对60年来人协的社区价值进行了概括：“新加坡是一个多元文化的国家，共同的价值观使我们团结在一起，并赋予我们对家园未来发展的信心和承诺。”② 李显龙在人协成立60周年的贺词中写道：“60年前人民协会的成立旨在提升社会凝聚力、保持种族和谐以及增进政府与人民之间的信任。今天，当我们与国家一起共同面对新冠病毒肺炎疫情危机时，我们见证了人协的使命和重要性，以及全体新加坡人作为一个整体团结起来度过这场危机的必要性。……疫情也再次让我们感受到了几十年来人协一直在努力呵护的牢固的社会纽带。”③

在人协的基层组织中，民众俱乐部（CCs）算是最贴近各族民众生活的机构了。民众俱乐部的前身民众联络所是“二战”以后英国殖民者为了整合新加坡社会而在粮食分发站的基础上建立的基层联络部门，1959年人民行动党执政以后接管并将其改造成凝聚各族群的基层组织而大力推广。李光耀在1962年12月到1963年9月走访选区时通过与基层领袖和民众的交流，充分意识到这一组织对于

① 《总理：基层领袖应不断自我更新》，《联合早报》2010年7月5日。

② “60th Anniversary”，PA，http：//www. pa. gov. sg/our – network/grassroots – organisations/about – grassroots – organisations. html.

③ “Building Our Future Together Co – Creating A Strong Community，People's Association Annual Report FY 2019/20”，PA，https：//www – pa – gov – sg – admin. cwp. sg/docs/default – source/others – documents/about – us – doc/annual – report – fy19 – 20. pdf？sfvrsn = b18d42df_ 2.

巩固国家政权和增强民众凝聚力的巨大作用。[①] 1963 年新马合并以后，面对印尼对新加坡多元社会的挑拨，民众联络所通过对各族群民众的积极动员与联系，最终挫败了印尼的图谋，避免了当时族群关系的进一步恶化。新加坡独立以后，政府对联络所的发展投入较大，1971 年全国曾经达到 189 间联络所。为了更好地管理联络所，1964 年 10 月 2 日，先期成立了 16 个民众联络所管理委员会，并明确了委员会的职责："第一，在联络所的活动计划中，为成人、青年及孩童提供有组织的文化活动，鼓励社区居民积极参与这些活动；第二，根据人协管理委员会的章程代表人协管理各民众联络所；第三，转达联络所管理范围内各族群居民的要求给政府或人协的同时也向这些居民传递政府的政策；第四，提升社区居民的公民意识。"[②] 管理委员会的成立让"联络所肩负起政治与社会文化组织的双重作用"。[③] 李光耀曾指出："这是你们的民众联络所，是为你们的利益和用途兴建的……让它成为你们本身和你们子女休息和娱乐的去处，让它成为你们和邻居们能聚集在一起更加彼此了解，从而冲破种族间藩篱的地方。"[④] 1990 年，政府开始推动联络所向综合性的基层组织转型，逐渐升级为民众俱乐部，并将其打造成各族人民聚会、建立友谊和增进社会联系的公共空间。目前每个民众俱乐部大约可为 1.5 万户家庭或者 5 万人提供基层社区服务，是将居民与政府联系起来的基础性纽带。

总的来看，经历过两次族群暴乱以后重点培育的基层组织体系已经充当了纾解新加坡多元族群之间以及族群与国家之间张力的减压阀，已经"成为新加坡政府的重要支柱，并对增进各族群之间的

① 参见［新加坡］李光耀《李光耀回忆录（1923—1965）》，新加坡联合早报 2012 年版，第 542—544 页。

② S Jayakumar, *People's Action Party*, Singapore: Singapore News & Publications Ltd., 1984, p. 193.

③ 李威宜：《新加坡华人游移变异的我群观》，唐山出版社 1999 年版，第 103 页。

④ 《李光耀为人民行动党第一间联络所——克罗卜区民多路联络所主持开幕典礼》，《南洋商报》1960 年 1 月 10 日。

交流与理解，促进族群和谐团结和社会安定发挥了重要的作用”[①]。马来社群在新加坡建国以后发展迅速，很大程度上就是受到社区内部邻居发展的影响，李光耀曾说尽管马来人“不比其他族群来得勤奋和有才能，但他们的生活改善了，拥有本身的房子，更多人接受大学教育，并且成为各个领域的专业人士。他们之所以会提升，是因为看到邻人重视孩子的教育，这直接影响了他们”。[②] “9·11”事件后，日益多元和复杂的地区与国家环境通过全球化、信息科技平台上的自媒体以及极端主义等形式对国家建设与族群和谐产生了重要影响，于是2006年李显龙总理发起成立了“社区参与计划”(CEP)。该计划旨在加强全国上下的团结力量，促进各族群之间的认识和了解，以在发生紧急事件如遭受恐怖袭击时，减少和遏制种族和宗教冲突，维持社会秩序井然，确保新加坡社区紧密团结和促进社区凝聚力，构建稳定和谐的社区网络。[③] 可以说，“在新加坡的社会演进中，这些基层组织犹如砖窑，把不同族群和相互隔离的社会群体糅合在一起……然后放入窑中烧炼出新的国民关系，成就了社会工程师的杰作”。[④]

第三节　案例研究：集选区、总统保留选举与族群因素考量

李光耀曾经说过，美国人如果选错一个领导人也不会危及国家存亡，因为他们是资源充足的大国，所以当优秀的新领导人上台以后通过纠错很快就可以恢复正常。但是作为小国的新加坡如果被缺乏治国经验和缺少优秀人才的政党来治理，则难保国家会陷入困

---

① 刘建立编译：《开国元勋——李光耀传》，时代文艺出版社2003年版，第109页。

② ［美］汤姆·普雷特：《李光耀对话录》，张立德译，现代出版社2011年版，第57页。

③ “What is CEP?”, Singapore United, http://www.singaporeunited.sg/cep/index.php/web/About-CEP/What-is-CEP.

④ 吕元礼等：《鱼尾狮的智慧：新加坡的政治与治理》，经济管理出版社2010年版，第247页。

境，以致“永远不会有机会收拾残局，然后重新开始”。[1] 所以，新加坡必须通过任人唯贤的制度让有才能的人来治理国家。尤其是在这个多元族群国家中，族群精英的政治价值取向是新加坡能否有效地维护族群和谐与政治稳定的重要保证。而在国会选举和总统选举中针对少数族群政治精英的特别制度设计则成为新加坡政治体系的一个突出特点。

一　族群精英与新加坡政治发展

在选举政治框架下，作为选举双方的行为体——候选人和选民——都是理性的经济人，他们会为了追求利益最大化而表现自己不同的价值偏好与政策诉求，候选人以特定的政策呼吁来换取选民的选票，而选民则以手中的选票来刺激政治精英在政策制定和实施中考虑选民的偏好。不论是何种选举制度，在其制度设计上最终都要将有着不同政治背景的候选人送入代议机关以代表选民利益。在多元族群国家中，族群问题往往成为多元社会选举政治中各党派进行政治动员的工具，选举制度便成为不同族群借以表达本族群利益诉求的管道和平台。整合程度较高的多元族群社会，一般都有着稳定的国家制度框架，不同族群的政治精英会借助国家政治体系进行跨族群的动员，族群利益的满足建立在尊重其他族群以及国家利益的基础之上，相应地国家机构也会为此提供跨族群激励，推动多元族群的政党和候选人之间的合作。如果是在分裂性较强的多元社会中，各族群的政治精英则会通过选举来谋求族群利益最大化，从而在族群与族群之间以及族群与国家之间造成张力膨胀，引发社会分裂和动荡。

阿伦·利普哈特曾将“二战”后民主国家社会的分裂归结为七个方面：社会经济、宗教、文化—族群、城乡、政体、外交政策以

---

① 新加坡联合早报编：《李光耀40年政论选》，现代出版社1994年版，第205页。

及物质——后物质主义。[①] 其中宗教与族群往往是引发社会高度分裂的直接影响变量，尤其是近30年来，族群与宗教暴力已经成为世界范围内国内冲突的主要来源。高度分裂的社会一般有以下特征：国家内部存在较多的族群与宗教共同体，且缺乏主导性的集团；部分族群与宗教集团之间存在复杂多元的历史与现实矛盾，彼此之间处于持续性紧张状态；族群与宗教矛盾极易引发暴力冲突甚至大规模的社会暴乱和内战。[②] 在这类高度分裂的多元社会，族群精英的政治取向影响着整个社会不同群体之间的关系走向，所以不论是何种类型的多元族群国家在族群与公共治理中都不可避免的要注重对族群精英的培养和笼络，以借助他们的能量来消解族群与族群之间以及族群与国家之间的结构性张力，而通过完善而高效的政策设计和制度安排来达致不同族群政治精英之间的最低限度合作，将成为政府推动族群治理实现族群和谐与社会稳定的基础性选择。如果族群精英借助自身的榜样和灵魂作用积极推动族际制度性合作，那么必然会对多元族群社会不同归属的共同体之间的互动提供积极的跨族群激励。如果多元族群社会的选区内存在占绝对多数的主导性族群，那么其他少数族群的利益很可能就会被忽视，容易诱发选区内部的族群裂痕。作为选民利益集中代表的政党如果仅代表某一个族群的利益，则很可能会成为族群动员的工具或者仅得到本族群选民的支持，而不能更广泛地代表整个选区，或者说缺少跨族群属性。

“二战”以后新加坡的政治领导人根据教育背景被分为英语背景和非英语背景两大类型。历史地来看，接受英语教育的领导人（即英校生）在争取独立和对待族群关系的问题上比较温和，思想视野也比较开阔，对其他族群能够采取比较宽容的态度。而非英语

① ［美］阿伦·利普哈特：《民主的模式：36个国家的政府形式和政府绩效》，陈琦译，北京大学出版社2006年版，第44—64页。

② 参见Adrian Guelke, *Politics in Deeply Divided Societies*, Cambridge: Polity, 2012以及Stefan Wolff, *Ethnic Conflict: A Global Perspective*, Oxford: Oxford University Press, 2006。

教育背景的族群精英（如华校生、马来土著领导人等）则比较激进，强调本族群利益的同时排斥其他族群乃至新加坡整体的利益，在一定程度上还存在缺乏互信与友善的互动。出现这种差异性，主要源自他们所受的教育环境和成长经历，英校生由于接纳了来自不同族群的学生，使他们在受教育阶段就与其他族群学生有了更多的互动，成为朋友；而华校生或者马来土著学生的交际圈则仅限于本族群内部，较易产生排外与封闭意识，并人为地建构起族群边界。拉惹勒南曾经指出两类学生的区别："英语充当了一种新类型族群的黏合剂，这种新类型的族群不是彻底的马来人，也不是彻底的华人，而那些受马来教育或者华文教育的学生则是彻头彻尾的马来人或者华人。"[①] 包括东姑拉曼、李光耀、杜进才、吴庆瑞、拉扎克（Abdul Razak bin Hussein）等在内的政治精英都是在英国接受高等教育，后来成为新马自治与独立的主要推动者。他们于 1949 年在伦敦成立了马来亚论坛，旨在培养青年学生的政治意识，促使包括新加坡在内的马来亚早日独立，"论坛的成员来自所有种族群体，包括马来人、华人、印度人和欧亚裔。……它采取反殖立场，但主张非暴力，同马来亚共产党毫无关系。……"[②]

"二战"中日本人的残暴统治警醒他们树立了民族独立的思想，李光耀曾说："无论是英国人还是日本人都没有权利役使我们，我们注定可以管理我们自己并且养育我们的后代，在那里我们可以骄傲地成为自尊的人民。"[③] 当留学英国的这些族群精英回到新马地区以后，推动民族独立与国家建设便成为他们努力的目标，而战后新马地区风起云涌的反殖民主义与民族主义运动造成了不同族群之间

---

① Kernial Singh Sndhu & Paul Wheatley eds., *Management of Success: The Moulding of Modern Singapore*, Singapore: Institute of Southeast Asian Studies, 1989, p. 583.

② ［新加坡］李光耀：《李光耀回忆录（1923—1965）》，新加坡联合早报 2012 年版，第 147 页。

③ Yeo Kim Wah & Albert Lau, "From Colonialism to Independence, 1945 - 1965", in Ernest C. T. Chew & Edwin Lee eds., *A History of Singapore*, Singapore: Oxford University Press, 1991, p. 117.

的严重对立，各族群基于本族群的利益和“想象的共同体”的愿景，族际冲突一触即发。所以，如果不同的族群盲目追求本族群利益，而不与其他族群展开合作，最终只能爆发族群冲突与暴乱。马来人成立了由东姑任主席的属于本族群的政党巫统，陈祯禄也推动了以华人为主的马华公会的成立。在新加坡，李光耀、吴庆瑞等人推动成立了人民行动党，与其他诸多政党不同的是，这是一家跨族群的政党。虽然党员比例中华人依然占多数，但是与当时新加坡社会的人口比例是相当的，不过从其领导层来看除了印裔的拉惹勒南之外，其余的高层都是华人。所以，马来人将人民行动党视为华人政党。东姑就担心人民行动党的发展壮大会对巫统的领导地位构成挑战，以影响到马来人的特权与马来人国家的建立。李光耀曾说过：“东姑希望华人不团结，分散在小地区里，最好是一盘散沙，好让马来人容易对付。陈祯禄希望有年轻人能把华族社会团结起来。”[①] 但是人民行动党的领导人却都是多元族群主义者，非常强调人民行动党并不属于某一个族群，而是有着跨族群属性。为此，该党还精心设计了中央执行委员会中各族群的比例，尽量让它同社会上的族群比例持平，以此来突出多元族群色彩和跨族群属性（表3.5）。

人民行动党成立之时就强调本身的多元属性和跨族群色彩，反对族群主义政党和族群沙文主义，以跨族群激励机制来弱化族群边界，增进族群之间的合作与交流。这种执政理念在新加坡本土社会已经产生了深刻的影响，各族群与不同宗教信仰的民众对政治领域的多元族群属性已经根深蒂固。据2007年拉惹勒南国际关系学院（RSIS）所进行的一项调查显示[②]，有超过九成的新加坡人接受任何种族的人当总统或总理（表3.6），但在马来西亚占据人口多数的马来人对华人出任首相持反对态度。新加坡人并不介意总理是马

---

① ［新加坡］李光耀：《李光耀回忆录（1923—1965）》，新加坡联合早报2012年版，第210页。

② 《超过九成国人接受任何种族当总统或总理》，《联合早报》2007年11月3日。

来人，但是若以宗教来区分，除了穆斯林和印度教徒以外，其他宗教信众或者非宗教公众都有超过10%不希望总理是穆斯林，但是仍然有总数超过89%的人能够接受总理是穆斯林，这一结果一方面说明了新加坡人的包容与多元族群政策的成功，另一方面也意味着新加坡人不仅已经接受少数族群担任总统或者议员，对于国家最重要的职位人选也不再以族群设限，而是主要看其能力。这一课题在2021年1月举行的“新加坡透视论坛2021”上再次被热议。新加坡种族和谐资源中心主席、卫生部兼通讯及新闻部高级政务部长普杰立在做出回应时指出，非华族人士能否成为新加坡总理应由新加坡人民决定：“我希望我国的种族和谐程度能发展到——当人们谈论非华族总理时，并不是作为一种重塑或重新想象我国社会的标志，而是基于那个人的工作能力。”① 换言之，“新加坡的种族问题，并没有在选举中扮演重要的角色”。②

表3.5　　人民行动党成立初期中央执行委员会成员族群分布　（单位：人）

时期	华人	马来人	印度人及锡兰人	欧亚混血种人	合计
1954	7	2	2	—	11
1955	7	2	4	—	13
1956	9	2	2	—	13
1957/1959	9	3	1	1	14
1959/1961	10	1	1	1	13
1961/1963	9	2	2	1	14
1963/1966	9	2	1	2	14
1966/1968	8	2	1	1	12

资料来源：冯清莲《新加坡人民行动党：它的历史、组织和领导》，苏宛蓉译，上海人民出版社1975年版，第75页。

① “Summary: Singapore Perspectives Conference 2021”, IPSCommons, https://ipscommons.sg/summary-singapore-perspectives-conference-2021-reset.

② ［新加坡］柯木林主编：《新加坡华人通史》，福建人民出版社2017年版，第814页。

表 3.6　　新加坡各宗教信徒接受与被接受少数族群总理调查

	佛教与道教	伊斯兰教	印度教	基督教	少数宗教	不信教
接受程度	92%	93%	95%	93%	94%	93%
被接受程度	96%	89%	90%	95%	93%	96%

资料来源：洪艺箐《超过九成国人接受任何种族当总统或总理》，《联合早报》2007 年 11 月 3 日。

具体而言，新加坡在多元族群主义的引导下，积极推动族群平等，确保不同的族群在国家与社会的发展中享有平等的权利，并通过在国家层面控制可能会对族群关系产生不良影响的社会舆论来引导族群关系的良性发展方向。在族群精英的培养方面，一方面，积极吸收少数族群精英进入人民行动党和政府的高层，另一方面，通过设立集选区制度，在立法层面保证少数族群的政治参与比例。同时，人民行动党政府也积极通过立法确保少数族群的经济利益不会受到侵害，以巩固族群和谐与平等拥有稳定而坚实的物质基础。2016 年 8 月，新加坡新传媒与政策研究所对 2000 名 21 岁以上的新加坡人进行的关于种族关系的调查结果显示，新加坡人大力支持多元种族价值观，不过其中有近半数受访者也意识到种族主义问题在新加坡并未完全解决，甚至还有一少部分新加坡人存在轻度的种族主义观念。其中，有大约 90% 的受访者对新加坡政治中的任人唯贤理念表示支持，并有 73% 的受访者认为族群身份并不是决定个人成功与否的重要因素，其中华人和印度人持这种观点的比例较高，达到 75%，马来人为 66%。① 这些数据虽然也凸显了新加坡各族群在看待族群平等这一问题上还存在一定的提升空间，但是对新加坡官方推行的在多元族群社会坚持任人唯贤的政策是有压倒性支持优势的。

① Mathew Mathews, "Channel NewsAsia – Institute of Policy Studies (CNA – IPS) – Survey on Race Relations", https://lkyspp. nus. edu. sg/docs/default – source/ips/cna – ips – survey – on – race – relations_ 190816. pdf? sfvrsn = 4abf9e0b_ 2.

二　集选区制度与少数族群的政治参与

人民行动党政府理性选择了维护多元平等社会、反对族群沙文主义的道路，一方面避免了多数族群谋求政治特权的可能性，另一方面通过系统的制度设计来规制族群关系，协调族际互动，鼓励少数族群积极融入社会、参政议政，并在政治、经济等各个领域提供相应的照顾。在政治领域，主要通过意识形态引领、国会立法、成立相关组织机构、制定相关政治制度、发展基层组织等形式在政治领域实现对少数族群利益的维护，集选区制度是典型代表。集选区的候选人必须是由政党或政党联盟推出的多名候选人组成的团队，每个团队至少要有一名非华裔的少数族群参选者，以此保障作为少数族群的马来人、印度人和欧亚裔在国会中的议席比例，该制度在1988年6月的大选中正式实施。设立集选区制度旨在照顾少数族群，有助于少数族群获得更高的胜选机会进入国会[①]，是新加坡在政治领域追求族群平等的重要举措。2015年大选以后，新加坡100位国会议员（包括非选区议员和官委议员）当中，“71%是华族、29%是少数种族；公民人口比率则是76.1%是华族、23.9%是少数种族。”[②] 2020年大选之后当选的104位议员中有29位是少数族群议员[③]，也大致与这一比例持平。如果没有集选区制度，很难想象在国会议员体系中会呈现这种族群结构。

族群与宗教议题在新加坡这个多元族群社会始终是各领域关注的焦点。现代民主体制下，选举制度是权力分配与行使的重要途径，不同的政党轻则为了选票而相互攻讦，严重时则可能不择手段，将族群议题作为政治动员的工具，为了各自的党派利益甚至是

---

① 参见顾长永《新加坡：蜕变的四十年》，五南图书有限公司2006年版，第157页。

② 何惜薇：《陈振声：保留总统选举未必受到认可 有政治代价也须促进多元种族主义》，《联合早报》2017年9月9日。

③ “List of Current MPs”, Parliament of Singapore, https: //www. parliament. gov. sg/mps/list - of - current - mps.

宗派利益而挑动族群情绪，甚至不惜掀起族群冲突，1964 年发生的族群暴乱就是新加坡巫统为了与人民行动党争夺岛内选票而挑起族群冲突，最终引发的两场大型族群暴乱，造成社会动荡。近年来，新加坡国会中来自马来族群的工人党议员多次就关涉族群和宗教内容的课题提交国会辩论，不仅受到内阁部长和人民行动党议员的驳斥，工人党其他议员也对其言论表示了惊讶和质疑。对于新加坡而言，频频在国会场合由反对党的马来族群议员挑起头巾问题、政教关系等议题内容，颇耐人寻味。

新加坡建国以后，领导人意识到多元族群国家政策引领的重要性，在具体的族群治理中推行多元族群政策，确保各族群平等共处，利益均沾。而在最容易挑起族群争端的政治领域，人民行动党认为多元社会的新加坡不适合反对党政治，所以逐渐确立起一党独大的政党体制，要确保这一体制长期存在的一个重要条件就是选举制度。在 1988 年大选之前，新加坡的选举制度采取的是单一选区，即把全国划分为与国会议席数相等的选区，每个选区产生一名国会议员。自 1966 年大选到 1981 年，人民行动党依靠强大的政治绩效和精心设计的选区划分赢得了选民的广泛支持，囊括全部议席，直到 1981 年工人党在补选中拿下安顺单选区才改变了其长期一枝独秀的局面。①

然而，单一选区制往往造成少数族群的候选人在选举中败给选民比例有明显优势的华人候选人，以致出现少数族群议员减少的情况。1984 年大选结果显示选民投票支持本族群候选人的倾向更加明显，因为新加坡的华人在总人口比例中高达 70% 以上，作为少数族群的马来人、印度人和欧亚人如果在单选区竞选的话，很有可能会落选。为了保证少数族群的权益，1982 年李光耀就开始和吴作栋设计集选区制度。最初拟设置两人集选区，其中必须有一人来自少数

---

① Yeo Lay Hwee, "Electoral politics in Singapore", in Aurel Croissant, Gabriele Bruns & Marei John eds., *Electoral Politics in Southeast and East Asia*, Singapore: Friedrich Ebert Stiftung, 2002, pp. 203 – 206.

族群。该制度经多次修改以后在1988年正式提出，用于当年6月的大选。2015年大选把全国划分为13个单选区和16个集选区，其中集选区根据选民人数的多少分为四人、五人和六人三个类型；而2020年大选则撤销了六人集选区，全国共分为14个单选区和17个集选区，其中集选区由6个四人集选区和11个五人集选区组成，目前这种复合的选区制度已经成为新加坡选举体系的典型特点。下届大选预计将于2025年举行，选前政府还会成立新的选区范围检讨委员会（EBRC），一般要提前半年开始谋划新一届大选的选区调整工作，而族群因素也是其中必然会考虑的一个变量。

集选区制度的出台与当时的社会大背景密切相关。十多年的一党独大体制让新加坡社会处于稳定而快速发展的阶段，帮助新加坡成功渡过了建国初期所遭遇的国家生存危机，而高速腾飞的经济和廉洁高效的政治体制也为其在国际社会赢得了较高的国际声誉，相应的国内经济的发展推动了民众的受教育水平的提升，公民社会的重要基础中产阶级逐渐发展壮大，民众的政治参与意识不断增强。既有的政治参与体制已经无法满足公众的政治参与诉求。加之1981年工人党的惹耶勒南（Joshua Benjamin Jeyaretnam）在安顺单选区补选中夺得一个国会席位，更敦促人民行动党政府开始积极寻求改革现行的选举制度。初始考虑就是既要增加国会中反对党的席位又要确保人民行动党的执政地位不会受到削弱。这是对当时新加坡中产阶级规模扩大和公民社会成长而做出的一种主动回应，当然政府声称此制度旨在保障少数族群在政治参与中的权益。基于以上考虑，人民行动党政府首先在既有体制框架内进行了适当的调整，先后增设了非选区议员（1984年）和官委议员（1990年）来完成上述考量。[①] 1988年1月，新加坡国会选举法修订进入二读程序，吴作栋在演讲中重申了集选区制度与平衡族群利益的关系：“有一种

① Joel S. Fetzer, “Election Strategy and Ethnic Politics in Singapore”, in *Taiwan Journal of Democracy*, Vol. 4, No. 1, 2008.

投票倾向表明年轻的选民愿意选择那些最能符合自己需要的候选人而不充分考虑政党候选人名单上种族平衡的需要。集选区制度建立后，新加坡实行小选区和大选区混合的制度，以使新加坡政治包含更多的多元种族主义因素。”① 同年5月新加坡国会通过宪法（修正案），明确规定了集选区制度的相关条款，强调此举是为了确保国会拥有马来族及其他少数族群的议员代表。至此，集选区制度在新加坡正式确立。

根据新加坡宪法和修订过的选举法，新加坡政府在1988年大选中开始将此前的部分单选区合并成若干集选区。集选区中的竞选团队至少要由3人组成，最多不超过6人，并且必须保证有少数族群候选人。选民对各政党的竞选团队进行投票，由此当选的团队所有成员都成为议员。同时选举法也规定单选区数目不得少于8个；集选区议员总数不能低于国会议员总数的25%，但也不能超过50%；有马来族候选人参选的集选区数量不得少于全部集选区总数的60%（不构成整数，按高位整数算）；集选区竞选团队的成员必须属于同一政党或者全部是无党派，不允许政党结盟组队。并成立了马来族社群委员会和印度族及其他少数族群社群委员会来确保少数族群候选人的数量和质量，主要负责在候选人提名日前确认候选人的少数族群身份。委员会成员必须来自相对应的族群，包括一名主席和四名成员，由总统根据少数族群权利总统理事会的提名进行任命。

设立集选区制度的公开目的是维护少数族群在国会选举中的权益，在制度上推动族群平等，缓解族群因政治资源分配不均而可能产生的不满与对抗情绪。不过该制度推出不久就遭到了反对党的质疑，将其指为是人民行动党借助制度化的策略打着维护少数族群权益的幌子来限制和打压反对党发展的一种手段。因为这种团队作战的选举虽然名义上可以确保少数族群在国会中拥有一定比例的席

① 王瑞贺：《新加坡国会》，华夏出版社2002年版，第54页。

位，但是对于本来就缺少优秀人才的反对党来说，组织一支有竞争力的竞选团队谈何容易，以致不少反对党直接放弃参选，人民行动党不战而胜。集选区设立初期的相关统计显示，根据人民行动党与反对党在所有选区所得到的选票总数与最终所获得的国会议席来看，人民行动党赢得一个议席需要 12290 张选票，而反对党则需要 494406 张选票①，朝野政党优劣势之差距以及进入国会门槛之高可见一斑。再加上集选区竞选团队对候选人的数量和质量都有着越来越高的要求，更加挤压了反对党的发展空间，在制度上进一步巩固了人民行动党其长期执政的可能性。

由此，集选区制度的设立也引发了舆论，尤其是反对党对政府设立集选区的初衷的质疑，但是总体来看该制度对新加坡少数族群的政治参与以及族群治理实践还是有着积极的意义。就国家层面而言，集选区制度的设立在很大程度上确保了少数族群议员的当选，有助于在国会里有相应比例的议员代表不同族群的声音。但是集选区也是一把双刃剑，随着新加坡政治生态的新发展，集选区也不再是不可战胜的铁板一块。反对党的人才队伍建设也在不断进步，逐渐吸引了更多的优秀人才加入他们的团队，候选人的综合素质已经今非昔比，实力大增。2020 年大选中工人党和新加坡前进党不俗的表现就凸显了反对党所吸收的政坛新锐的强大实力。如果执政党守住集选区的话可以保住多个国会议席，但是如果被反对党攻下，这些议席便会落入反对党手中，正所谓成也萧何败也萧何。同时，集选区的竞选团队中弱者搭便车的情形则会稀释强者的竞争力，如因此而发生败选则不仅会丢失选区而且可能会让选民损失优秀的议员，如果是执政党团队则很可能会失掉优秀的部长甚至领导人。人民行动党在 2011 年大选丢掉的阿裕尼集选区以及 2020 年大选丢掉的盛港集选区就是典型的例子。所以近年来对集选区利弊的讨论也逐渐公开化，集选区规模也成为热议的话题。杨荣文在阿裕尼败选

---

① “Elections Results”, *The Straits Times Weekly Overseas Edition*, Sept. 4, 1988.

以后曾指出：“我曾在三议席、四议席和五议席的集选区担任议员，觉得三人集选区的规模太小，四人不错，五人也很好，因为议员可相互协助，以彼此的优势产生互补作用。我个人觉得集选区太大不好，四议席或五议席就刚刚好。”①

就族群层面而言，该制度在一定程度上确保了以往在选举中处于弱势的少数族群在国会中的议席比例，在传统的少数族群比例较高的社区内，少数族群候选人在竞选时面对本族群的选民更有亲和力，更易赢得本族群选民的认同。而在少数族群不占优势的社区内，则由华人以及其他族群来共同联系选民，更好地稳定票仓，确保选票不会流失。通过这一制度设计一方面保证了少数族群精英参政议政的能力，另一方面让人民行动党得以扬长避短，实现了优势互补，增强了竞选团队的实力和选区选民的凝聚力。比如在竞选群众大会中，华族候选人可能并不能精通马来语或者淡米尔语，这时通过竞选团队中的少数族群候选人就可以弥补这一不足，而如果在华族人口比例较高的地区，少数族群的候选人则可能因为不能熟练掌握华语而无法与华族中的选民有效沟通，于是华族候选人便成为有力的补充。集选区中多位各族群候选人组成的竞选团队则可以很轻松应对这种多元化的挑战，满足不同族群和不同语群选民的诉求。这就是集选区竞选团队的优势，与之前只有单选区时相比，这种多元化的团队更能满足各族群选民日益多样和多元的沟通诉求，更好地维护自身权益。

就两种选区制度的比较来看，在单选区，由于新加坡实行的是有利于大党和主体族群的简单多数票制，因此在一对一的竞争中少数族群候选人往往会处于劣势，以至于大大降低当选概率。在集选区制度中，形式上看这种对少数族群的特殊照顾政策似乎违背了族群平等的原则，不过为了确保少数族群不会被多数族群覆盖，这种被称作积极歧视的现象可以视为“对过去的歧视所造成的后果的一

---

① 《不应排除集选区制度改革》，《联合早报》2011 年 5 月 14 日。

种补救”。[①] 集选区虽然在一定程度上保证了少数族群政治参与的基本比例，但是也可以发现其中存在的问题。比如关于代表的代表性问题，由于集选区选举强调的是团队作战，搭便车的情况就随时存在，这样有的候选人不一定具有参政的能力，但是也可以随团队胜选而进入国会。其并不全面的素质将对其当选以后的参政议政能力产生影响，甚至在履职期间无法满足选民利益诉求，最终在下次选举中面临被淘汰的情况。加之人民行动党不战而胜的选区更无法验证其竞选团队的所有成员是否拥有全面发展的综合素质。当然，作为人民行动党政府为了平衡族群比例和多元族群的利益诉求必须接受的代价，族群平等、族群和谐与社会稳定比议员的能力高低要更有意义。也有观点认为，这一制度虽然旨在保障少数族群的权益，但实际上因为对族群身份的强调，无形中强化了族群边界，不利于国民融合与族际沟通，也有一定道理。不过，这一项制度对于确保少数族群在权力分配和资源整合中不被主流社会所遗漏方面的作用是不容抹杀的。所以，在 2017 年政策研究所举行的保留选举论坛上，时任内政部长兼律政部长尚穆根就曾发问：“要是没有集选区制度，我们的国会种族组成将是怎样的景象?”[②]

三　总统保留选举制的出台及其影响

2017 年 9 月 13 日，新加坡前国会议长哈莉玛在没有竞争对手的总统选举中，顺利完成总统选举的提名手续，自动当选新加坡第八位总统，成为新加坡独立建国以来首位女性总统，也是继首任总统尤索夫之后时隔 47 年新加坡迎来的第二位马来族总统。这也是新加坡 2016 年 11 月通过宪法修正案以后实行总统保留选举制（Reserved Election）而产生的首位总统。当然，总统保留选举制的出台也引发了新加坡社会的讨论，甚至出现了诸多反对的声音。所

① 米良：《东盟国家宪政制度研究》，云南大学出版社 2006 年版，第 229 页。

② 何惜薇：《陈振声：保留总统选举未必受到认可 有政治代价也须促进多元种族主义》，《联合早报》2017 年 9 月 9 日。

以，在哈莉玛自动当选之后，也有舆论认为这一届总统选举有失公平，哈莉玛胜之不武等。而也正是此次宪法修正案通过后实行的总统选举机制改革，再次让新加坡的族群问题成为舆论关注的焦点。不过正如李显龙所说，新加坡是一个多元族群国家，任何族群的代表都可以成为总统，也正是如此才能更好地代表新加坡人。他特别指出，总统是新加坡这个多元族群国家团结的象征，“如果年复一年，新加坡总统几乎都是华人，少数种族会作何感想？长远而言，这种情况会激起深深的不满，侵蚀我国的建国价值观。”① 为此，在国会选举中实行了集选区制度，而在总统选举中则确立了总统保留选举制，目的都是更好地维护新加坡多元族群社会的核心价值。所以，他希望新加坡人“不单是支持在国内、也要支持在国际舞台上最能代表国家和国民利益以及抱负的候选人。”②

1. 新加坡总统保留选举制的出台

新加坡总理李显龙曾指出：“总统的象征性角色与监护角色同等重要。作为国家象征，总统所属种族是有意义的。个别来看只要候选人优秀，无论他来自哪个种族都没关系；但整体来看，我们需要来自不同种族的人担任总统，我们设计选举机制时，必须确保它能产生这样的组合。”③ 所以，对于新加坡而言，总统的族群身份有着重要的象征意义。目前，自1965年建国至2016年，新加坡共产生了尤索夫、薛尔斯、蒂凡那、黄金辉、王鼎昌、纳丹、陈庆炎七位总统，其中只有尤索夫是马来族，其他几位总统中有三位华族（黄金辉、王鼎昌、陈庆炎），两位印度族（蒂凡那、纳丹），一位欧亚裔（薛尔斯）。对于新加坡这个多元族群社会而言，由某一族群的人士长期连续出任总统的现象并不利于各族群的团结与国家认

---

① 杨浚鑫、蓝云舟、何惜薇：《李总理：提出保留总统选举制及诚信动议 行动党不能因怕失分不做正确的事》，《联合早报》2019年11月11日。

② 蓝云舟：《首个为特定族群保留总统选举令状发出 总统选举9月13日提名23日投票发布》，《联合早报》2017年8月29日。

③ 林心惠：《李显龙总理：下届总统选举是马来族保留选举》（http：//www.zaobao.com/realtime/singapore/story20161108－687622）。

同感的强化。新加坡在经过了较长时间的酝酿之后，政府委托宪法委员会探讨改进总统选举机制的可能性，并于 2016 年下半年正式启动民选总统选举机制的改革。

2016 年 11 月新加坡国会通过修宪法案，对既有的总统选举机制作出了多项修改，其中就包括实行“保留选举”总统制。该制度规定，如果在最近五届的当选总统中都没有某个族群的代表，那么下一届总统选举中就将竞选资格保留给该族群的候选人。在保留选举中，候选人的资格和标准保持不变，但是如果在选举中该族群没有合格的候选人参选，那么总统选举将开放给所有族群参与竞选。新加坡政府的解释是希望通过这一改革，在确保新加坡任人唯贤的治理理念实现可持续发展的同时，也让各族群的优秀代表都能够平等获得担任国家最高元首的机会。这一解释的基本出发点沿袭了 20 世纪 80 年代推行集选区制度时的解释传统。要落实这一选举制度，首先必须确定保留选举的起点。新加坡政府将黄金辉总统作为计算保留选举届次的第一位总统。1991 年新加坡改革后的民选总统制生效时，正是在黄金辉的任期内，虽然他并非民选产生，却被赋予了民选总统拥有的监护权，所以李显龙在国会举行的修宪法案辩论时指出，政府将遵循总检察署的意见，将黄金辉确定为新加坡第一任民选总统。在经历了王鼎昌、纳丹（连任两届）、陈庆炎等历任总统之后，已经有五届没有马来族来出任新加坡总统（见表 3.7），所以 2016 年 11 月 8 日，李显龙宣布将在 2017 年的总统选举中推行新的总统选举机制——保留选举制，将总统职位保留给已经五届未能当选的马来族候选人。这一改革将其他族群的候选人排除在了 2017 年总统大选之外，以至于令上届总统选举中以微弱差距落选而摩拳擦掌希望能在本届选举中实现突破的陈清木医生大失所望，连候选人资格都没有获得，从而也直接导致其创立了新加坡前进党，并在 2020 年大选中取得了不俗的成绩。

表 3.7　　新加坡总统保留选举制确定的民选总统名单

姓名	黄金辉	王鼎昌	纳丹	纳丹	陈庆炎	哈莉玛
任期	1985.9—1993.9	1993.9—1999.8	1999.9—2005.8	2005.9—2011.9	2011.9—2017.9	2017.9—至今
族群	华族	华族	印度族	印度族	华族	马来族

资料来源：作者自绘。

保留选举制提出以后，引发了新加坡社会各界的广泛关注，有舆论指出这将影响到选举公平，有可能会违背任人唯贤、唯才是用的治国理念等。所以，就如集选区制度推出时，受到很多人质疑并指其真实目的是打压反对党一样，此次总统选举体制改革也有人质疑其真正目的是打压像 2011 年总统选举时惜败的陈清木这样的候选人。为此，由梅达顺（Sundaresh Menon）大法官领导的宪法委员会认为“即使是指保留给少数种族参选的总统选举，准候选人仍必须像公开选举中一样，符合严格的竞选资格。……因此，在没有刻意降低总统门槛的情况下，它所建议的新竞选机制不会抵触唯才是用原则。”① 在征求各方建议进行总统选举机制改革的过程中，宪法委员会认为设计这一能够保障各个少数族群的候选人都有机会当选总统的保留选举制，是“最好的机制”。这项机制能够确保至少在连续五届总统选举中某个少数族群缺席的情况下，可以有一名来自这一少数族群的新加坡人当选总统，可能是马来族，也可能是印度族或者其他少数族群的候选人。从这个意义上而言，保留选举制非但没有特别照顾某个族群而违背族群平等原则，反而更好地贯彻了新加坡建国以来奉为圭臬的多元种族主义和族群平等原则。当然，这一机制也被认为是照顾甚至敷衍少数族群的象征式调整，宪法委员会对此表示可以理解。

根据委员会的设计，保留选举机制遵循自然夕阳（Natural Sun-

① 黄伟曼、林心惠、叶伟强：《委员会：没刻意降低门槛“保留选举”制不抵触唯才是用原则》，《联合早报》2016 年 9 月 8 日。

set）原则，即如果族群因素在选举中并没有过多地呈现，各族选民的投票偏好并没有明显的族群倾向，即使不启动保留选举制也可以选出少数族群的总统，那么这项机制就无须启动。而在具体的改革探讨过程中，宪法委员会否决了副总统制/团体制（Group Representation）和周期性保留选举制（Pre – assigned Cycles）两种建议模式，基本出发点一方面是为少数族群当选提供保障，另一方面则是切实做到族群平等，不能因为太多的人为介入因素而影响到新加坡社会的核心价值。目前，新加坡总统保留选举制的详细条款在2016 年 11 月宪法修订以后（宪法第 19B 条款）[①] 最终确定下来。

2. 新加坡总统保留选举制实施后的首届选举

2017 年 8 月，新加坡实行保留选举制以后的首场总统选举正式拉开帷幕。共有四位候选人报名参选，分别是 63 岁的前国会议长哈莉玛、67 岁的第二房地产集团创始人兼总裁沙里马里肯（Mohd Salleh Marican）、62 岁的波旁海事公司亚太区执行主席法立（Farid Khan）以及 60 岁的前反对党人士阿都拉欣（Abdul Rahim bin Osman）。根据新加坡总统选举法令，在任总统任期结束前三个月起欲参选下届总统的参选者即可开始申请参选资格证书（Certificate of Eligibility），根据宪法修正案的最新条款，2017 届总统选举为保留选举，所以有意参选者还必须同时提交族群声明，并由新设立的族群委员会（Community Committee）审核参选者族群身份，以获颁族群证明书。对于这一届保留选举的参选者而言，必须同时持有参选资格证书和族群证明书才能获得参选资格。获得这两份文件的申请者可以在提名日当天被提名为总统候选人，如果有多名候选人，则会进行为期九天的竞选活动，竞选之后会安排一天“冷静日”给选民一个思考的时间。

因为是首届保留选举，所以新加坡社会对于四位候选人的族群

---

① *Constitution of the Republic of Singapore*, Art. 19B, Singapore Statutes Online, https: //sso. agc. gov. sg/Act/CONS1963.

身份以及是否符合候选人标准等给予了充分的关注。比如哈莉玛的父亲是印度族，法立身份证上显示其为巴基斯坦裔，沙里马里肯也有一半的印度族血统，以至于三个人的参选资格均受到了一定的质疑。援引修订后的新加坡宪法第 19B 条第 6 款内容，对马来人做了如下界定："任何人不论是否是马来种族还是其他种族，只要将自己视为马来社群的一员，也被马来社群普遍认可是其中一分子的人士就是马来人。"[①] 这一界定意味着生理上是否拥有马来血统并不是关键，判定族群归属的关键因素在于社会建构，即以自身或者社群对其身份的认可度作为衡量标准。这一界定也同样适用于华族、印度族以及其他族群的新加坡人。正是如此，便解决了 2017 年总统保留选举中马来族候选人的族群身份问题。所以，各参选者只需按照要求提交族群声明，然后由族群委员会中的马来族群分委会，来核定申请者是否属于马来族群成员。只有符合这一标准，才会获得族群证明。但是，由于除了哈莉玛之外的其他报名人士在族群身份之外的其他各项指标中皆不符合总统候选人的标准，所以最终哈莉玛不战而胜，当选为新加坡第八位总统，也是第一位女性总统，还是时隔 47 年后的第二位马来族总统。针对舆论对于在保留选举中不战而胜的质疑，哈莉玛在当选后指出，"虽然这是个保留选举，但我不是只代表某个族群的总统。我是全民总统，不分种族、语言、宗教或信仰。我的职责是为新加坡和新加坡人服务，为你们服务。"[②] 这一声明不仅回应了新加坡社会舆论的质疑，也再次强调了新加坡这个多元族群社会的共同价值，并印证了新加坡公民信约的内容，同时也为哈莉玛自身赢得了更多的舆论支持与拥护。正如宪法委员会所说，不论采取哪种选举制度，不论是哪一个族群当选，"最后关键仍取决于候选人就职后能否以行为展现总统应有的庄严，

---

① *Constitution of the Republic of Singapore*，Art. 19B，Singapore Statutes Online，https：//sso. agc. gov. sg/Act/CONS1963.

② 《哈莉玛：做全民总统　为全民服务》，《联合早报》2017 年 9 月 14 日。

以此争取选民的尊重”。[1]

一个国家政治制度的好坏与否，并不在于其是否符合某种既有的模式，而在于其是否符合这个国家的基本国情，是否能够更有效地实现国家的善治，建构起良性的社会秩序，是否能更好地维护其国民的利益，让国民生活地更有尊严。2017 年，哈莉玛不战而胜，既是她个人的荣耀和胜利，同时也是新加坡总统选举体制改革以后国家元首的首次和平移交，从这个意义上而言，这本身就是对新加坡模式的一种肯定。而当选时已经 62 岁的哈莉玛在 1978 年大学毕业以后就任职于职总长达 33 年，其间曾担任职总副秘书长，后在 2012 年出任新加坡社区发展、青年和体育部的政务部长，2013 年受委出任国会议长，彼时已经成为担任政治职务最高的马来女性。此次当选总统，不论对于马来族群还是对于新加坡女性而言，都是有里程碑意义的进步。当然，相比前几位总统，哈莉玛的声望和影响力相比还是要弱一些。不过在职总服务期间，她就以敢为民发声而颇有名气，为了捍卫新加坡的工人权益做出了积极的努力。在出任国会议长的几年里，她也是积极履行议长职责，很好地维护了国会秩序，赢得了议员的普遍尊重。而其长期以来的亲民作风，也为其在新加坡的基层社会奠定了良好的民意基础。比如当选后她就再次重申在总统任期内依然会住在她位于义顺的组屋内，这被舆论解读为将是首位住在组屋的总统。当然因为安保需要，政府最终劝说她放弃了这一坚持。李显龙对本届总统选举以及哈莉玛本人都给予了高度评价，他在脸书的留言中写道：“总统是新加坡政治体系的制高点和多元种族、多元宗教国家的象征。我确信哈莉玛女士将会成为一名杰出的总统。”[2] 总体而言，由一位马来女性出任国家元

---

① 黄伟曼、林心惠、叶伟强：《委员会：没刻意降低门槛“保留选举”制不抵触唯才是用原则》，《联合早报》2016 年 9 月 8 日。

② “PM Lee confident Halimah will fulfil role with distinction”, *Straits Times*, Sep. 14, 2017, https://www.straitstimes.com/politics/pm-lee-confident-halimah-will-fulfil-role-with-distinction.

首，对于新加坡这个多元族群国家而言，不论是象征意义还是实际意义都是可圈可点的。

当然，新加坡2017年这届总统大选早在选前就有颇多质疑的声音，而不战而胜的再次出现也让世界对新加坡的民主发展和政治体制有了更深的认识。长期以来，新加坡的民主政治为不少学者所诟病，认为其带有严重的威权色彩，而通过各种合法的手段对反对党进行打压的行为更是暴露了其所标榜的民主选举的虚伪性。包括本次总统候选人资格的限定，就有不少观点认为这显然与现代民主政治的原则是不相符的。不过，在形式上不得不承认的是新加坡的政治体制确实是为西方所称道的英式民主的模式，只是根据其小国寡民的特点进行了相应的改造而已。① 而在总统选举的保留选举制中，又以族群平等和多元主义作为基本的出发点，在很大程度上确保了少数族群的代表性，以及由此而强化的少数族群对国家的认同感和归属感。即使保留选举制的出台引发了新加坡社会的热议以及多元化声音，但是总体来看与其长期以来秉持的共同价值观是相契合的，是基于新加坡多元族群的社会结构和选民的投票倾向而提出的保障少数族群平等竞选总统的改革。毕竟当前的新加坡社会距离“种族色盲”的理想目标还存有距离，“多数人还是希望由本族人来出任总统。而在华族占人口绝大多数的情况下，如果自由竞争的话，理论上少数种族是要吃亏的。”②

新加坡伊斯兰教专业人士协会（AMP）副主席祖卡奈因（Zhulkarnain Abdul Rahim）也认为：“虽然有关这次保留总统选举的意见分歧，但我们不应忘记这只是开始，更重要的是总统必须能在世界舞台上团结和代表所有不同种族和信仰的国人。我们期待看到哈莉玛女士扮演团结国人的角色。”③ 在哈莉玛的六年任期里，能否继续贯

---

① Fan Lei, “Singapore's eighth presidential pick Halimah Yacob is a vote for diversity”, *Global Times*, Sept. 18, 2017.

② 《社论：聚焦民选总统制的改进建议》，《联合早报》2016年9月9日。

③ 《多个机构和民间组织 祝贺哈莉玛当选》，《联合早报》2017年9月14日。

彻新加坡的多元种族理念，推动新加坡人真正实现种族融合，建立一个公正、平等的民主社会将是对其领导能力的考验。“在新加坡这个多元种族，多元文化的国家，我们的确应该让各族都有机会当上总统，这才是我们引以为傲的公平社会。然而我也了解族群的融合得之不易，而且相当脆弱，为了确保定期选出少数种族的总统，‘保留选举’是一个保险的做法。”①

3. 新加坡总统保留选举制的影响

2016 年 8 月，新加坡新传媒与政策研究所对 2000 名 21 岁以上的新加坡人进行的关于种族关系的调查结果显示，有 53% 的受访者认为多数族群在社会事务中占有一定优势，少数族群持该观点的比例较高。但是在涉及婚姻、经商或者个人问题方面，各族群则普遍倾向于与本族群的同胞在一起，包括总理与总统的族群身份问题也是倾向于支持本族同胞。② 比如有高达 96% 的华族受访者表示会选华人当总统，而接受马来族总统的华人受访者只占到 59% 。由此可以看出，新加坡目前还未发展到各族群完全包容差异性、综合发展完全平衡的社会阶段。所以，采取总统保留选举制度并不能从根本上解决每个族群的成员都有机会出任新加坡总统的问题，但是对新加坡当前和今后的国家与社会发展、族群治理以及民主政治等方面的事务产生了深远的影响。

首先，新的总统保留选举制确保了新加坡的少数族群尤其是马来族群在总统选举中的参与感与获得感，从而进一步强化了官方对多元族群主义的认可与支持，也在某种程度上完善了这个多元族群国家的总统选举制度，对于维系族群和谐与政治稳定有着重要的意义。在 2017 年 9 月 8 日由李光耀公共政策学院政策研究所举办的保留总统选举论坛上，出席该论坛的时任内政部长兼律政部长尚穆

---

① 韩咏梅：《哈莉玛总统的重担》，《联合早报》2017 年 9 月 24 日。

② Mathew Mathews, “Channel NewsAsia – Institute of Policy Studies (CNA – IPS) – Survey on Race Relations”, https://lkyspp.nus.edu.sg/docs/default-source/ips/cna-ips-survey-on-race-relations_190816.pdf?sfvrsn=4abf9e0b_2.

根则强调，新加坡的多元族群社会不是自然而然形成的，需要制定相应的政策加以强化巩固，正是有了政府在多个层面的积极干预才打造出新加坡的多元共融社会。总统保留选举制改革再次重申了这一原则，毕竟“总统是团结国家的象征，如果不启动保留选举，每一届的总统都来自一个特定族群的话，总统的象征性角色就会受质疑。”① 所以，哈莉玛当选总统以后，新加坡媒体发表的社论中指出，“这是保留选举的新制度使然，也是新加坡式民主制度的结果。不论人们对修改后的总统选举制有什么不满，新总统已在符合宪法与法律程序的情况下诞生，国人应抛开歧见，重归团结，支持新任总统和拥护国家体制。”② 力保国家的族群、宗教与社会和谐，实现共存共融，是新加坡国家治理进程中最重要的财富。

其次，新的总统保留选举制也在某种程度上触发了部分族群对政府干预总统选举制度改革的不满，尤其是反对党更是认为这是人民行动党政府借以打击政治对手的惯用手段，甚至有人质疑是在“开倒车”。为此，李显龙特别指出，“有些人认为政府在开倒车，走回种族政治的老路，但事实正相反：我们在做出必要的改变，强化我国多元种族的机制，以便继续团结全民向前迈进。如果政府没有这么做……新加坡的少数族群就会开始觉得被冷落，……华族作为多数族群，对其他族群也可能变得更不敏感，这将削弱所有新加坡人共同的国家身份认同。”③ 这种解释并不能减弱质疑的声音。在2017年的首次总统保留选举中，因为新选举规则的实行，使原本寄希望于再次参选以赢得新一届总统大选、实现其政治抱负的陈清木连竞选资格都没有获得，从而直接导致他创立了新的政党——新加坡前进党，并成为挑战人民行动党执政地位的不可小视的力量。在

---

① Mathew Mathews，“Channel NewsAsia – Institute of Policy Studies（CNA – IPS） – Survey on Race Relations”，https：//lkyspp. nus. edu. sg/docs/default – source/ips/cna – ips – survey – on – race – relations_ 190816. pdf？ sfvrsn =4abf9e0b_ 2.

② 《社论：抛开歧见支持新总统》，《联合早报》2017年9月14日。

③ 李显龙：《种族、多元种族及新加坡在世界上的地位》（http：//www. zaobao. com/zopinions/views/story20171004 – 800306）。

2020 年的国会选举中，这个新政党表现不俗，在多个选区首次出征即获得了较为可观的得票率。而这一改革在很多人看来依然是李光耀时期打压反对党或者异见人士的传统手法，甚至担忧这种以国家领导人选举作为政治工具的做法会影响到未来新加坡民主政治的发展进程。从这个意义上来看，总统保留选举制的出台与实施可能已经为新加坡民主政治以及治理模式的未来发展埋下了诸多伏笔。

最后，新的总统保留选举制并不能从根本上解决部分少数族群在政治参与领域的弱势，却是当下确保在总统选举中实行多元主义的“最不坏”的一种方式。新加坡媒体与相关研究机构所进行的多次民意调查结果以及 2017 年的总统选举结果似乎都在说明，新加坡人在选举投票中的族群界限和族群情感依然存在，所以在短时间内，通过宪法的修改并不能改变这种由狭隘的族群意识而带动的不同族群选民的投票偏好。为此，有新加坡学者就指出，“保留选举的目的，是确保多元种族主义继续蓬勃发展。但它也是一种迫不得已的措施。若（2017 年）9 月的首次保留选举也是最后一次，那我们就可以说我们在建国的道路上取得了重大进展”。[①] 而政府对此次改革一方面给予了充分的肯定，另一方面也承认这一举措可能会让执政党失去一些政治筹码。在前文述及的 2017 年 9 月 8 日举行的保留总统选举论坛上，时任总理公署部长陈振声就强调指出，“李（显龙）总理说，我们可能会因为启动保留选举而付出政治代价，没有特定种族当总统所引发的问题可能不会马上浮现，但万一问题二三十年后出现，新一代的领导人是否有足够的时间和（政治）空间来制定应对机制？一个政治领导人必须预先察觉将来可出现的议题并适时制定机制。”[②]

2017 年 9 月 23 日在人民协会“咖啡聊天室”对话会上，李显

① 陈庆文：《来临的首次保留制总统选举》，《联合早报》2017 年 6 月 9 日。

② 何惜薇：《陈振声：保留总统选举未必受到认可 有政治代价也须促进多元种族主义》，《联合早报》2017 年 9 月 9 日。

龙总理发表了题为《种族、多元种族及新加坡在世界上的地位》[1]的讲话。在近半小时的演讲里，李显龙回顾了新加坡多元族群社会形成的历史、作为根本建国原则的多元种族理念以及由此而推动的总统保留选举制度改革。他数次强调新加坡多元种族、多元宗教的进步社会并非自然形成，而是依赖语文、集选区和组屋种族比例等政策来维持。他指出，“新加坡的年轻一代在和平与和谐的社会中成长，因此可能误以为种族课题在新加坡已经不是一个问题了。但事实并非如此。我们必须清楚知道自己的盲点，得作出特别努力，确保我们的少数族群能感受到自己在新加坡是受欢迎和被重视的。特别是华族社群，更应该努力让少数族群感受到自己在新加坡是受欢迎的。”[2] 所以，对于全体新加坡人而言，不能以为新加坡已发展到不同族群可接受彼此的“理想状态”，“在攀上这个理想状态的过程中，新加坡需要导绳和导轨，协助抵达目的地并防止我们跌下。总统保留选举正是这样的一个导轨。”[3]

所以，“保留总统选举也是为了能确保种族和谐，让每个少数民族明白他们的代表都有机会成为新加坡总统。”[4] 从这个意义上而言，新加坡对总统选举制度的改革既是贯彻其根本建国原则的一次新的尝试，也是顺应时代发展和人民行动党执政要求的一个创新和发展。2020 年 7 月 10 日，新加坡第 13 届国会选举在新冠疫情的伴随中落下帷幕。人民行动党再次以 61.24% 的得票率赢得了 93 个国会议席中的 83 席，继续执政的格局保持不变。李显龙总理在选举结果公布的 11 日凌晨召开记者会时指出，虽然选举结果没有预期中理想，但是也显示人民行动党获得了选民的广泛支持，所以，“行动党会虚心接受选民给予的明确委托”。话语中难掩对选举结果

---

① 李显龙：《种族、多元种族及新加坡在世界上的地位》（http://www.zaobao.com/zopinions/views/story20171004－800306）。

② 李显龙：《种族、多元种族及新加坡在世界上的地位》（http://www.zaobao.com/zopinions/views/story20171004－800306）。

③ 何惜薇：《实行保留选举 李总理：非开倒车》，《联合早报》2017 年 9 月 30 日。

④ 《王乙康：种族社会和谐得来不易 须珍惜维护》，《联合早报》2017 年 9 月 28 日。

的些许遗憾。在这次全国大选中，2019 年 3 月底才注册成立的新加坡前进党在本届大选中出征 9 个选区，得票率普遍高于其他多家老字号的反对党，可谓全线飘红，虽败犹荣，为下一届大选奠定了良好基础。[①] 而这家新成立即赢得较高关注度和突出选举业绩的政党的创始人就是因保留总统选举制改革而与“新加坡总统”二度无缘的陈清木。这似乎应该是总统选举制度改革所造成的直接影响的一次间接显现。

---

① 范磊:《一场事关新加坡“未来”的大选》,《法治周末》2020 年 7 月 16 日。

第四章

新加坡族群治理的规范维度

对于我的国家不只是口头说它很多元，而是每天都活出这个多元性，我感到很骄傲。

——哈莉玛（Halimah Yacob）

第一节 族群与国家中的规范因素

一 规范概念：族群与国家的双重向度

规范一般被视为行为主体基于自身的利益诉求以及依托相应的主客观环境而制定的原则和价值体系的总称。昆特（Kunert）将规范的构成要件要素分为四类，一是价值要素，即记述了自然要素（如行为或者文书）以及附加于其上的社会共同体价值态度的要素；二是考量要素，即需要参照社会一般性评价结果的要素；三是意义要素，即记述了历史发展过程中所形成的实在或者虚拟的文明与文化的主客观载体要素；四是认识的判断要素，带有典型的价值判断色彩。[①] 阿查亚在对地区主义规范进行解读时提出两种分类，一种是法律—理性规范，另一种是社会—文化规范[②]。前者是威斯特伐

---

① K. H. Kunert, *Die Normativen Merkmale der Strafrechtlichen Tatbesttaende*, Berlin: Walter de Gruyter, 1958, pp. 92 -95.

② ［加拿大］阿米塔·阿查亚：《建构安全共同体：东盟与地区秩序》，王正毅、冯怀信译，上海人民出版社2004年版，第34—36页。

利亚国际体系下所遵循的普遍原则，构成了当前国际社会的规范基础，而后者则与行为体的社会化进程密切相关，是对行为体所处的特定历史与文化语境的映射。同时，诸如“描述性的自然法，带有规定性的国家法，兼有两种属性的逻辑规则，以及习俗、指令、技术和道德规范等都可以被视作规范的构成部分”①。考虑到研究需要，规范在社会——文化层面的价值属性将是本书的基本考量。规范的价值性主要在于规范体现了主体的价值需求、态度以及偏好，制定规范的目的在于以规范来引导和规约实践，将不同层级的行为体规约在相应的规范和秩序架构内，确保主体的价值诉求能得以顺利实现。也正是基于规范的这种价值属性，往往把规范称作价值规范。

就人类社会而言，社会属性的客体与价值主体（即人类）发生关系就成为价值客体，成为价值准则与价值标准的规范本身。作为准则和标准的规范是人类这一价值主体主观建构的，并在被建构以后吸附到相应的实体之上成为新的价值客体。“人类创造了规则，规则建构了社会，而社会规则又确保人类遵循特定的方式来行动。”② 人类本身既是规范的建构者也是规范的执行者，人的行为要以其内在的价值诉求为尺度，并以此建构起相应的价值体系。对于不同的族群而言，都会基于本族群内在的价值诉求，而建构起符合本族群利益的价值规范体系。当然，人类共同体在“理性的思考过程中，不仅会有利益的理性思考，还会在诸如平等、非暴力等普世性规范的影响下，综合权衡利益与规范的关系并对个人最终的选择产生明确的影响”，所以，规范又表现为“根据权利和义务界定的行为准则”③，而规范在被赋予了权利和义务之后往往会体现出限制

---

① Georg Henrik von Wright, *Norm and Action: A Logical Enquiry*, New York: The Humanities' Press, 1963, pp. 4 - 16.

② Nicholas G. Onuf, *World of Our Making: Rules and Rule in Social Theory and International Relations*, Columbia: University of South Carolina Press, 1989, p. 66.

③ Friedrich V. Kratochwil, *Rules, Norms and Decisions*, Cambridge: Cambridge University Press, 1999, p. 59.

性和协调性，以致规范在成为不同层级的社会共同体以及个体的行为准则时可以借助社会公共治理的持续进程发挥有效的引导与规约作用。

卡赞斯坦认为规范是“有着特定认同的行为者的适当行为的共同期望”，可以分为限制性规范和构成性规范两种，限制性的规范通过对行为标准的界定来塑造政治行为体的利益，协调彼此之间的行为，而构成性规范虽然也规定着行为体的利益并约束其行为，但是更多的是呈现为行为体的认同。[①] 所以，在此意义上规范可以看作“行为共同体持有的适当行为的共同预期”。[②] 不过规范又不仅仅是一种行为预期，还可以是“有着给定身份的行为体应该遵循的适当行为的准则。……政治学称之为规范的概念与社会学称之为制度的概念事实上是同等的行为准则。……但是规范指的是单独的行为准则，而制度强调的是诸多行为准则的组合与积聚。”[③] 从这个意义上来说，相比国家政治框架下所建立起来的多层制度体系，规范有着典型的单元属性，不过作为涵盖特定的集体范围的概念，规范同样与特定范围的共同体密切相关，亦即规范可以理解为是共同体所共有的行为准则，当规范系统整合后即成为制度体系，制度也是一种规范。

不论是单独的行为准则，还是系统的制度体系，在程度上而言有刚性规范、柔性规范和理想性规范之分。刚性规范主要包括国家的法律体系、政治制度等硬性的体系架构，对人的行为有着强制性的规约，不论是政府、族群、社会性团体还是个人，都必须服从这一规范体系的约束，否则就会受到体系内的惩罚，除非打碎既有的刚性规范，但又必然要建立新的刚性规范来弥补，否则社会体系便

---

① 李小华：《国家安全的文化视角》，载［美］彼得·J. 卡赞斯坦《文化规范与国家安全》，李小华译，新华出版社 2002 年版，“译者的话”。

② ［美］玛莎·费丽莫：《国际社会中的国家利益》，袁正清译，浙江人民出版社 2001 年版，第 29 页。

③ Martha Finnemore & Kathryn Sikkink, “International Norm Dynamics and Political Change”, in *International Organization*, Vol. 52, No. 4, Autumn, 1998, pp. 887 - 917.

会陷入混乱。可以说，刚性规范作为一种严格的行为过程和程序，不存在协商的空间。柔性规范则一般属于日常伦理范围，可能会如法律那样有着标准的文本，也可能只是一种惯例约定俗成，本身就是一种软性的约束机制，执行中更多的是靠社会行为体的主体自觉，甚至通过长期潜移默化的影响来形成条件性的适应。相比刚性规范，柔性规范更多地渗透了主体的选择和评价，带有了非线性、可塑性、多元性和选择性的特征，从而使其更趋近或者已经渗透了内在的价值属性。理想性规范则更多地与人的道德、思想以及理想目标存在密切正相关，可以视为“从正义和责任角度定义的行为标准”①。理想性规范强调的可能是彼岸的价值追求，也可能是此岸的理想目标，对社会行为体并不具备强制性，而更多地体现为引导和启发作用。所以，在具体的人类文明发展中，理想性规范是行为体终极价值属性的体现，是对行为体利益诉求和价值取向的一种升华。三者在人类共同体发展中分别有着特定的适用范围，体现了由强到弱的强制力递减过程，但是并不意味着刚性规范就会比柔性规范更有约束力和规范力。以宗教规范而言，宗教共同体对本宗教内部规范体系的遵守并不一定会弱于对国家法律体系的遵守，甚至可能会出现为了宗教教义而挑战法律，破坏国家政治与社会稳定的极端行为，近几十年来愈演愈烈的宗教极端主义即是典型案例。在多元族群和多元宗教的国家中，这种以宗教规范挑战世俗规范体系的趋向已经严重影响到了国家内部的正常政治生活，比如近年来新加坡国内被多次提出的“马来头巾”问题。可以说，“规范和原则的改变就是机制本身的改变。当规范和原则被废弃，问题的解决无法依赖原有的机制时，就只能转向寻找新的机制。”② 总之，作为人的行为标准、准则和原则的规范是人的行为规范，价值性是其固有的

---

① Stephen D. Krasner, “Structural Causes and Regime Consequences: Regimes as Intervening Variables”, in *International Organization*, Spring 1982, p. 186.

② Stephen D. Krasner, “Structural Causes and Regime Consequences: Regimes as Intervening Variables”, p. 188.

属性，会随着人类社会的发展变革而与时俱进。

在族群与国家的二元框架中，对规范的诉求和遵守是两者关系得以稳定发展和延续的重要保证。族群在长期的发展中形成了固有的价值体系、文化传统、宗教教义、伦理道德以及生活习俗等，并成为不同族群千百年来得以顺利运转的重要保障。在前民族国家时代，这些准则甚至是族群内部的最高法律，对族群这类共同体内部事务有着最高的裁定权。而当族群纳入民族国家框架以后，以法律为主体的国家规范成为整个国家最高准则的代表，族群规范相应的就要让位于国家规范。族群规范更多的是从文化的角度来体现，属于柔性规范和理想性规范的范畴，而国家规范则是带有明确政治性的价值准则，包括刚性规范、柔性规范和理想性规范。以宪法为核心的法律体系、以国家意识形态为统领的国家价值体系、以不同领域的政策为主体的国家政策体系等都是国家规范的重要组成部分。不论是多元族群国家还是单一的族群国家，族群规范与国家规范都不是等同的，就两者的关系而言，两者也天然地存在着内在的结构性张力，即便是在单一族群国家内，国家也不会允许族群的所有规范上升为国家规范，因为两者属性有着本质的不同。

二　新加坡国家规范与族群规范的关系

1819 年以后新加坡逐渐形成的多元族群移民社会因为在英国殖民统治时期受制于殖民政府分而治之的政策，各族群在相对封闭的发展中基于本族群固有的文化传统、宗族观念、宗教信仰等逐渐确立起一套带有本族群鲜明特点的柔性的价值规范，成为增进本族群凝聚力的有效形式。各族群借助这些价值规范实现族内自治，在 100 多年的殖民时代基本相安无事，没有大规模的族际冲突。族群内部的一些纷争通过族群规范的协调与管理，最终也得到了有效的解决。“二战”以后，全球性的民族独立运动同样席卷了东南亚，“二战”期间已经培植起来的民族独立政治意识开始萌发觉醒，不同的族群都希望在此次民族主义浪潮中实现本族群的政治目标，主张自己是土著族群的马来人更是希望建立以马来文化以及伊斯兰教传统为核心的独立国家。最终，在权力分配、利益纷争与文化认同等领域的歧异，导致各族群之间的关系充满了火药味。1964 年在马来族群极端主义者的挑拨下，新加坡爆发了两次大规模的族群暴乱。

1965 年独立建国以后，新加坡政府面对脆弱的族群关系，最终确立了多元族群主义的国家政策，以此来协调和整合不同族群之间的张力，以期在族群平等的基础上推动国家建构与族际整合进程。各族群在建国初期都力图以本族群的价值规范来推动国家规范的建设，希望借助国家的力量实现单纯依靠族群难以实现的政治目标。甚至出现过几次产生较大影响的事件，比如南洋商报事件、马来头巾事件等，这些事件虽然最终在政府的既有制度框架下都得到了化解，却再次证明了新加坡多元族群社会中族群与国家之间在规范维度的脆弱性。

不过综合来看，新加坡建国以来族群关系的发展以及族群与国家之间的调适在整体上是比较成功的，半个多世纪以来并没有因为在不同群体和层面上的规范歧异而爆发有规模的冲突。可以说，族群规范与国家规范之间的调适与相融已经成为新加坡这个多元族群国家发展的主流。

第二节　多层治理：新加坡在规范维度的族群治理结构

一　治理的国家层面：国家至上的规范引领与价值塑造

族群差异在各族群经济、文化交流频繁和互相杂居的情况下，虽然可以得到一定程度的缓解，但是在各族群分而聚之和相互隔绝的情况下，人们无法了解其他族群的感情、思想、价值观、生活方式等之时，则会强化族群差异，由此产生的问题将加重多元族群社会的异质性。但是，当不同的族群被整合到国家框架之内以后，源自各族群的族群规范体系与民族国家的国家规范体系之间不可避免地会产生持续的博弈，是将某一族群的规范上升为国家规范，还是否决全部族群规范后另起炉灶建构新的国家规范，或者是基于多元族群主义的原则在整合各族群规范的基础上推动新的国家规范的生成，这是多元族群国家成长过程中必须面对的课题，而这一课题的解决过程就是在族群与族群之间以及族群与国家之间消解结构性张力，推动国家凝聚力和合力生成的过程。

在上述三种可能中，基于多元族群主义的第三种解决方案不失为是既维护多元族群利益，又确保国家政治与社会稳定的积极选项。而前两种的结果轻则人为制造族群歧视，重则引发族群冲突造成社会动荡。所以，在多元族群社会中，通过建构基于多元族群的国家规范体系，不断促进不同族群之间的交流与合作可以有效地扼制族群之间发生冲突的可能性，有效地化解族群与族群之间以及族群与国家之间的结构性张力。而通过上位的国家规范体系的引领，则可以为不同族群树立积极的价值导向，有利于多元族群和谐与社会共融的形成。

1. 宪法与法律体系下的族群平等与张力弥合

在多元族群社会，面对不同族群的宗教信仰、文化价值体系异质性较高的历史与现实，如何处理族群规范与国家规范的关系将直接影响到国家与社会的稳定和族群和谐，而作为与族群课题密不可分的宗教事务则必然会成为国家在族群治理过程中的重点领域。尤其是宗教体系中有典型的政治色彩和传统的情况下，以宗教教义等价值规范体系为代表的族群规范与国家规范之间必然存在直面而对的情况。在新加坡，宗教与族群的关系始终是政府谨慎面对的敏感话题，李光耀曾说，“过去，曾经有两次大暴动。……这两次事件，都牵涉宗教。……因此宗教和种族问题都必须当作敏感性问题处理”。[①] 据新加坡 2010 年人口调查数据显示（表 4.1），全国各族群 15 岁及以上年龄信教总人数约为 257.82 万人，不信教人数约为

① ［新加坡］新加坡联合早报编：《李光耀 40 年政论选》，现代出版社 1994 年版，第 524 页。

52.76 万人，信教人数接近不信教人数的 5 倍。2015 年的数据显示（表4.2），全国各族群 15 岁及以上年龄信教总人数是267.14 万人，不信教人数为 60.45 万人，信教人数是不信教人数的 4.4 倍左右。除了道教和“其他宗教”之外的信教人数都有增长，且以基督教的增长幅度为最大。在所有族群内部的主要宗教信仰中，信仰伊斯兰教的马来族群信众在该族群的信教总人数中占比高达98.9%（2010年）和99.5%（2015 年），从而使伊斯兰教成为各族群所信奉的主要宗教信仰中比例最高的宗教。经过 5 年的时间，道教和锡克教都出现了部分族群信众缺失的情况。总体来看，总体的信教比例从2010 年的 83% 下降到了 81.5% 左右。两个年份的数据相比，可以看出新加坡不信教的群体是在上升的，不过超过八成的信教比也意味着宗教在新加坡各族群以及国家的日常事务中依然占有非常重要的地位。其中，华人以信仰佛教、基督教和道教为主，马来人以伊斯兰教为主，印度人信仰印度教的比例最高，其他族群在数量上以基督教和天主教为主。所以，皮尤调查就曾经表示，“新加坡是世界上宗教信仰最为多元化的国家。”①

表4.1　新加坡居民 15 岁及以上的宗教信仰分布（2010 年）（单位：人）

	合计	华族	马来族	印度族	其他族群
不信教	527553	512717	872	2940	11024
信教	2578196	1836788	386096	262284	93028
佛教	1032879	1009158	628	2022	21070
道教 *	339149	338406	120	31	593
伊斯兰教	457435	8332	382017	57546	9540
印度教	157854	312	401	156339	803
锡克教	10744	56	53	10591	43

① “Speech by PM Lee Hsien Loong at the Inter – Religious Organisation’s 70th Anniversary Gala Dinner on 26 August 2019”，PMO，https：//www. pmo. gov. sg/Newsroom/PM – Lee – Hsien – Loong – IRO – 70th – anniversary – gala – dinner.

续表

	合计	华族	马来族	印度族	其他族群
基督教	569244	472636	2680	34024	59904
天主教	219133	155515	1389	19460	42769
其他基督教	350111	317121	1291	14564	17135
其他宗教	10891	7888	197	1731	1075

* 道教包括华人所信奉的其他传统宗教。

资料来源："Census of Population 2010 Statistical Release 1：Demographic Characteristics，Education，Language and Religion"，Department of Statistics Singapore，2010，http：//www.singstat.gov.sg/publications/publications_ and_ papers/cop2010/census_ 2010_ release1/excel/t58 – 64.xls。

表 4.2　　新加坡居民 15 岁及以上的宗教信仰分布（2015 年）（单位：千人）

	合计	华族	马来族	印度族	其他族群
合计	3275.9	2517.5	389.0	270.2	99.3
不信教	604.5	586.4	1.1	3.7	13.3
信教	2671.4	1931.0	387.9	266.5	86.0
佛教	1087.3	1064.7	0.2	1.8	20.5
道教*	326.4	325.5	—	0.1	0.8
伊斯兰教	459.8	8.6	385.8	57.5	7.8
印度教	162.5	0.3	0.1	161.8	0.4
锡克教	11.5	—	—	11.5	—
基督教	616.1	526.2	1.5	32.7	55.6
天主教	220.9	164.3	0.6	18.6	37.4
其他基督教	395.2	361.9	0.9	14.1	18.3
其他宗教	7.9	5.8	0.2	1.0	0.9

* 道教包括华人所信奉的其他传统宗教。

资料来源："General Household Survey（GHS）2015"，https：//www.singstat.gov.sg/ – /media/files/publications/ghs/ghs2015/excel/t43 – 48.xls。

由于伊斯兰教本身的特殊性，以及与周边地缘环境的相关性，新加坡在处理马来人以及伊斯兰教议题方面非常谨慎，宪法第 15 条就明确规定，确保新加坡各族群的宗教信仰自由："人人享有信仰、践行和传播宗教的自由。……每一个宗教群体都有管理本宗教事务、可以因宗教或者慈善目的而建立和运营相关机构，并且确保依法持有和管理财产所有权的权利。该条款并不授权任何与公共秩序、公共健康和道德等领域的法律规章相违背的行为。”[①] 新加坡在制定宪法的时候，充分考虑了多元族群、多元宗教、多元文化社会的内在特点，通过宪法的制度框架对维持和解决宗教、族群等议题提供了有力的保障。宪法第12条规定，“法律面前人人平等并平等受到法律保护。除宪法特别授权之外，禁止任何基于宗教、种族、血统或出生地等条件而在法律、公务任命、公共部门就业或者法律执行等领域歧视新加坡公民。”第16条也规定“除了本人所信仰的宗教以外，不得要求其他任何人接受宗教教导、参加任何宗教仪式或者其他任何宗教礼拜活动，”未满18周岁的个人应由父母或监护人来决定其是否可以参与宗教活动。[②]

在对族群与宗教和谐构成影响的行为制约方面，新加坡一般援引《煽动法令》（*Sedition Act*）来制约对族群和宗教等事务构成负面影响的言行，“任何旨在鼓动不同族群和阶级的新加坡人之间产生敌意的行为都将被视为是犯罪”[③]。而对于破坏族群与宗教和谐的极端言论和行为，政府将援引《内部安全法令》（*Internal Security Act*）作为依据对事件进行严厉打击，诸如煽动族群暴乱、挑拨族群与宗教矛盾以及勾结境外极端势力危害国内族群和谐与稳定等行为。2010年2月有三名华族男青年在社交媒体散播有损族群和谐的言论，警方控制了三人以后，其中一人须参加社会发展、青年及体育部主办的“辅导计划”（Guidance Programme），另外两人被警方告诫。[④] 新加坡，任何威胁种族与社会和谐的行为都可算触犯煽动

---

① “15 Freedom of Religions”, Part IV Fundamental Libertie *Constitution of the Republic of Singapore*, 9th August 1965.

② “12 Equal Protection”, “16 Rights in Respect of Education”, Part IV Fundamental Liberties, *Constitution of the Republic of Singapore*, 9th August 1965.

③ Singapore Statutes Online, “Sedition Act”, Singapore, 28th May 1964, http://sso.agc.gov.sg.

④ 《三青年“面簿”散播损种族和谐言论：一人须受辅导，两人被警方告诫》，《联合早报》2010年2月4日。

法，此类事件如任其升级后果将很难预料，所以警方对此类言论的出现和传播都非常重视。而根据煽动法令，所有违法者可被判处罚款最高5000新元，或者监禁最长3年，或两罚并施。同时，由于公共舆论是影响整个社会舆论动向和民众心理的重要途径，新加坡制定了新闻及出版法、不良出版物法、电影法、新加坡广播电视节目法等法律，这些法律明确规定要以尊重多元族群和宗教为准则，不能参与、更不能挑起族群矛盾，对于可能影响社会稳定与族群和谐的言论以及行为要依法进行管理，要么一票否决不能出版或播出，要么加强管理，使其经过修改后符合国内族群政治发展的需要方准公开出版或播出。从而在舆论传播过程中将破坏族群和谐的言行进行了制度性的有效限制。

1990年11月9日，新加坡国会通过了《维护宗教和谐法令》（*Maintenance of Religious Harmony Act*）①，于1992年3月31日正式生效，并依据该法令成立了宗教和谐总统理事会（PCRH），旨在向政府就宗教和谐相关事宜做汇报和提供咨询，以维护宗教平等与和谐，限制和避免出现某些宗教团体干涉其他宗教活动的情况。《维护宗教和谐法令》以法律的形式正式奠定了新加坡政教分离的建国原则，明确了在多元宗教社会中确保各宗教和睦相处的基本规范，并对各宗教团体需要遵循的原则进行了详细的界定，主要包括确保不同宗教的相对独立性和特性并倡导各宗教平等和谐相处、处理与宗教事务相关的各种关系时要严格遵守该法令、赋予内政部长行使限制令的权力等。政府希望通过和谐法令的制定和实施完善对国内宗教事务的规约，来防范可能会危及国内族群与宗教和谐的事件。法令生效以后政府还未发布过限制令，一方面说明了新加坡族群与宗教整体的和谐，另一方面也反映了该法令对于危害族群与宗教和谐等行为的威慑力。正如李显龙所言，这一“法令本身对于维护新

---

① Singapore Statutes Online, “Maintenance of Religious Harmony Act”, Singapore, 31st March 1992, http: //sso. agc. gov. sg.

加坡的宗教和谐做出了重要的贡献”。[①]

2018 年 11 月由新加坡伊斯兰教理事会（MUIS）主办的会议上，李显龙指出，由于外在环境对新加坡穆斯林社群的影响，政府会在必要时更新该法令的内容，以顺应社会发展要求。而社交媒体的迅速发展以及防止外国势力对新加坡宗教事务的干预是新加坡希望修改更新维护宗教和谐法令的基本出发点。2019 年 7 月 24 日，时任内政部长兼律政部长尚穆根在新加坡政策研究所举办的有关宗教、极端主义和身份政治的论坛上所发表的演讲中强调，立法只是新加坡维持宗教和种族和谐诸多路径中的一种，新加坡“不会采取被动的方式来确保宗教和谐”，言外之意是政府会通过更为主动的预防性的方式来确保不同信仰的人能够团结在一起，参照政府在住房、教育、选举、社会福利等领域的相关政策和制度建设。[②] 9 月 2 日，孙雪玲议员向国会提交了《维护宗教和谐法令》修正案，推动该法令修订进入一读程序，并在 10 月 7 日进入二读。尚穆根在二读的总结演讲中回顾了 1990 年他参与法令制定时曾秉持的理念：30 年前他认为法律程序是解决所有争端最恰当的方法，但是如今他也在反思法律是否就是解决宗教问题的最佳方法。他指出，政府在处理宗教问题时并没有完全依赖法律，自 1990 年生效以来政府从未动用这一法令来解决宗教问题，而更多的是依靠智慧和常识。制定法律的目的是以积极主动的方式来规范社会，让规范成为被公众所接受、赞同、支持和遵守的信仰与价值，并推动新加坡这个多元社会变得更加牢固。所以，尚穆根认为国家并不是为了要有法律才制定法律，而是为了在新加坡的“社会创造更为积极的规范和价

---

① “PM stresses need to update religious harmony laws”, *Straits Times*, Nov. 8, 2018, https://www.straitstimes.com/singapore/pm-stresses-need-to-update-religious-harmony-laws.

② “Singapore to update law on religious harmony to address spread of hate speech, identity politics”, Straits Times, July 24, 2019, https://www.straitstimes.com/singapore/singapore-to-update-maintenance-of-religious-harmony-act-shanmugam.

值框架”[①]，并使其成为这个多元宗教和族群国家的核心价值。也正是因为这些规范体系的制定与持续更新，才为各族群和宗教提供了理解和信任的基础，推动了社会凝聚力和韧性的形成。[②]

当然，要达至这一价值目标的基本前提是要“有法可依”，这是基础性条件。所以在维护少数族群与宗教尤其是马来族群与伊斯兰教的利益和地位方面，政府给予了相应的法律倾斜。在新加坡，《伊斯兰教管理法案》（AMLA）[③] 是专为马来人社群管理而制定的一部法律，其中伊斯兰教事务主管部长（Minister - in - charge of Muslim Affairs）负责马来人的全面事务，下设新加坡伊斯兰教理事会，包括伊斯兰教法庭（Shariah Court）和伊斯兰教宗教司（Mufti），负责管理与伊斯兰教有关的事务，并管理包括清真寺和伊斯兰教婚姻（表1.4）在内的宗教和家庭事务。[④] 随着跨族群婚姻的增加，《伊斯兰教管理法案》的适用范围得到了一定程度的扩大。以宪法和法律为基础建构起来的国家规范制度体系成为各族群在政治、经济、文化以及社会等领域的有效制约机制，在国家至上的理

---

① “Second Reading of the Maintenance of Religious Harmony Amendment Bill 2019 - Wrap - up Speech by Mr K Shanmugam, Minister for Home Affairs and Minister for Law”, MHA, Oct. 7, 2019, https://www.mha.gov.sg/newsroom/in - parliament/parliamentary - speeches/news/second - reading - of - the - maintenance - of - religious - harmony - amendment - bill - 2019 - wrap - up - speech - by - mr - k - shanmugam - minister - for - home - affairs - and - minister - for - law.

② Eugene K. B. Tan, “Defeating the Scourge of Terrorism: How Soft Law Instruments in Singapore Can Develop Societal Trust and Promote Cooperative Norms”, *RSIS Papers*, Sept. /Oct. 2020, p. 1.

③ Singapore Statutes Online, “Administration of Muslim Law Act”, Singapore, 1st July 1968, http://sso.agc.gov.sg.

④ 多年来新加坡一直使用不同的法律来管理不同族群和宗教信仰的婚姻。1961 年新加坡颁布了《妇女宪章》，并于当年9 月15 日正式实施，如果婚姻双方都不是穆斯林，那么婚姻必须遵循这部法律。1967 年6 月宪章修正案更是明确了只有依照宪章登记的婚姻才被视为有效，并且根据宪章结婚的男子不能转而皈依伊斯兰教，更不具备声明自己拥有三个以上妻子的权利。穆斯林的婚姻主要接受1968 年7 月1 日生效的《伊斯兰教管理法案》的管理，该法案规定婚姻双方如果都是穆斯林就必须根据伊斯兰教法律结婚，如果有一方不是穆斯林，便可在《妇女宪章》与该法案之间选择。伊斯兰教法律允许一夫多妻制，只要丈夫能够给予各个妻子同等的待遇便可以迎娶最多四个妻子。参见苏瑞福《新加坡人口研究》，薛学了等译，厦门大学出版社 2009 年版，第104—107 页。关于新加坡穆斯林的一夫多妻制问题，笔者的一位新加坡朋友曾告诉笔者，他的朋友 A 虽然是华人，却因为拥有穆斯林的身份，所以娶了两位妻子。

念引领下，将不同族群的规范体系整合在国家规范之下，避免了因不同族群的价值规范凌驾于其他族群之上的可能，从而有利于不同族群之间的平等相处与和平共融，在国家层面有效地消解了不同行为体在规范维度的结构性张力。

20 世纪 80 年代中期，由于内外环境的变化，新加坡的部分宗教团体出现了干涉国内政治事务的现象，造成政府对族群与宗教事务的相对紧张情绪。在委托新加坡国立大学对全国的宗教情况进行调查评估后，政府意识到新加坡社会已经在信仰和价值规范等领域出现了真空，如果处理不好不仅会激发族群宗教矛盾，而且很可能会对国家政治发展造成不良影响。政府决定通过立法进一步巩固族群治理成果，化解族群与宗教矛盾和张力。除了 1990 年通过的《维护宗教和谐法令》之外，早在 1989 年 12 月，政府就发布了《宗教和谐白皮书》，并结合内政部的报告对宗教狂热可能造成的严重后果进行了详细解读。白皮书指出，宗教一直在新加坡社会中扮演着积极的角色，许多宗教团体为新加坡的教育、社区以及社会公益事业的发展做出了重要贡献，同时“宗教信仰为新加坡人提供了精神力量和道德指引”[①]。白皮书特别强调了新加坡国家的世俗性，重申了政教分离的建国原则，并指出“在多元宗教社会中，任何团体违背这一原则，最终必将导致混乱和冲突”。所以，在新加坡各族群民众不能以宗教身份来参与政治活动，宗教团体也禁止直接参与政治。白皮书的制定被视为 1990 年宗教和谐法令出台的先声。

“9・11”事件发生以后，面对“三股势力”全球性蔓延的态势，吴作栋总理提出了制定宗教和谐宣言的倡议。新加坡五大宗教团体与政府工作委员会在广泛征求各宗教社群以及公众意见的基础上制定的《宗教和谐宣言》（DRH）于 2003 年 7 月 20 日正式发布，政府要求在每年 7 月 21 日种族和谐日这一天诵读该宣言，以强化

① “Maintenance of Religious Harmony”, Presented to Parliament by Command of The President of the Republic of Singapore, Ordered by Parliament to lie upon the Table: 26 December 1989.

各族群民众对族群与宗教和谐的认识。宣言全文如下："我们同为新加坡人，谨此宣誓：宗教和谐是确保我们这个多元族群和多元宗教国家和平、进步与繁荣的关键。我们决心通过相互包容、信任、尊重和理解来强化宗教和谐。我们将永远承认新加坡国家的世俗性，提升社会凝聚力，尊重彼此的宗教信仰自由，以尊重多样性来增进共有空间，培植跨宗教的交流互动，确保宗教不会被滥用来制造冲突与不和谐。"① 在此宣言基础上成立的跨宗教和谐圈（IRHC）成为推行该规范的重要基层组织，吴作栋曾强调，设立族群互信圈的目的是通过各种有助于促进族群交往与沟通的方式来加深各族群以及宗教信徒间的感情，同时加强彼此的信心。② 后来该组织逐渐发展成为现在的族群与宗教互信圈③。

在不同宗教背景的族群交流中，教育是非常具有代表性的载体。在新加坡，除了普通的国民小学和中学之外，还有一些带有宗教背景和特色的学校，比如伊斯兰教综合大厦就设有伊斯兰教学校，佛教、天主教等都有多所属于本宗教的学校。圣约瑟书院就是在新加坡有着较大影响的天主教学校，虽然有着天主教背景，却吸引了来自各族群的学生，包括马来族的青年学生。2003 年书院的一名模范生就是马来族学生。在入学之初，他和他的家人都曾担心会不适应在天主教学校的学习和生活，但事实是他还成为了该校的模范生，对此他不无自豪地说："现在我很庆幸自己有机会在这所学校念书，虽然我在天主教环境里接受教育，宗教问题却从未困扰过我。"④ 教育往往是意识形态色彩最浓厚的领域之一，而有着不同宗

① "Declaration of Religious Harmony", Inter Racial Inter Religious Harmony Nite, http://irir.sg/wp-content/uploads/2019/07/4-Lang-Declaration.pdf.

② 《辅助区内 22 个"族群互信圈"，中区社区发展理事会将设种族和谐委员会》，《联合早报》2002 年 2 月 19 日。

③ 《培养年轻人领导能力，黄循财盼更多青年加入族群宗教互信圈》，《联合早报》2013 年 9 月 29 日。

④ 《总理国庆群众大会演讲：种族宗教和谐需要共同努力》，《联合早报》2009 年 8 月 17 日。

教背景的多个族群的学生在圣约瑟书院读书的现实也表明，虽然各族群与宗教都有不同的价值规范，但是在新加坡多元族群和多元宗教政策以及相关法律法规等国家规范的规约下，各族群与宗教之间基本实现了和谐共处，共存共融（表4.3）。

2. 多元世俗国家框架下的政教分离与宗教信仰自由

作为多元族群、多元宗教的社会，新加坡政府始终坚持多元族群的族群平等政策，并充分尊重不同族群的宗教信仰，1965 年 12 月尤索夫总统在国会演讲中表示，“新加坡将以更大的决心，实现多元族群、多元文化、多元宗教的容忍社会，这种政策将建立人人满意的社会，使原住民和英国殖民时期移民的人民同时感到满意”。[①] 要在如此多元的社会中推动多元国家建设，就必须确保对不同的宗教不偏不倚，要坚持国家的世俗属性，不能实行政教合一，所以 1966 年宪法委员会的报告中就明确指出新加坡是“民主的世俗国家”[②]。“这并不意味着宗教行为会被禁止或者宗教信仰不受鼓励，新加坡的世俗主义只是强调没有国教以及不会给予任何宗教和族群以特权”[③]，从而避免了因设立国教或者给予某宗教和族群以特权而造成族群不平等以至破坏社会和谐与稳定的结果出现。2003 年的《宗教和谐宣言》对此进行了更进一步的强化，即“我们将永远承认新加坡国家的世俗性，提升社会凝聚力，尊重彼此的宗教信仰自由，以尊重多样性来增进共有空间。”[④]

纵观人类历史，在多元族群或者多元宗教的社会，如果政府强制确立政教合一的体制，以某一种宗教为国教，置其他宗教于从属地位，往往会引发严重的族群和宗教冲突，造成社会动荡。李光耀

---

① 方军祥、李波：《族群和谐的新加坡》，《当代世界》2004 年第 7 期。

② “Report of the Constitutional Commission 1966”, Singapore: The Constitutional Commission, 27th August, 1966, p. 9.

③ Suzaina Kadir, “Islam, State and Society in Singapore”, in *Inter – Asia Cultural Studies*, Vol. 5, No. 3, 2004 p. 362.

④ “Declaration of Religious Harmony”, http://en. wikipedia. org/wiki/Declaration_ of_ Religious_ Harmony.

多次引用锡兰（斯里兰卡）的例子来告诫新加坡人，他认为班达拉奈克当选为锡兰总理以后确立佛教为国教、僧伽罗语为国语的政策就如“把魔鬼的大门打开，从此国家前途便断送了。那时候，要放弃佛教和僧伽罗语言，回到开始时完美的制度已经太迟了。”① 锡兰在此前是一个和谐安定的美丽国家，但是正是从班达拉奈克的改革开始逐步陷入了动荡的深渊。所以在新加坡独立之初，李光耀没有同意新加坡中华总商会主张将华文作为第一语言的提议②。他认为在新加坡这个由多国移民构成的多元族群、多元宗教移民社会，不论是以何种宗教为国教，都会引发其他族群和宗教团体的反弹，而如果以多数族群的母语为国语对于少数族群也不公平，且可能会遭到周边马来国家的猜忌和敌视。最终以李光耀为首的行动党政府确立了族群平等、不设国教、政教分离的多元族群、多元宗教和宗教信仰自由政策，并将最早定居新加坡的马来族群的母语马来语确定为国语。对比 2000 年、2010 年和 2015 年的人口数据不难发现（表 4.1、表 4.2、表 4.3），15 岁及以上的新加坡居民中，拥有宗教信仰的人数有八成以上，其中佛教、基督教和伊斯兰教所占的比例最高。不过随着新的信息时代的到来，新加坡居民人口中不信教人口的比例在逐渐升高，从 2000 年的 14.8% 到 2010 年的 17% 再到 2015 年的 18.5% 左右。其中，华族和其他族群的不信教人口比例上升最大，而马来族和印度族则相对较低，这在一定程度上也反映了不同族群对宗教的黏合度以及不同宗教对信众的影响力。当然，不信教的人并不一定反对宗教，也许他们“自己也不晓得应和哪个宗教认同，因此觉得自己不属于任何宗教信仰。”③

① 新加坡联合早报编：《李光耀 40 年政论选》，现代出版社 1994 年版，第206 页。

② See Han Fook Kwang, Zuraidah Ibrahim, Chua Mui Hoong, Lydia Lim, Ignatius Low, Rachel Lin, *Lee Kuan Yew: Hard Truths to Keep Singapore Going*, Singapore: Straits Times Press, 2011, p. 33.

③ 新加坡联合早报编：《李光耀 40 年政论选》，第 313 页。

表 4.3　　新加坡各族群的宗教信仰情况（2000 年、2010 年）　　（单位:%）

	总计		华族		马来族		印度族		其他族群	
	2000 年	2010 年	2000 年	2010 年	2000 年	2010 年	2000 年	2010 年	2000 年	2010 年
总计（15 岁及以上）	100.0	100.0	100.0	100.0	100.0	100.0	100.0	100.0	100.0	100.0
基督教	14.6	18.3	16.5	20.1	0.3	0.7	12.1	12.8	53.3	57.6
佛教/道教	51.0	44.2	64.4	57.4	0.1	0.2	0.7	0.8	13.9	20.8
佛教	42.5	33.3	53.6	43.0	0.1	0.2	0.7	0.8	13.7	20.2
道教	8.5	10.9	10.8	14.4	—	—	—	—	0.2	0.6
伊斯兰教	14.9	14.7	0.3	0.4	99.6	98.7	25.6	21.7	22.3	9.2
印度教	4.0	5.1	—	—	—	0.1	55.4	58.9	1.1	0.8
其他宗教	0.6	0.7	0.3	0.3	—	0.1	5.6	4.6	1.3	1.1
不信教	14.8	17.0	18.6	21.8	0.1	0.2	0.6	1.1	8.1	10.6

资料来源：新加坡统计局，http://www.singstat.gov.sg/publications/Publications_and_papers/cop2010/census_2010_release1/indicators.pdf。

这样的多元社会，设立国教的后果可想而知。最终，新加坡政府采取了温和的多元宗教政策，不同的宗教都在国家框架下平等发展，享受宪法和法律的保护。因为没有设立国教，所以在政教合一的国家中存在的宗教法高于国家法的情况并没有在新加坡出现。目前，在新加坡包容多元的宗教体系中，合法的宗教和教派都享有传教和根据教义开展活动的自由，不同族群的民众也有选择自己宗教信仰的自由，并且政府规定在求职与公共服务中不得存在宗教歧视，也不允许各宗教团体超越法律许可开展活动，避免影响宗教和族群团结以及危害国家安全的情况发生。20 世纪 80 年代中期，天主教团体曾通过散播政治宣传印刷品等形式批评政府在行政、立法和司法方面的问题，并表达了对其他宗教信众和族群的不同态度，政府对这种危害族群与宗教和谐的行为进行了严厉的打击。不过针对宗教可以引导信众向善的积极作用方面，政府也给予了肯定。李光耀就曾说：“与其什么都不相信，不如有个宗教信仰，一个虔诚的穆斯林或印度教徒，总比一个无所作为的无神论者可靠。”[①] 因为，“一切宗教的教义都在于要达到人类所追求的最美好的理念——仁爱、礼貌、慈悲和包容，它们不仅有助于促进人类灵魂的升华，而且有助于推动社会整体幸福的实现。”[②] 1989 年发布的宗教和谐白皮书也曾指出，长期以来新加坡的宗教团体为国家和社会发展做出了积极贡献，“宗教信仰为新加坡人提供了精神力量和道德指引”[③]。

但是，这并不意味着宗教可以越界干预政治与社会发展。多元宗教与多元族群国家中，一旦政治与宗教合体便会使两者互为工具，当宗教掌握了政治权力也有让权力失控的可能，如果这样宗教便很容易成为族际冲突和宗教矛盾的温床。新加坡建国前的部分政党因其明显的宗教属性而使族群动员极具煽动性，最终酿成多次族群暴乱。所以，新加坡建国以后一直强调政教分离的必要性。1988 年 12 月 13 日，李光耀在新加坡佛教总会开戒典礼上畅谈宗教宽容对维系多元族群社会和谐的重要意义：“宗教是一个民族文化中最重要的一环，它教导信徒们道德价值和规范，也照顾信徒们的精神，道德和社会福利。但是，宗教团体必须把人民的经济和政治需要留给非宗教团体，如政党，去处理。……一旦人民基于对宗教的虔诚而在社会经济问题上被动员起来，结果对大家都没有好处。”[④] 一旦“宗教教义与相关的政治运动结合，就会造成正常世俗性的政治冲突转变成为宗教冲突。所以应该提防这种危险，防止别有用心的政客利用宗教感情在政治上博取民心。”[⑤]

鉴于宗教领袖在关涉宗教与族群事务领域的号召力，政府特别强调所有的“宗教领袖和宗教信徒都应该自行约束，不要以宗教作

---

① 曹云华：《新加坡的精神文明》，广东人民出版社 1992 年版，第 161 页。

② Alex Josey, *Lee Kuan Yew*, Singapore: Asia Pacific Press, 1968, p. 122.

③ “Maintenance of Religious Harmony”, Presented to Parliament by Command of The President of the Republic of Singapore, Ordered by Parliament to lie upon the Table: 26 December 1989.

④ 新加坡联合早报编：《李光耀 40 年政论选》，现代出版社 1994 年版，第313 页。

⑤ Alex Josey, *Lee Kuan Yew*, Singapore: Asia Pacific Press, 1968, p. 122.

为掩护去助长任何政党或政治目标。宗教领袖不应该煽动他的信徒去反对、非难或积极抗拒政府非宗教的政策，他们更不应该动员信徒或宗教团体的力量，去进行颠覆活动。”[①] 不论这些行为体的目的是宗教属性的还是有着政治含义，将政治与宗教掺杂在一起的言论和行为都是非法的。在新加坡的政教关系中，政治与宗教领域的团体和领袖各司其职。宗教负责国民的道德提升与精神信仰，而政治则负责国家的运转与社会改革，双方共同履行推动社会和谐与发展的职能，这也是新加坡独立半个多世纪以来能持续保持宗教和谐与政治稳定的重要前提。但是在事关国家发展尤其是有关宗教与族群议题时，政府会组织全国各宗教领袖参与协商，从多元化的立场来寻求最佳的发展方案。如今，政府已经形成了与宗教领袖就相关敏感议题闭门磋商的惯例，但是随着国会中反对党力量的壮大，自2019年以来，马来族的工人党议员莫哈默·费沙就多次要求政府要公开闭门磋商的过程，或者让反对党也有机会参与进来，这一诉求在多次国会辩论中都有所涉及，但是并未得到人民行动党政府的同意。

在2019年10月的国会辩论中，费沙还曾提出尽管他认为不应该利用宗教获得政治优势，但是他并不完全同意宗教要与政治分离的原则。这一观点遭到了内政部长兼律政部长尚穆根的立即反驳，而工人党党魁毕丹星和其他一些议员也对此表示了惊讶，最终在多名国会议员对该言论的密切关注下，费沙承认宗教必须与政治分离。[②] 这场引发朝野广泛关注的辩论一方面凸显了政教分离原则在新加坡政治生活中的不容挑战地位，另一方面也暴露出不同族群对政教分离原则的不同看法，如果反对党为了反对而反对，将宗教和族群议题与政党政治结合起来则极易在政治情境中被关注并放大，

---

① 金湘：《腾飞的东盟六国》，时事出版社1995年版，第172页。

② “Parliament：K. Shanmugam，WP's Faisal face off over separation of religion from politics”，*The StraitsTimes*，https：//www. straitstimes. com/politics/minister - wps - faisal - face - off - over - separation - of - religion - from - politics.

即使是在如今新加坡的族群治理已经取得巨大成功的前提下。

为此，在新加坡的族群关系以及国家与社会发展中就要“确保宗教政治分开，推崇多元种族路线，绝不玩种族政治。……因为种族和宗教课题往往能轻易被有政治企图的人利用，引起社会分裂。将宗教和政治分开，并提倡多元种族而非种族政治，将鼓励那些有政治理想的人在思考国家政策时，让新加坡人的生活始终带有多元种族的特色。……我们不去强调彼此的差异，而是更珍惜我们的共同点。我们共有的经历，形塑了共同的观点，将我们凝聚成一个社会，打磨出同一个民族共有的集体意识。……最终形成以国家利益而不是狭隘的族群利益为出发点的首要考量。”①

二　治理的族群层面：族群和谐与包容的宗教规范推动

2016 年 9 月 27 日，新加坡南洋孔教会第 33 届董事会引进两位非华族董事，分别是马来族的耶亚华（Jaffar Bin Kassim）和印度族的拉维·沙尔玛（Ravi Sarma）。两人皆通晓华文，耶亚华毕业于南洋大学，而曾经在中国生活多年的拉维·沙尔玛，讲一口京片子。②这是南洋孔教会推动儒家与多元文化相融合的新努力，也是新加坡族群和谐进程的重要组成部分。在南洋孔教会的会员里，除了华族人士之外，还有印度族、马来族、穆斯林、基督教徒、天主教徒以及来自美国的外籍教授等，充分凸显了新加坡社会的多元性与新加坡国内宗教社群的包容性。作为目前南洋孔教会唯一的一位马来族董事，耶亚华于 1943 年 8 月 13 日出生在新加坡东北部的德光岛，父亲是本地人，母亲来自印度尼西亚。耶亚华的父亲看到了华人因重视教育而取得的重要成绩，就决定让耶亚华在小学阶段就转入了华校，小学毕业时耶亚华就已经深深爱上了华文。中学阶段升学到新加坡岛内的华文中学——黄埔中学，并在中学毕业时以优异成绩

① The CEP, *The CEP Journey 2013*, Singapore: Singapore United, 2013, pp. 7 - 8.

② 谢燕燕：《南洋孔教会 庆祝新会所落成》，《联合早报》2016 年 9 月 28 日。

考入南洋大学中文系，成为南大第一位马来族学生。在大学毕业以后，耶亚华就进入新加坡伊斯兰教理事会（MUIS）工作长达25年。[①]

由于热爱华人文化，且对华人和马来人社会都有深刻的了解和感情，所以几十年来耶亚华在两大社群之间的沟通交流方面扮演了积极的桥梁作用。笔者在2017年9月3日参加了由南洋孔教会主办的“儒家与伊斯兰教”系列讲座第三讲。耶亚华以“从伦理价值观分析儒家思想和伊斯兰教”为题从六个方面论证了儒家思想和伊斯兰教义在伦理价值观方面的相通性，并希望能够促进穆斯林与儒家社会之间的理解和认知，增强社会的凝聚力，为新加坡和谐优雅社会建设奠定良好的基础。而作为当次活动的主宾，时任新加坡贸工部兼文化、社区及青年部高级政务部长沈颖在致辞中也强调了新加坡作为一个多元种族和宗教社会，增进各宗教社群之间的相互了解和尊重意义重大。[②] 对于文化交流和推广华人文化，耶亚华可谓不遗余力。2005年他就创办了耶林语文与咨询中心，为学生和成人辅导华文、马来文和阿拉伯文课程，并且与清真寺合作开展华文补习班，主要教授华语基础语法、华语对话、历史文化等，学员群体涵盖了从18岁到60岁的各行各业的新加坡人，甚至一度因为教堂场地有限而无法容纳所有报名者。[③] 当然，耶亚华并没有忘记马来语文与马来文化，他说：“不管我讲什么话，我还是马来人。身为一个马来人，我觉得很自豪！我只有一张脸，不能够把我的脸换掉。我觉得文化价值就等于我们的生命和我们的价值。认识自己的

---

① ［马来西亚］利亮时：《一个消失的聚落：重构新加坡德光岛走过的历史道路》，新加坡国立大学中文系、八方文化2009年版，第46页。

② 2017年9月3日下午2点，新加坡南洋孔教会在新加坡富丽华城市中心酒店五楼举办了“儒家与伊斯兰教”系列讲座第三讲。讲座系统通过在学术和社会层面对儒学和伊斯兰教关系的解读与探讨，让更多非穆斯林民众更好地认识伊斯兰教，认清恐怖主义与真正的伊斯兰交易之间的区别，以推动新加坡多元族群与多元宗教之间的和谐共融。笔者全程参加了本次活动，并与耶亚华先生就新加坡的族群治理问题进行了深入的交流。

③ 参见［马来西亚］利亮时《一个消失的聚落：重构新加坡德光岛走过的历史道路》，新加坡国立大学中文系、八方文化2009年版，第47页。

根，就等于认识自己。”[①] 也正是基于此，他积极推动马来社群与华人社群的沟通，搭建起跨族群的桥梁，成为新加坡族群和谐与跨族群交流的符号性人物。

这一成绩的取得与各宗教和族群团体的积极努力密不可分。在国家与政府的引导下，新加坡的宗教自治机构通过自身的积极努力，将宗教矛盾、族群矛盾等存在于族群层面的规范张力尽可能地消融在族群层面，不会因为族群或者宗教价值体系之间以及族群或宗教与国家价值规范体系之间的歧异而产生族际冲突，引发社会动荡。最终通过在族群层面族群与宗教团体的治理实践基本实现了将宗教价值体系与族群规范和国家规范体系的对接与协同，很好地化解了族群之间的张力，有力地提升了社会凝聚力和宗教与族群之间的和谐。也正是因为“新加坡的种族与宗教和谐所造就的社会稳定、凝聚力与安全为新加坡应对后‘9·11’时代的恐怖主义和宗教极端主义提供了坚实的基础”。[②]

1. 宗教自治推动族群和谐的实现

“宗教是一种一体分享的经验，是一种能把个人与其他人连成一体的共同资产。”[③] 新加坡独立建国以后，希望通过更好地整合宗教的力量，使其为国家与社会的稳定以及族群和谐做出贡献。为此，李光耀曾指出：“尽管我们有许多不同的宗教，但要努力使新加坡成为更加包容与和谐的国家。”[④] 根据新加坡宪法和其他涉及宗教的法律的规定，新加坡不同的宗教团体都可以开办学校、印行出版物以及组织公众集会和倡议社会公益事业等。如前文所述由天主

---

① ［新加坡］陈玉萍：《盲目的爱情：非华族热爱中华文化的故事》，新加坡创意圈出版社2004年版，方桂香“序”。

② Eugene K. B. Tan, “Defeating the Scourge of Terrorism: How Soft Law Instruments in Singapore Can Develop Societal Trust and Promote Cooperative Norms”, *RSIS Papers*, Sept. /Oct. 2020, p. 11 – 12.

③ ［美］哈洛德·伊萨克：《族群》，邓伯宸译，立绪文化2004年版，第216页。

④ Khun Eng Kuak, “Maintaining Etho – Religion Harmony in Singapore”, in *Journal of Contemporary Asia*, 1998, No. 3, p. 106.

教所主办的圣约瑟书院，不仅接收天主教信众入读，也吸纳来自其他宗教社群的优秀学子，培养不同宗教之间的和谐价值观，推动族群和谐与团结。目前，基督教成立的学校为最多，除了神学院之外，还办有较多的中小学、幼儿园等。由伊斯兰教团体所主办的伊斯兰教学校也旨在通过教育来传播善念，维系族群和谐，正确解读古兰经和伊斯兰教教义，尽量避免信众的"自我激化"。伊斯兰教团体曾明确指出，"在穆斯林社群以及古兰经和圣训所训诫的原则和价值观的指导下，我们需要确认在现代世界中赋予一个成功的穆斯林社群的相关属性。"① 但是，现实压力也在不断地提升，李显龙曾指出，新加坡"无法免于恐怖主义的危害。内部安全局每隔一两个月，都会拘留一名或两名自我激进化新加坡人。他们并非穷困潦倒的人，也不是来自中东。他们在新加坡土生土长，上过政府学校。不过，他们还是自我激进化。他们以男性居多，但也有一些是年轻女性。他们想要加入叙利亚武装分子的行列，在新加坡执行暴力攻击行动。"②

相关数据显示，最近几年以来新加坡自我激化的群体在不同的宗教和族群中皆有发生。自 2015 年以来，有 32 名激进化的新加坡人在内安法令下被捕。其中一人是受极端主义影响计划在新加坡袭击清真寺的 16 岁印度裔新教徒，他出于对伊斯兰教的强烈反感和对暴力的迷恋，陷入自我激化，并策划准备对他住所附近的两座清真寺实施恐怖袭击，计划泄露后在 2020 年 12 月被采取强制措施。③案件公布以后，新加坡基督教全国教会理事会特别指出基督社群与穆斯林社群之间没有任何敌意，两者是和谐共存的；新加坡伊斯兰教理事会发文指出恐怖袭击与暴力行为在任何宗教中都不能容忍。

① Office of the Mufti Majlis Ugama Islam Singapura, *Risalah for Building a Singapore Muslim Community of Excellence*, Singapore: Majlis Ugama Islam Singapore, 2006, p. iii.

② 李显龙：《种族、多元种族及新加坡在世界上的地位》（http://www.zaobao.com/zopinions/views/story20171004－800306）。

③《尚穆根：安保风险逐渐增加 一些宗教场所或须加强保安措施》，《联合早报》2021 年 3 月 11 日。

时任主管伊斯兰教事务的社会及家庭发展部长兼卫生部第二部长马善高针对新加坡在近年来出现的青年自我激化问题指出，作为一个多元种族、多元宗教的国家，新加坡为建立坚实的社会凝聚力做出了很大的努力，因此绝对不能让激进分子分裂国家。他强调说："被激进化的个人只需要突破我们的警戒线一次，就会对我们的社会造成伤害……我们必须继续保持警惕，团结一致，并致力于保障我们的亲人、社群和国家的安全。"① 并且表示，恐怖主义不与任何宗教挂钩，是个别行为体以宗教为名，采取激进的行为。新加坡人应该不分种族、宗教和年龄，团结一致打击制造社会分裂和不信任的恐怖主义行为。

目前佛教、基督教、伊斯兰教、道教和印度教是新加坡影响力最大的宗教社群。各宗教都有属于本宗教的自治机构来管理，这些自治机构在政府的协调下管理本宗教事务，同时也推动跨宗教交流，维护宗教和谐与社会稳定。佛教教徒主要是华人，新加坡的佛教糅合了儒、道以及民间宗教等形式，尤其是近年来随着社会发展以及跨文明交流的推进，新加坡的佛教不论在形式和内容上都具有了更多新的特点，形成了独具新加坡特色的佛教形式。负责管理新加坡佛教的自治机构主要有新加坡佛教总会、新加坡佛教青年联合会等。道教主要信仰妈祖、关帝、大伯公等，其中妈祖信众最多，以天福宫为代表。新加坡道教和其他民间宗教的交集更多，目前主要由新加坡道教总会等机构来管理，道教总会会长陈添来道长是现任新加坡宗教联谊会主席。伊斯兰教主要是马来人的宗教，但是并非所有的穆斯林都是马来人，印度族、华族以及其他族群的民众也有部分穆斯林。新加坡伊斯兰教理事会具体负责管理该国的伊斯兰教事务，并在政府中设立伊斯兰教事务主管部长，由内阁中的马来族部长兼任。2020 年以来面对新冠疫情的冲击，新加坡伊斯兰教理

① 《马善高：应保持冷静 全国齐心抗击自我激进化危害》，《联合早报》2021 年 3 月 11 日。

事会在穆斯林社群需要宗教指引时及时地发布信息，展现宗教领导的果断与团结。[①] 印度教的信徒主要是来自印度族，管理印度教的组织主要有印度教咨询委员会等。以上四大宗教基本都是依托特定的族群，有明显的族群属性，比如佛教主要是华族，伊斯兰教主要是马来族，而印度教则主要是印度族。基督教则与其他宗教有着明显的不同，该宗教是新加坡覆盖所有族群的宗教信仰，不同的族群皆有相当比例的信众，其中以华人居多，是典型的跨族群宗教。而在跨族群交往的时候，一些细节往往会被炒作成宗教课题。1991 年大选中输掉武吉甘柏区的薛爱美博士曾被指为是在选区拜票时与鱼贩握手后洗手而导致丢票，不过在 2009 年薛爱美对媒体澄清时指出，当时其实是在和猪肉商贩握手后才去洗手，因为她接下来要走访穆斯林选民，担心会冒犯到穆斯林的宗教信仰。[②] 多元的宗教布局与族群关系相联系，一些小细节也会造成大问题，如果不能有效地化解宗教问题，不可避免地会增大族群之间的张力，从而对国内的安定团结与社会稳定产生重要影响。

1949 年 3 月 18 日，面对战后日益多元的族群与宗教关系，为了更好地引导新加坡的宗教与族群和谐相处，为新加坡的多元共融社会建设贡献力量，新加坡跨宗教的协同组织“新加坡宗教联谊会”（Inter－Religious Organisation Singapore）应运而生。[③] 该组织旨在推动不同宗教信仰者之间的融洽和了解，促进新加坡的宗教与族群和谐，目前联谊会主要由新加坡本地十大宗教（印度教、犹太教、祆教、佛教、道教、基督教/天主教、伊斯兰教、锡克教、耆那教和巴哈依教）组成。联谊会成立以来积极与政府合作推动不同族群与宗教之间的共存共融，通过宗教的正向引导作用来拓展跨族

---

① 《马善高回应妇女戴头巾课题：须理解工作场所维护世俗立场》，《联合早报》2021 年 3 月 9 日。

② Han Fook Kwang，Zuraidah Ibrahim，Chua Mui Hoong，Lydia Lim，Ignatius Low，Rachel Lin，*Lee Kuan Yew*：*Hard Truths to Keep Singapore Going*，Singapore：Straits Times Press，2011，p. 96.

③ “A Brief History of IRO”，IRO，https：//iro. sg/history.

群的交流。跨族群的宗教信仰在每年新加坡统计局的数据统计中都有所体现，具体案例方面也有一些非常有意思的现象。2017 年中元节期间笔者在新加坡进行田野调查时，就曾目睹印度族的新加坡人焚烧纸钱给祖先的现象。在与当事人交流时，对方表示他们是受到华人邻居的影响，已经在中元节祭奠祖先快十年了，他们认为通过这种方式纪念祖先是一种很有意义的信仰。他们告诉笔者，像他们一样的非华族新加坡人信仰佛教、道教以及遵从华人民间习俗的还有很多。这一现象在一个侧面也体现了新加坡各族群之间在宗教信仰方面的包容性和开放性。

2019 年 3 月 18 日，在庆祝新加坡宗教联谊会成立 70 周年的系列活动中，荣誉国务资政吴作栋就表示："宗教的多样性通常会在个人、社区和国家层面造成分歧和冲突，但是新加坡却通过在所有层面的努力使宗教多样性转化成了新加坡的力量。新加坡的基本宗旨或者'宗教'就是不论种族、语言或者宗教都应该在'新加坡人'的框架下相互尊重。宗教联谊会工作的意义就在于此。"① 而在 2014 年新加坡宗教联谊会成立 65 周年庆典上时任宗教联谊会主席马力肯（Noor Mohamed Marican）也指出："对我们来说，挑战就是随着人口的增长以及互联网的发展，人们要么不明白，要么制造麻烦，甚至有些人不喜欢太大的人口规模，或者多样性的文化进入新加坡。……我们通过宗教来教导人们……我们希望面对这些挑战因为我们拥有很多熟悉不同信仰的博学之士。理解自己的宗教并不难，关键是要理解如何在多元宗教社会中和谐地生活在一起。"② 他同时指出，目前新加坡本地跨宗教纠纷有上升趋势，所以联谊会在未来要继续扮演更积极的角色，让宗教的规范与国家价值体系更好

---

① "Harmony of Faiths Singapore Exhibition Showcases The History of Religious Harmony from Pre – Independence", IRO, https://iro.sg/press – release/harmony – of – faiths – singapore – exhibition – showcases – the – history – of – religious – harmony – from – pre – independence.

② "New technologies pose opportunities & challenges for inter – faith understanding", Channel NewsAsia, 18 March, 2014, http://www.channelnewsasia.com/news/singapore/new – technologies – pose/1039838.html.

地协同而不是冲突。而政府针对地区化和国际化倾向日趋明显的一些极端行为，也始终坚持不论族群和宗教归属坚决打击极端分子的决心，李显龙在2017年的一次演讲中就明确表态：“我们严厉对付极端主义分子——无论是华文沙文主义者或马来族、印度族、兴都教极端分子。因为我们必须让他们了解，这是新加坡社会，当任何种族主义者想尝试煽动对其他种族的情绪，这就是新加坡的回应方式。”①

2. 族群与国家互动中的价值规范调适

在新加坡各族群中，马来族因为特定的伊斯兰教信仰，所以在国家的政治与社会生活中，因宗教教义与族群规范而引发的族群与国家之间的分歧曾经多次出现。其中典型的一个案例就是马来头巾风波。2002年1月四名马来族小学女生的家长们让自己的女儿在入小学时佩戴伊斯兰教头巾而引发社会争论，因为此举违反了新加坡教育部关于学生正常上课期间不允许穿戴头巾的规定。孩子们的父母辩解称《伊斯兰教管理法案》要求女性着装要庄重，其中就包括要佩戴头巾。教育部回应称允许个体改变公立学校的服饰规则将会破坏性格形成期的学生在公众的空间里的互动，产生异类感，而这些互动被视为新加坡多元文化背景下非常重要的交流活动。此外，改变学校制服的行为将被视为对通用着装原则的违背。最终，一名女孩从学校退学，而其他三名在进入学校五周以后被延缓入学。这一事件的发生很大程度上是本地一家网站的蛊惑，该网站以反政府的基调鼓动新加坡的马来人要做积极维护自身宗教权利的战士。这是一起族群和宗教议题被政治化的典型案例。

马来女生的头巾风波也再次说明，每个族群都有自己的空间，在这个空间里每个族群都有信奉宗教和文化的自由，同时以学校为代表的共同空间是让所有新加坡人互相交流的空间，这个空间不应

---

①　李显龙：《种族、多元种族及新加坡在世界上的地位》（http：//www. zaobao. com/zopinions/views/story20171004－800306）。

该以彰显个人的宗教和族群信仰为特色，也不能缩小。这是维持族群之间良性互动与和谐的基本底线。在新加坡这个“多元种族和多元宗教的社会……必须重新学习如何迁就和体谅其他种族。”[①] 2013年10月一名理工学院的华文老师在一个论坛上提问指出伊斯兰教护士不能戴头巾的问题，在新加坡本土社会再次就宗教习俗与国家规范的关系问题引发热议。彼时负责伊斯兰教事务的通信及新闻部长雅国就此问题指出，“本地伊斯兰教女性平时都有戴头巾的自由，即使在国会也不例外，雇主们也灵活对待需要遵守某些特定宗教习俗的雇员，并确保雇员不会因为戴头巾而受到不公平待遇。不过，有些职业必须穿制服，很难因宗教因素而改变制服，因此无法允许职员戴头巾。”[②] 在新加坡这样的多元社会，不同的族群之间应该平衡各自的诉求，以温和、克制和相互包容的态度处理族际关系，不能将本族群的规范强加于其他族群，更不能将族群规范凌驾于国家规范之上。最终，这场由网络发起的“新加坡头巾运动”（Singapore Hijab Movement）也随着页面在面簿的撤下而得以平息。但是由此带来的对于新加坡族群政治以及族群与国家规范关系的思考并不会停止。在新加坡“一个人既能做一名好穆斯林，也能做一名好公民”。[③] 为此，政府呼吁各族群的公众“在坚持信仰的同时也尊重世俗的国家政策，守护与其他宗教群体的共同空间。……理解政府必须在工作场所维护世俗的立场，确保政策一视同仁且不偏向任何一个宗教群体。”[④]

2020年8月以来，信仰伊斯兰教的妇女佩戴头巾问题又多次被反对党议员利用作为攻击政府政策的工具，政府相关部长在国会辩

① 《林文兴：尽管政府力促种族和谐，文化和宗教差异随时会成导火线》，《联合早报》2002年2月17日。

② 参见雅国的面簿页面 https：//www. facebook. com/yaacobibrahim。

③ 《总理感谢雅国 引领马来伊斯兰教社群融合与发展任重道远》，（http：//www. zaobao. com/realtime/singapore/story20180427 – 854325）

④ 《总理感谢雅国 引领马来伊斯兰教社群融合与发展任重道远》，（http：//www. zaobao. com/realtime/singapore/story20180427 – 854325）。

论中也给予了谨慎回应和深度解释。[①] 该课题源自部分议员对马来族女性在商场、医院等服务场所是否戴头巾的质疑。[②] 长久以来新加坡关涉穆斯林社群的诸多事务都由内阁部长与伊斯兰教的相关宗教领袖进行闭门磋商来提出解决方案。2021 年 3 月国会辩论时，主管伊斯兰教事务的社会及家庭发展部长兼卫生部第二部长马善高指出，马来族的工人党议员莫哈默·费沙多次在国会提起头巾议题，是希望对政府施压，且打破了以往的惯例。马善高认为在新加坡提供社会服务（护士、警队等）的公共行业，穿制服是平等的象征，也不会凸显从业者的种族与宗教身份。如果允许女性护士或者警员戴头巾，则有可能会造成不必要的困扰。尚穆根在 3 月 23 日通报与穆斯林社群的对话结果时，再次指出，新加坡政府在做出相应的改变前会先征询有关社群的意见，总理也会与伊斯兰教的宗教领袖和穆斯林社群进行会谈。不过政府充分理解提起这一课题的群体的考虑和诉求。[③] 截至 2021 年 3 月 24 日，关于“护士工作时是否可以戴头巾”的课题政府尚未给出最终的解决方案。而工人党的马来族议员在国会反复提起这一课题，一方面凸显了马来穆斯林社群在宗教习俗与规范方面的相关诉求在上升，但触及了新加坡长期以来所形成的惯例和传统，另一方面内阁部长的表态也意味着新加坡将在未来对头巾问题以及相近的课题可能会对穆斯林社群的诉求做出一定的让步。头巾风波只是少数族群或者宗教社群表达族群和宗教意愿的一个方式，体现了存在于族群规范与国家规范之间的张力，是否可以成功合理地解决，对未来新加坡的族群关系以及世俗社会

---

① 《马善高回应妇女戴头巾课题：须理解工作场所维护世俗立场》，《联合早报》2021 年 3 月 9 日。

② “Religious attire should be allowed at workplaces where possible：Zaqy Mohamad”, *The Straits Times*, *AUG 19*, 2020, https：//www. straitstimes. com/singapore/religious – attire – should – be – allowed – at – workplaces – where – possible – zaqy – mohamad.

③ “Muslim leaders told last August that position on nurses wearing tudung under review, likely to change：Shanmugam”, *The Straits Times*, *MAR 24*, 2021, https：//www. straitstimes. com/singapore/muslim – leaders – told – last – august – that – position – on – nurses – wearing – tudung – under – review – likely.

发展将产生何种影响，还有待观察。

其实，马来族群女性佩戴头巾的问题之所以被反复提及，并成为国会辩论的重要课题，根源还在于这个宗教习惯所关涉的族群规范与国家规范之间关系的定位问题。第一，这一争论涉及对宗教教义和规范的解读。马来人的族群性在传统上与两种特征相关——惯例以及宗教仪式。而头巾是伊斯兰教对女性着装的基本要求，所以在是否佩戴头巾的问题上将可能产生深刻的情感碰撞。第二，马来人是新加坡人数最多的少数族群，政府在该事件上的反应对于多元族群社会来说政治意义大于实际内容，因为这事关国家对待少数族群权利与规范的态度。第三，头巾事件的发生表面是宗教习俗问题，实质是特定族群的个体对重新排列新加坡国家与族群关系的一种试探，以及对上位国家规范的挑战。第四，马来社群、穆斯林群体对此事件的反应对于新加坡教育系统的学校规范、国家治理等领域来说传达了族群关系发展的新信息，同时马来族群的跨界民族属性让新加坡因为此事件而在处理与邻国关系时面临较大的压力。时任马来西亚外长赛哈密就曾表示马来西亚政府不能阻止人民对新加坡不允许穆斯林女学生戴头巾上课的事发表评论。但是，新加坡政府认为“新加坡的种族和宗教关系是由新加坡人自己决定，不是外国人”。①

当然，在这一事件中反对党议员也指出，新加坡人多年来已习惯伊斯兰教女性在工作场所戴头巾，各族群之间也一直保持着良好关系，“这将决定各族群是否可在一个更具包容与尊重的环境中，追随自己的信仰”。② 并以锡克族男生可以佩戴头巾上学为例提出质疑，政府答复锡克族的这一习俗是自母国携带而来，自殖民时代持续至今，穆斯林社群的这一习俗并不同于锡克族同胞。在一系列事件发生后，李显龙明确强调不允许种族政治在新加坡出现：“种族

① 《外长赛哈密：马政府不能阻止人民评论“头巾风波”》，《联合早报》2002 年 2 月 19 日。

② 《就职场戴头巾课题，两反对党发表看法》，《联合早报》2013 年 11 月 8 日。

和宗教依然是两股强大的力量，新加坡在扩大共同空间时，也面对个别族群争取各自空间的对立情况。……执政的行动党不会强迫人民遵循单一文化，但也绝不会让一些其他国家的顽疾例如种族紧张关系和种族政治，在新加坡出现。”①

规范维度的族群治理离不开宗教的精神支撑和道义支持，而宗教团体以及信众也同样要将本宗教和本族群的价值规范与其他族群或宗教的价值规范协同起来，在包容互信的基础上建立起和谐的族际关系，建立起对上位的国家规范体系的认同与遵守。早在1966年，李光耀在淡米尔伊斯兰教协会组织的一次研讨会上就曾对伊斯兰教团体在宗教事务中的作用表达过他的观点，“伊斯兰教团体的使命就是通过一种既符合伊斯兰教信众利益又符合国家利益的方式来阐释伊斯兰教的教义教规。”② 宗教教义本质上来讲大多都是积极向善的，如何引导与规范是宗教自身在发展中必须积极面对和解决的问题，新加坡政府在不干预宗教正常发展的情况下，鼓励多元共同体之间的交流，逐渐建构起多元族群与多元宗教和谐的包容的价值规范体系。其中非常有代表性的就是坐落在新加坡罗央大道的洛阳大伯公宫，这是新加坡著名的道教宫观，除了建筑风格糅合了华族、马来族和印度族的多元风格以外，宫观内还供奉了道教、佛教和印度教三教的神明，成为新加坡宗教与族群和谐的典型代表，李显龙在新加坡宗教联谊会成立70周年庆典的演讲中特别提到了洛阳大伯公宫这一代表性案例。③

三　治理的社区层面：家庭为根的价值规范塑造

李显龙在2009年的新加坡国庆群众大会华语演讲中曾讲过一

---

① 《李总理：不容种族政治在我国出现》，《联合早报》2013年12月9日。

② Khun Eng Kuak, “Maintaining Etho – Religion Harmony in Singapore”, in *Journal of Contemporary Asia*, 1998, No. 3, p. 105.

③ “Speech by PM Lee Hsien Loong at the Inter – Religious Organisation’s 70th anniversary gala dinner on 26 August 2019”, PMO, https://www.pmo.gov.sg/Newsroom/PM – Lee – Hsien – Loong – IRO – 70th – anniversary – gala – dinner.

件发生在华族和马来族家庭之间因为习俗不同而产生歧见，但是最终在议员和基层领袖的调解下马来族家庭顾全大局首先让步使问题解决从而避免了族群矛盾激化的案例：

> 有一名华族老婆婆去世了，她家人打算在隔壁组屋底层办丧事。他们还没有得到市镇理事会的许可，还没有申请批准，就开始布置灵堂。不幸地，那个地方已经被一户马来族家庭预订了，作为举行婚礼的场所。马来家庭已经获得市镇理事会的批准，请柬也都发出去了，现在婚礼的场地突然被人家霸占掉了，被人“捷足先登”，马来家庭当然觉得很不高兴。
>
> 市镇理事会出面调解这个问题，劝请这户华族家庭把丧事移到另一个地方举行，但是华族家庭不愿意配合。他们认为，虽然灵柩还没运到，不过灵堂已经设置好了，拆下来会带来霉运，这就出现了问题。显然理亏的是华族家庭，可是华族家庭不愿意搬。幸好经过议员和基层领袖的调解，那户马来族家庭大方地同意将婚礼移到附近的组屋底层举行。市镇理事会也为了向他们表示感激，让他们免费使用场地，并且帮助他们在组屋附近张贴告示，让参加婚礼的宾客知道地点已经改变了。
>
> ……这起事件得以解决，是因为那户马来族家庭让步。所谓“退一步海阔天空”。这充分说明了新加坡人够成熟，能够顾全大局。在另一个国家，在另一种情况下，类似的事件很容易演变成两个族群之间的冲突，或者成为暴力冲突。所以，和谐融洽的种族关系，值得我们庆幸，更值得我们珍惜，而不应被大家认为是理所当然的。[①]

这样的例子在不同族群交错杂居的同一个组屋区并不罕见，多

---

① 《总理群众大会华语演讲》，新加坡总理公署网站（http：//www. pmo. gov. sg/content/pmosite/mediacentre/speechesninterviews/primeminister/2009/August/national_ day_ rallyspeech2009chinese. html）。

元化的生活习俗与文化传统难免会产生碰撞，即使是日常生活中的小事情，但是如果处理不当就“很容易演变成两个族群之间的冲突，或者成为暴力冲突”，毕竟 20 世纪 60 年代初的那段历史依然历历在目，而如果协调好了则会成为这个多元族群社会增进族群和谐实现多元共融的佳话。这一事件没有重复半个多世纪前一触即发的族群冲突悲剧，凸显了各族群之间的张力已经被包容互助、和谐共融的精神所弱化，多元族群社会中“要维持社会和谐，各族群必须懂得相互谅解和体恤，并以大局为重，而不是单单照顾自己的利益。这样的态度可把各族群之间的纠纷减到最低，维持社会和谐安宁。”[①] 笔者在新加坡期间，充分感受到社区内部各族群的多元文化以及价值规范体系，同时也看到了各族群大多已经将平等包容的基因深深地植入了本族群的成长记忆中，比如马来族群、印度族群的邻居也不会因为自己的华族邻居每天拜拜或者悬挂节庆装饰占用了楼道公共空间而勃然大怒，华人也能接受自己的印度族邻居天天煮咖喱的刺鼻气味，等等。另外，也充分反映了新加坡基层社区在族群治理中的有效作用，以人协为核心的完善的基层组织体系已经基本构建起系统的族群治理基层结构，成为新加坡族群和谐的重要纽带和节点。

而在价值规范领域，对家庭的注重则成为新加坡社区族群关系发展中的重要一环。2014 年元旦，时任新加坡社会及家庭发展部长兼国防部第二部长陈振声在一项社区活动上就特别强调了家庭在国家和社会发展中的作用：“社会无论如何发展，人们都会以家为中心，而家庭也是国家和社会的基石。今年是国际家庭年，我们将联合人民协会及其他工作伙伴，一起同人们欢庆家庭的和睦，肯定家庭对个人、社会和国家的重要性。”[②] 1993 年，在发表《共同价值白皮书》的基础上，隶属于全国家庭与乐龄人士咨询理事会的家庭

① The CEP, *The CEP Journey 2013*, Singapore: Singapore United, 2013, p. 8.

② 《本地首个“家庭年”，今年有更多活动促进家庭凝聚力》，《联合早报》2014 年 1 月 2 日。

价值观委员会受政府委托草拟一份与家庭有关的文件，该委员会以新加坡国立大学社会学系严世良副教授为主席，通过举办三次公开的研讨会征集各界的建议和意见，最终确定了为新加坡各族群共同认可的五大家庭价值观，以增进新加坡本土家庭的凝聚力。最终于1994年6月正式发表《新加坡家庭价值观》文件。家庭价值观是国家价值规范体系的重要组成部分，是有效推动共同价值观实施的基层规范。这五大家庭价值观包括：亲爱关怀、互敬互重、孝顺尊长、忠诚承诺、和谐沟通。[①] 为了有效地推动家庭价值观在基层社区的推广，政府设立了百万元基金资助具体议程。

家庭价值观委员会将这五项价值观概括为“爱、敬、孝、忠、和”，简称“五德”，将其作为当时促进家庭和睦与社区和谐的重要规范来推广。家庭价值观是对此前制定的“共同价值观”中涉及家庭领域的内容的细化和强化，充分体现出政府对于家庭在国家价值规范体系中地位的重视。对五德的强调就是对整个社会基本单位内部和谐关系的重视，通过家庭成员之间的互敬互爱以及树立和增强孝敬、爱国之心以及和谐的责任心，以小家的和谐带动大家的和谐，通过社区内部各族群不同家庭之间的和谐，增进社区凝聚力，以家庭稳定促进社会的稳定。也就是将家庭和谐视为促进整个社会和谐与族群和谐的缩影，通过对不同族群民众的家庭责任心的培养来塑造对其他族群、对社会和对国家的责任感。

随着政府组屋制度的实行，很多年轻人与父母已经不像在传统的甘榜和自发聚居那样居住在一起，以致出现很多父母年老时没有子女在身边的情况。政府为了扭转这种局面，一方面通过伦理道德方面的教育鼓励年轻人赡养父母，另一方面通过制定《赡养父母法案》来强制约束子女对父母的责任。李光耀认为对于新加坡来说，能否始终保持社会的稳定和国家发展的活力，经济绩效只是其中的一个方面，同时还要加强社会道德的塑造，为各族群在不同层面建

---

① 王美燕：《那份文件》，《联合早报》2014年1月12日。

构起积极向上的价值观，只有这样才能确保持久稳定与发展目标的实现。他曾经结合自己的成长经历指出："就像任何一个华族大家庭一样，我知道什么事情是不对的，……我在家里须对长辈有礼，我须守规矩，用晚饭的时候，必须先称呼长辈，才能进餐。从外头回到家里，或出门之前，都得向长辈请安。这些对一个人童年的成长过程，具有潜移默化的影响。在你成长的过程中，这些夜以继日灌输进你脑海中的价值观就会慢慢萌芽。"① 对于李光耀来说，"家庭是绝对重要的社会单位。从家庭，到大家庭，到整个家族，再到国家。"② 所以，"李光耀认为，家庭是人生的第一课堂，是价值观的形成之地"。③ 为了更便于增强家庭凝聚力，缓解因为家庭问题而造成的社会失根现象的出现，政府后来在组屋分配中，对那些愿意邻近父母购买组屋或者几代人同居一套组屋的居民采取了相应的优惠政策，一方面使家庭得以团聚在一起，另一方面也缓解了社会压力，有助于提升社会的凝聚力。政府通过推行家庭价值观，将五德与国家价值体系建设紧密结合起来，以此来协调社会人际关系，增进各族群的基层交流，使新加坡不仅在经济上继续腾飞，同时也让受到西方享乐主义和个人主义影响的社会风气有了很大的改观。

新加坡政府将维护家庭和睦与凝聚力视为推动国家与社会稳定以及促进族群和谐的重要基础，因为"有牢固、快乐和健康的家庭，就有坚强的社区和紧密的社会结构，因为家庭是国家的核心。"④ 为了实现这一目标，政府积极推动"家庭为根"的教育，将这一观念通过教育逐渐渗透进新加坡人的基因，以此作为推动社会和谐的重要路径。如张志贤所说，"维持良好的族群关系，需要政府和广大社群持续努力。多年来，我们已经把一些基本原则内化

① ［新加坡］新加坡联合早报编：《李光耀 40 年政论选》，现代出版社 1994 年版，第 103 页。

② 《林宝音写信向吴作栋总理道歉》，《联合早报》1994 年 12 月 8 日。

③ 吕元礼：《亚洲价值观：新加坡政治的诠释》，江西人民出版社 2002 年版，第 10 页。

④ ［新加坡］韩福光、华仁、陈澄子：《李光耀治国之钥》，张定绮译，天下远见出版公司 1999 年版，第 102 页。

为本质，让这些原则引导我们在各族群之间维持良好的平衡。”① 作为基础教育的重要内容，在其小学教材中贯穿始终的指导思想就有对家庭的重视，注重对孩子“孝心”的培养，从小就塑造孩子对家庭、对社会的责任心。同时政府还与社区组织一起在基层社区举办以家庭为单位的各类活动，以此来强化各族群民众的家庭意识和国民价值观。

可以说，家庭作为社会的基本组成单元，是整个社会和谐稳定的基础。新加坡正是通过社区家庭这样的基层单元来塑造最基本的社区价值观，通过家庭价值观的推广来形成对国家价值体系的认同和接纳。而新加坡推行以五德为重要内容的家庭价值观几十年来，已经在社区层面为这个多元族群国家塑造起良好的社会价值体系，在各族群的民众中培养了既有家庭责任心，又有社会责任感的新加坡好公民。

第三节　案例研究：从儒学复兴到共同价值观的建立

20 世纪 70 年代末，新加坡社会面临着西方文化侵袭、本土文化失根和国家缺少统一的价值规范引导的困局。而随着东亚地区经济与社会的崛起，西方学者在肯定西方价值优势的前提下也纷纷提议重视东方传统价值，傅高义为代表的学者甚至对西方价值体系存在的问题表达了担忧。② 全球社会对多样文明的追问也引发了新加坡政府对建国以来国家治理路径和价值体系塑造的反思。但是，政府也意识到如果从官方的角度来倡导某一族群的文化和价值规范必然会出现族群同化和泛化的隐忧，引起其他族群的不满和反对，如果处理不当可能会让这个刚刚摆脱了脆弱的族群关系危机的新生国家再次面对族群沙文主义复燃和人为强化族群边界的困境。为了避

---

① The CEP, *The CEP Journey 2013*, Singapore: Singapore United, 2013, p. 7.

② F. Eara Vogel, *Japan as Number One: Lessons for American*, Cambridge: Harvard University Press, 1979, p. iiiv.

免这种情况的出现，政府只好通过求同存异的原则来挖掘这个多元族群社会的多元文化、多元宗教与多元族群的同一性，以中性的整合式规范体系来引领整个国家发展的方向，这便有了建构“亚洲价值观”的努力和1991年《共同价值观》白皮书的出台。而这一切，却是从基于华族文化的儒学复兴运动开始的，政府之所以敢这么做，必然是有备而来。

一　儒学复兴运动与华族价值规范的重塑

“为了加强华人之间的交流和团结，新加坡于1979年开展了推广华语（普通话）运动。它的目标是……10—15年内使华语成为新加坡华人主要的沟通语言。”[①]“讲华语运动”推行几十年来，越来越多的华人开始使用华语，很大程度上重塑了华族认同，丰富了国家的多元性。同时，新加坡政府还在价值规范方面重新审视华族价值体系的重要作用，随之而来的就是儒学复兴运动的开展。倡导儒家文化在新加坡本土社会并不是第一次，早在19世纪末和20世纪初的时候，南迁的华人知识精英就在当地掀起过一次儒家文化复兴的高潮，但是与本次由政府推动的儒学复兴运动相比，两者的差别还是比较明显的。

19世纪末，随着华人移民的增加，特别是在国内有着良好教育背景的华人知识精英南迁以后，殖民地的儒家文化传播通过办学、讲演以及社交聚会等形式真正开启。不过，早期这些非官方的文化传播行为受到了海峡华人和殖民政府的双重挤压，发展缓慢且非常艰苦。这些早期的“儒化运动”既无强有力的领导和组织，也没有官方的强力支持，所以最终在中国国内辛亥革命浪潮和新文化思想的影响下而逐渐走向没落。此后的几十年里，新加坡便再无儒学的光鲜影像了。20世纪80年代，人民行动党政府反思建国以来的文化政策和国家规范体系建设以后，新一轮的儒学复兴运动开始

① 鲁虎：《列国志·新加坡》，社会科学文献出版社2004年版，第13页。

在亚洲化的架构下逐渐赢得了发展机遇，并逐渐上升为国家层面的价值规范体系。

这场儒学复兴运动源自 1979 年新加坡教育部道德教育委员会起草的《道德教育报告》①。该报告从分析当时社会的整体风气与道德状况入手，分析了过往教育中忽视道德教育的不足，提出在小学一年级到中学四年级的教育阶段要推行包括个人行为、社会责任和国家认同为主的道德教育，强调宗教道德课程的重要性。1981 年该报告书开始实施以后，将基督教和伊斯兰教作为学校道德教育的重要科目，并在 1982 年将儒家伦理纳入宗教道德教育体系，从此揭开了儒学复兴的大幕。政府将几大宗教的教义纳入宗教伦理课程并没有引发这个多元族群社会的反弹和争论，但是当儒家伦理被纳入课程体系时引发了部分少数族群的非议，他们认为政府从 20 世纪 70 年代末开始讲华语运动，现在又要推动儒学复兴，这不是华人社群在复燃族群沙文主义吗？面对新加坡社会的不同意见，政府一方面通过影响社会舆论的形式来引导社会大讨论，以赢得各个族群的支持，另一方面则邀请了多位知名的儒学学者访问新加坡，提出适合当时新加坡社会发展需要的儒学复兴计划。

1982 年 8 月，余英时、杜维明、熊玠、唐德刚、许倬云等八位新儒学的代表人物抵达新加坡，在新加坡进行了为期三周的访问，期间通过对新加坡的社区、学校的参观访问写出对新加坡开设儒家伦理课程的建议文本，形成一份报告交给新加坡政府。杜维明、余英时与许倬云又受邀延长访问期限，并与国会议员、政府部长、各族群的代表和社会组织的人士等进行了多次交流和讨论，阐释在新加坡开设儒学伦理课程的意义，打消其他族群对华族沙文主义的担忧。与其他族群的宗教教义进入课程体系一样，儒家伦理课程也是新加坡多元族群优秀文化价值体系的组成部分，其所具有的价值规

---

① Ong Teng Cheong, *Report on Moral Education 1979*, Singapore: Singapore Moral Education Committee, Ministry of Education, 1979.

范对于新加坡全社会来说都是有意义的。况且在儒学伦理课程施行以后，并不是强制所有族群的学生必修，而只是鼓励华族学生选修，其他族群自愿。1983 年 1 月，儒家伦理课程小组成立，便开启了从学校教育开始的一场涵盖多个领域和社会层面的儒学复兴运动。

为了将其他族群的猜忌与不满降到最低，政府在具体的方案施行过程中非常谨慎。首先将儒家伦理课程作为六门选修课之一引入学校教育，然后通过在学校的实践逐渐推广到社会层面，避免如果在全社会大幅度推广而造成的其他族群的恐慌与不满。同时在舆论导向上注重引导，“让公众不会将儒家价值体系仅仅视为华族价值观，减少和弱化来自其他少数族群的不满与猜忌。并强调儒家思想虽然源自中国，但是在长期的历史发展过程中，它早已跨越了国界，超出了族群认同的边界，而具有了更多普世性的意义。”① 从这个意义上来说，儒学作为人类价值体系的一部分，与基督教、伊斯兰教等宗教的教义一样是属于全人类的，并非是具有国别和族群标签的狭隘价值观。而且，儒家思想与基督教、伊斯兰教等宗教体系不同，它只是一种有着普世性的伦理体系和生活规范，与其他宗教教义没有对立更不会构成威胁，而如果很好地吸收并利用这个价值体系，新加坡“很可能会成为一粒洒向这个多元世界的全球性文明的种子”。② 最终，在学者、社会、社区和政府的多方努力下，儒家思想的世俗性与伦理性得到了各族群的接纳。

不过政府推动儒家伦理课程的目的并不仅仅在于让其顺利成为学校的一门课程，而是希望借此将儒家文化中的精华纳入国家价值体系，使其真正成为跨越族群边界，消解族群张力的一个有效的规范体系。但是将一个原本属于族群层次的价值规范以及文化符号体系通过政府行为引导至国家层面，并希望通过和平的方式让不同族

① Trevor Ling, “Religion”, in K. S. Sandhu & Paul Wheatley eds. , *Management of Success: The Moulding of Modern Singapore*, Singapore: ISEAS, 1989, p. 702.

② Trevor Ling, “*Religion*”, Singapore: ISEAS, 1989, p. 702.

群的公众都能接受这项价值体系，难度之大可以想象。李光耀在其回忆录中也特别强调儒家思想或者华人的传统价值体系与马来人和印度人的风俗习惯以及宗教价值观等都是各族群内在的一种价值体系，并不具备凌驾于其他族群之上的地位。[①] 所以，虽然彼时政府、学者、学校、社区等不同层级的行为体对儒家伦理的普世性做出解读，但是它终究还是无法完全融入新加坡人的价值基因。“规范性力量的本质就是将自身塑造成被他人所认可的行为体，”[②] 最终，政府只好尝试在国家层面以一种更为中性和全面的价值规范来取代它。随着这一指导思想的推行，儒家伦理以及其他如基督教、伊斯兰教等宗教道德课程都因为无法在短期内摆脱固有的族群历史记忆，在新加坡的通识教育体系中逐渐淡出，取而代之的是公民教育课程。

二　新加坡人的共有规范：共同价值观的提出

“如果对新加坡政府在20世纪七八十年代冒着少数族群反对的风险而积极推行讲华语运动和儒学复兴运动的政策存在疑惑的话，1991年《共同价值观》白皮书的发表，则明朗化了政府的政策意图。”[③] 在新加坡人看来，“政府不能创造一个‘华人的新加坡’”[④]，“华族、马来族、印度族，都继承了同样值得自豪的传统，而他们也在很大的程度上，有着同样的文化命运。如何配合共同价值观，保留各自的文化传统，是这个多元社会的共同课题”。[⑤] 所以，为了建构一个让各族群的新加坡人都能接受的价值规范体系，巩固多元

---

① 参见严春宝《新加坡儒学史》，广西师范大学出版社2020年版，第259—265页。

② Kavalski, Emilian, “The Struggle for Recognition of Normative Powers: Normative Power Europe and Normative Power China in Context”, *Cooperation and Conflict*, 2013, Vol. 48, Issue 2, pp. 247-267.

③ 范磊：《新加坡族群和谐机制：实现多元族群社会的善治》，湖南人民出版社2016年版，第155页。

④ Raj Vasil, *Asianising Singapore: the PAP's Management of Ethnicity*, Singapore: Heinemann Asia, 1995, p. 21.

⑤ 《社论：李资政发人深省的一席话》，《联合早报》1991年2月19日。

族群国家多元共融的价值基础，新加坡政府在整个20世纪80年代都在尝试超越族群的窠臼，弱化族群边界以建立统一的国家规范体系。从政府到基层的多层次互动实践虽然取得了一定的效果，但是距离国家规范体系的建成还有较大的距离，为此政府不遗余力地持续推动国家层面的价值规范的建构进程，主要是基于以下的考虑：

第一，“一个民族，一个新加坡”的国家建设愿景需要有同一的国家规范体系来规约和引导实施进程。新加坡建国伊始，人民行动党政府就希望可以打造多元共融的“新加坡民族”，让不同族群之间的政治与文化边界逐渐弱化，让族群与族群以及族群与国家之间的张力逐渐消解，在多元共融的基础上凝聚多元族群的力量形成国家合力。建国半个多世纪的族际整合与国家建构进程已经让新加坡在国家民族的形成中取得了初步的成绩，原本异质性很强的各族群可以和谐共处生活在同一个国家、同一个社区，政治稳定且社会和谐，经济的腾飞已经让全体新加坡人共享了发展成果，贫困人口比例逐渐缩小，不同族群因之而积聚起的社会责任感与国家自豪感正在成为这个“想象的共同体”的强大内核，国家凝聚力得到了持续的提升。

不过由于各族群所固有的文化与宗教的多元属性，不可能彻底消除这些多元共同体之间的文化边界，即使政治和经济领域的竞争与矛盾可以通过政府的政策与制度来化解和削弱，但是在文化层面的结构性张力并不能完全消除。邻国的经验与教训对新加坡的国家规范体系是一个很好的借鉴。印度尼西亚早在殖民地阶段就提出的潘查希拉（Pancasila）国家建设理念①以及马来西亚基于马来人特权的“国家原则”② 都在其本国的国家民族建构中取得了巨大的成

① 苏加诺为了推动印尼的民族独立运动以及国家建构，提出了被称作潘查希拉（Pancasila）五原则的理念，分别是：信仰神道（信仰唯一的神）、人道主义（公正和文明的人性）、民族主义（印度尼西亚的统一）、民主和社会公正。参见马凯硕等《东盟奇迹》，北京大学出版社2017年版，第23页。

② “Rukun Negara”，1KLIK，http：//pmr. penerangan. gov. my/index. php/profil – malaysia/7957 – rukun – negara. html.

功，尤其是马来西亚的“国家原则”产生的背景是1969年5月13日所发生的族群暴乱，马来西亚希望能够借助“信奉上苍、忠于君国、维护宪法、尊崇法治、培养德行”的基本价值引领来凝聚各族群，打造马来西亚的国家认同体系。在其邻国价值规范建设的启迪下，新加坡政府开始考虑如何把本来属于不同族群的规范和原则整合到国家框架下，形成上位的国家规范体系，打造同一的国家认同和共同价值观。

第二，东方社群主义价值体系在保持国家与社会的竞争力方面与西方个人主义价值体系相比有着明显的优势①，得到了新加坡政府的肯定。尤其是西方学者对亚洲价值体系的推崇以及本国发展的实际需要更坚定了新加坡政府要从国家价值规范的高度去建构共同价值体系的决心。1988年，吴作栋在谈及国家与族群关系的演讲中，指出“与日本和韩国相比，新加坡取得的巨大成绩也是有目共睹的。儒家伦理是东亚地区发展较为成功的国家和地区所共同拥有的文化基础……我们应该在国家意识形态的框架下将其制度化……形成一套聚合所有国民的价值规范指导我们不断向前。”② 正是在这一理念的引导下，新加坡结合本国发展实际，在融合各族群传承下来的优秀价值规范的基础上实现了在内容和形式上的创新，启动并最终完成了“共同价值观”的建构过程。

第三，在新加坡这个多元宗教的国家，如何整合不同宗教社群之间的异质性，建构同一的价值体系是政府必须积极面对的问题。毕竟，如果“宗教之间没有对话，就不能和平相处，没有宗教间的和平，就不可能有世界和平。”③ 新加坡社会弥散着几乎世界上所有的主流宗教，虽然没有确立国教，但是在20世纪80年代信教

---

① G. C. Lodge & E. F. Vogel, *Ideology and National Competitiveness*: *An Analysis of Nine Countries*, Boston: Harvard Business School Press, 1987, p. 24.

② Goh Chok Tong, “Our National Ethnic”, in *Speeches by Goh Chok Tong*, Sept. – Oct. , Singapore, 1988, p. 15.

③ 彭伟步：《新马华文报：文化、族群和国家认同比较研究》，暨南大学出版社2009年版，第222页。

人数占到全国 15 岁及以上居民人口的 86%。[①] 信众众多，宗教多元，加上独立前脆弱的族群关系以及宗教与族群问题的特殊联系，一旦宗教问题处理不好，很有可能会引发族群冲突，进而危及社会的稳定。从建国到 80 年代，新加坡各族群和宗教的关系一直比较融洽，但是在 80 年代末期，由于宗教伦理课程的开设，出现了部分宗教争取信徒和试图改变他人信仰的情况，甚至发生了诸如天主教传教士社会行动案、伊斯兰教阿訇反对政府案、伊斯兰教兄弟会案等宗教干预政治和滋扰社会的事件。要摆脱这些严重的现实问题，政府意识到有必要在各宗教的不同价值规范中抽取那些具有共性的东西，形成一个为所有新加坡人都能接受的共同价值观，并以此作为其文化认同的基础。随着日益严重的宗教团体借干预宗教课程而干预政府的行为倾向，新加坡政府感到了压力。

1988 年 10 月吴作栋副总理提出了"共同价值观"的构想，希望以此作为不同族群和宗教信仰的新加坡人所普遍接受的国家意识形态。1989 年 1 月黄金辉总统在国会演讲中指出，"新加坡社会变化的速度与程度令人担忧，……我们真的希望放弃自己的文化和民族认同吗？我们能否将生活在不同环境中的人们基于本土的价值和理念建构起一个新加坡民族呢？我们对这些问题的回答将决定着我们的未来。如果我们希望不迷失方向，就应该保存各族群的文化传统，通过塑造这些共同价值观使其成为形成中的新加坡人的特质。……我们需要将这些基础性的理念植入国家意识形态。它们将会借助我们自己的清晰认同和命运把我们整合为新加坡人的共同身份。"[②]

在经过了广泛的讨论和征求各方意见之后，政府最终在 1991

---

① 李路曲：《新加坡现代化之路：进程、模式与文化选择》，新华出版社 1996 年版，第 145 页。

② Singapore White Paper, *Shared Values*, Singapore: Singapore National Printers, Jan. 6, 1991.

年形成了纲领性文本——《共同价值观》白皮书。该白皮书将共同价值观归纳为五句话：国家至上，社会为先；家庭为根，社会为本；社会关怀，尊重个人；协商共识，避免冲突；种族和谐，宗教宽容。[①] 短短的文本形式与简化的语言，道出了这个多元族群、多元宗教国家面对族际整合与国家价值规范建构的一种无奈，毕竟“不同族群背景的新加坡人有着各异的宗教和文化，每一个宗教和族群文化体系又都包含诸多永恒的价值观，但是我们却不能用其中的任何一个作为建构新加坡人共同身份的基础。”[②] 虽然最终出台的文本是各方的妥协结果，但是却充分表现了新加坡政府在处理与族群相关的国家议题时的一种平衡智慧。“共同价值观”呈现了新加坡各族群所共有的核心关切，虽然在内容上并没有复杂的理论建构，但是作为一个可以被所有族群和宗教社群都能接受的规范，其对于新加坡的族际整合与国家建构的意义是不可估量的。

三　和谐共融与求同存异的共同价值观

新加坡最终出台的“共同价值观”作为可以为各族群所共同接受的国家规范，一方面反映了新加坡政府务实的折中主义立场，另一方面也反映出新加坡政府在族群治理中所承担的角色：主导并协调各族群的利益、规范和认同，在此基础上寻找最大公约数，进而将其以适当的形式上升为国家意识形态。共同价值观的内容虽短，却融汇了这个东西方文化十字路口的巨大智慧。具体来说，共同价值观的五个方面可以做如下理解：

第一，国家至上，社会为先。在新加坡的族际整合与国家建构进程中，国家与社会的角色有着鲜明的意义，该价值观的提出把国

---

① Singapore White Paper, *Shared Values*, Singapore: Singapore National Printers, Jan. 6, 1991.

② Singapore White Paper, *Shared Values*, Singapore: Singapore National Printers, Jan. 6, 1991.

家的整体利益置于次国家行为体利益之上，强调国家的权威性，而纵观新加坡几十年的发展成绩，其和谐的族群关系得以实现以及经济与社会繁荣的根本就在于坚持了集体利益对个体利益的超越。从各族群的关系来看，华族虽然是新加坡最大的族群，但是新加坡并没有把这个国家建设成华人主导和支配的国家，而是坚持各族群的平等，甚至给予少数族群较多的特殊照顾。华语也只是四种官方语言中的一种，而没有通过国家的强制力量来推动华语的国家化，相反却确立了马来语的国语地位，如此等等。在国家至上的前提下，政府又特别强调每个族群都应该维护和发展本族群的文化传统，也就是社会为先，这就给当时深受西方个人主义价值体系影响的新加坡社会提出了要求，就是要将个体发展同群体和社会以及国家结合起来。国家注重对个体利益的维护，注重对不同族群的尊重，但是最终要统一到国家这个层面上来，多元共融既是路径也是目标，最终要实现以国家为认同目标的“一个民族，一个新加坡”的愿景。

第二，家庭为根，社会为本。将家庭视为推动国家与社会和谐的基层单位，并非新加坡的独创，但是在国家层面强调家庭对于国家发展的意义则凸显了新加坡的特殊性。新加坡作为只有一级政府的城市国家，在国家机构之下直接面对的就是社区层面，如前文所述，新加坡发达的基层组织体系在维护族群和谐与国家建构中发挥了重要的作用，而作为社区基本单元细胞的家庭是各项政策和基层活动的重要行为体。20 世纪 50 年代以来就开始进行的公共组屋建设，强调的就是族群交流与互动，所以邻里关系显得尤为重要。自 1989 年实行组屋分配的族群配额制度以来，新加坡政府对于家庭在推动族际和谐中的作用日益重视。如前文所述，新加坡政府在共同价值观之后推出的家庭价值观，更是将家庭作为培养国民和谐观念的基本行为体来对待。而作为教育改革的一部分，新加坡教育部从 2014 年起在中小学推出新的品格与公民教育课程。新课程通过身份（Identity）、人际关系（Relationships）和抉择（Choice）三大概念向学生传达六个主要价值观（尊重、责任感、正直、关怀、应变能力、和谐），引导学生在六个层面反思，从自身出发延伸至家庭、学校、社区、国家和世界层面，[①] 从而强化学生对家庭、社会和国家的责任感与认同感。

第三，社会关怀，尊重个人。白皮书提交给国会时该价值观的原文是"关怀扶持，同舟共济"，但是为了凸显政府对个人的关注以及族群平等的理念，最终修正为"社会关怀，尊重个人"，强调不同族群之间的相互尊重以及社会层面的终极关怀。"我们这个多元种族、多元宗教的社会的特性与复杂层面，使我觉得为确保社会安宁、进步，每一个族群，事事都有必要多了解对方的感受与意愿，多为对方设想。"[②] 该价值规范正是强调人与人之间、人与社会之间、不同的族群之间都应该相互尊重，以取得在利益与资源分配等方面的平衡。而"如果人们都以自我为中心，社会将变成一盘散沙，国家的进步和发展将变成空谈，而我们更不可能有什么成就感或满足感。"[③] 政府要为不同的族群个体提供平等的发展机会，同时也要发挥社会团体的作用。以血缘、地缘、神缘等为依托组建的族群与宗教互助团体在新加坡社会长期的发展中坚持良性互动，合作共进，充分体现了"和衷共济"[④] 的族群和谐精神。

第四，协商共识，避免冲突。白皮书提交国会时的原文是"求同存异、协商共识"，强调在新加坡的国家与社会发展中应该以多元族群、多元文化、多元宗教为基础容纳不同的意见，不论是在国家发展还是在社会进步中都要尽可能地争取各族群的支持。新加坡建国以来之所以能维持长期的社会和谐与族际交流，很大程度上就

---

① 《新品格与公民教育课2014年推出》，《联合早报》2012年11月15日。

② ［新加坡］冯仲汉专访：《新加坡总理公署前高级部长拉惹勒南回忆录》，新明日报（新加坡）有限公司1991年版，第34页。

③ 《第32届人民行动党大会专题报道》，《联合早报》2012年12月3日。

④ 李光耀在2011年赠送"和衷共济"匾额给新加坡宗乡会馆联合总会，以感谢该组织在推动族群和谐与跨族群交流中所发挥的重要作用。

是因为各族群之间的忍让与包容，在于国家对这一规范的弘扬，如果没有这种精神，新加坡可能就会分裂。

第五，种族和谐，宗教宽容。白皮书指出，在新加坡种族与宗教和谐是国家生存与发展的基础，如果不同族群之间缺乏和谐共处的意愿和精神，不论是占多数的华人还是少数族群的马来人和印度人等都无法达致繁荣。新加坡历史上曾经有过多次族群暴乱的教训，族群冲突留给新加坡的惨痛记忆并不会消除，而族群议题与宗教议题又密切相关，所以只有坚持这一原则才能更好地推动族际整合与国家建构目标的实现。

共同价值观的内容强调求同存异，而该价值规范的整个制定过程也充分体现了这一原则。新加坡政府在提出共同价值观时，对于新加坡不同宗教的教义与不同族群的文化传统都给予了特别的尊重，一方面强调不能存在与新加坡所有宗教的教义相抵牾的内容，即最终的内容要为各大宗教所普遍接受；另一方面则是因为任何一个宗教的教义和族群文化传统都不足以成为全体新加坡人认同的基础，所以在制定过程中特别注重避免对某一宗教或族群规范的扬抑，防止制造族群与宗教矛盾。

新加坡的族群比例是政府始终考虑的问题。占人口75%左右的华人作为比例最高的多数族群，儒家伦理是其传统思想的重要组成部分，但是政府不允许将儒家伦理作为共同价值观。白皮书中明确指出，政府从来没有试图将儒家思想嵌套在共同价值观的框架中来强加于新加坡人的价值体系之内。李光耀曾说："这五大价值观，并不等于是一套完整的人生哲学。华人还必须依靠儒家思想与民间传统价值观，马来人和印度人必须分别依靠马来风俗与习惯和伊斯兰教、印度宗教以及习俗等来相辅相成。"① 总的来说，共同价值观源自新加坡的各大宗教教义和族群的文化传统，吸收了各族文化的优秀内涵，不同族群和宗教的新加坡人都可以通过对本族群或者本

① 吕元礼：《新加坡为什么能？（下）》，江西人民出版社2010年版，第98页。

宗教价值体系的理解来解读国家层面的价值规范——共同价值观。新加坡的成功就在于将不同族群的优秀思想与价值规范体系和国家意识形态与国家价值规范有机地融合在了一起。

第五章

新加坡族群治理的认同维度

我们不光靠语言，也不光靠外来侵略使各族团结起来，……当一个种族不想主宰一切，所有公民不分种族人人平等时，一个团结的国家才能出现。

——杜进才

第一节　族群与国家中的认同因素

新加坡人从小就要学会背诵《公民信约》（*National Pledge*）。在各种公共活动中，他们要把右拳放在左胸口宣誓："我们是新加坡公民，誓愿不分种族、言语、宗教，团结一致，建设公正平等的民主社会，并为实现国家之幸福、繁荣与进步，共同努力。"① 该信约由时任新加坡外交部长的拉惹勒南于1966年起草，目的在于告诫新加坡公民要有共同的价值追求和国民认同，同时该信约在另一方面也承认了新加坡各族群在种族、语言和宗教等方面的差异和次

---

① 新加坡人一般在公众活动尤其是在学校、新加坡武装部队日以及国庆庆典的时候一齐宣读《公民信约》。该信约1966年由拉惹勒南起草。拉惹勒南深信"一个民族、一个新加坡"的愿景，并强调要不分种族、语言、宗教，各族群可以为着共同的目标而奋斗。信约经李光耀修饰后呈交内阁，最终成为新加坡国民身份认同和国家精神的象征。新加坡政府对信约的使用指引如下：在学校举行集会时、新加坡武装部队日当天、国庆庆典的时候以及在国庆日纪念仪式的时候都要宣读国家信约。宣读信约的公民应握紧右拳，放在胸前左侧，象征着对国家的忠诚。信约不可以用于任何商业用途。以上内容参见 Your official source of information on Singapore，http：//app. singapore. sg/about - singapore/national - symbols/national - pledge。

国家行为体认同，这样便赋予了新加坡国民双重的身份认同，即以种族、语言、宗教、文化等特征为标志的族群认同（Ethnic Identity）和以政治归属感为最终标志的国家民族认同（National Identity）。

族群认同与国家认同是多元族群国家在认同维度的二元互构，两者既存在结构性的张力，同时又是可以相互促进，实现相互依存的，也就是在某种程度上可以实现合力。其实，“人是有共性的。无论是在哪种文化中成长起来的人，都有着相似的地方，……社会也是有共性的，无论是哪个社会，也都有着相似的地方。”① 所以，不同种群或族群的人在认同建构方面就有着相应的社会基础。对于新加坡的族际整合与国家建构来说，认同维度的族群治理是其核心变量，尤其是在新加坡的多元族群架构中，族群与国家在认同维度的张力与合力具有较为典型的特点，所以加强对新加坡族群治理认同维度的探究具有深刻的现实意义。

一 认同概念：族群与国家的双重向度

认同是有意图的行为体的属性，是个人或群体在情感上、心理上从异质逐渐走向趋同的过程，“这个过程中，自我—他者的界限变得模糊起来，并在交界处产生完全的超越。自我被‘归入’他者”。② 就个体而言，认同体现着行为体的动机和意图，“会赋予一种个人的所在感，让行为者的个体性拥有稳定的核心”③，同时也意味着“自我确证的形式，在某一社会背景中，它意味着对某一特别

① 秦亚青：《关系与过程：中国国际关系理论的文化建构》，上海人民出版社 2012 年版，《前言》第 3 页。

② ［美］亚历山大·温特：《国际政治的社会理论》，秦亚青译，上海人民出版社 2000 年版，第 287 页。

③ Jeffrey Weeks, “The Value of Difference”, in Jonathan Rutherford ed., *Identity: Community, Culture, Difference*, London: Lawrence & Wishart, 1990, p. 188.

的民族或种族的归属感”。[①] 而集体层面的认同注重的是自我与他者关系的互动，通过持续的社会化来形成特定意义上的集体身份，以此来弱化自我与他者的界限，并在互动中实现行为体自我与他者的超越，完成自我与他者的相互融入，达致系统内部的有机整合，亦即认同就是“行为体所固有和呈现出来的借助与‘他者’的关系而塑造的特有属性以及形象接纳。”[②]

就不同人类群体的内在属性而言，社会角色属性与自然生理属性是所共有的特质。在人类社会的发展进程中，族群身份同样是这两种特质的结合，在对共同的生理属性产生自发认知的基础上，通过共同体内部的认知强化以及对其他共同体的认知对比，最终形成对本群体身份的社会归属感，从而为族群烙上深刻的社会属性。在安德森“想象的共同体”概念中，民族作为建构出来的概念蕴涵了对特定族体的共同认知，并在这种认知基础上产生相应的利益诉求，从而使其被赋予更多政治色彩与义务。[③] 所以，在多元族群社会中，不同的行为体所固有的政治理念、文化价值以及经济利益和社会规范等如果遭逢某种异于自我的价值体系，极易勾勒出自我与他者的边界，造成彼此之间的良性互动受阻，从而引发认同危机甚至陷入认同困境。如何突破这种群体边界，实现自我与他者的融入是解决问题的关键。以移民社群为例，本土社会经过长期的互动与融合已经基本形成了有着浓郁本土特点的社会制度、文化习俗以及生活习惯等封闭系统，大量涌入的新移民由于在上述领域与本土社会的差异性，很容易被视为“非我族类”，从而受到本土社会的排斥甚至敌视，新移民群体自身也会出现归属感缺失，造成认同危

---

① ［美］卡尔·博格斯：《政治的终结》，陈家刚译，社会科学文献出版社 2001 年版，第 298 页。

② Ronald L. Jepperson, Alexander Wendt & Peter J. Katzenstein, “Norms, Identity and Culture in National Security”, in Peter J. Katzenstein eds., *The Culture of National Security: Norms and Identity in World Politics*, New York: Columbia University Press, 1996, p. 54.

③ ［美］本尼迪克特·安德森：《想象的共同体：民族主义的起源与散布》，吴叡人译，上海人民出版社 2003 年版，《导读》。

机。此种情势下，在国家政策引领和制度规约下的国家与社会多层互动，对于该困境的解决将发挥重要作用。

“一个并非刻意组成的群体，其成员拥有同一的文化或者籍贯，并被他人认为或者自我界定为同属于一个群体。”① 在国家架构下，不同的次国家行为体或者个人始终在进行着“确认自己属于哪一个国家以及这个国家究竟是怎样一个国家的心灵性活动”②，这就是认同的进程。国家认同摆脱不了国家所拥有的人口、地缘等自然属性，但是核心属性应该是对于公共权力体系的向往与遵守。这也就意味着国家首先要建基于超越特定族群属性的国家民族基础之上才有可能塑造出同一的国家认同，并能为其他各族群所接受，特别是在多元族群国家中尤其如此。在该类型的国家中，国家公共权力的利益分配不是基于某一个或几个特定的作为次国家行为体的族群，而是将国民整体作为直接面向。虽然在某些单一族群国家可能存在国民身份与族群身份的契合，但是这种现象随着全球化背景下人口流动具有了越来越多的跨界色彩而可能会逐渐消失。不论国家在族群构成上是单一的还是多元的，其所建构起来的国家认同都是基于全体国民的利益和规范趋同，既会涉及对不同族群的自然身份的考量（因为这将影响族际交往的亲近感），同时也会基于社会整体的社会文化特质以及政治属性。

共享的历史记忆是构成族群和族群认同的基本要素之一，认同作为一个过程式、关系式的概念有着自己的基本结构，不同结构因素之间因有着系统的联系而成为互通的存在。就族群认同而言，族群成员个体是族群认同的主体，本族群以及族群的文化传统、符号象征与价值体系可以被视为认同的客体，族群认同产生的原因在于主体对客体的天然情感与利益诉求，而情感与利益的不同程度则会在族群共同体中产生强弱不同的认同感。最终同一族群的个体“感

---

① Wsevolod W. Isajiw, “Definitions of Ethnicity”, Occasional Papers in *Ethnic and Immigration Studies*, Vol. 79, Issue 6, Toronto: The Multicultural History Society of Ontario, 1979, p. 25.

② 江宜桦：《自由主义、民族主义与国家认同》，扬智文化1998年版，第12页。

觉到大家是同属于一个人们共同体的自己人的这种心理”[①]。极端族群主义者（族群沙文主义者）对本族群的认同最为强烈，程度最高，将此视为一种原生性的先天存在，甚至不需要任何后天性辅助因素。就国家而言，认同体系有着超族群属性，属于上位的认同体系。认同主体是国家全体公民，客体则是这个国家的政治结构、文化象征、国家意识形态以及价值规范体系等，对国家认同的强度则取决于国家在推动族际整合与国家建构中的能力与效果。

族群认同对于增进族群共同体的凝聚力、加强族群团结发挥着重要作用。当族群受到来自国家和其他族群的不公正对待时，这种群体性认同“起到了动员个体在一般的社会情境中活动的作用，帮助设定了我们的需求、欲望以及实现它们的途径，形成了突出表现在自我表现认同的强烈的情感依附”。[②] 自族群诞生以来漫长的历史时期内所形成的族群特有的文化传统、价值规范、运作制度与架构以及经济生活方式等构成了族群所赖以存在与发展的内在基础性要素，而族群的历史以及宗教信仰则在很大程度上发挥着精神纽带的作用，除此之外诸如族群的规模、分布以及在社会中的地位也将影响到族群认同的形成和延续。

国家认同的核心则是基于对这个政治共同体内部政治结构以及公共权力分配的接纳程度。政府作为国家的代言人，在协调不同的族群共同体与社会和国家的关系，推动资源与权力分配，化解族际纷争等方面扮演着重要角色，亦即政府首要的是作为一个协调者或仲裁者的身份出现，而非麻烦制造者。只有这样，以政府为核心建构起来的国家认同体系才会赢得国家共同体内部各族群的支持和认同，并进而巩固这个政治共同体的结构与存在基础。相比作为“想象的共同体”的民族而言，政府主导下的国家是一个更为清晰的客观存在。作为次国家共同体的族群并不能给本族群提供直接的政

① 费孝通：《费孝通民族研究文集》，民族出版社1988年版，第173页。

② ［加拿大］威尔·金里卡：《自由主义、社群与文化》，应奇、葛水林译，上海译文出版社2005年版，第169页。

治、经济利益，不过可以借助参与国家机构的方式成为国家共同体的当事人与行为者，最终在国家层面赢得并维护本族群的合法利益。如果不借助这种方式来实现族群的核心利益，那就需要通过对现行制度与国家架构的反动才能获得，而这已经不属于既有框架下的合法行为了。

通过对比可以看出，族群认同带有清晰的社会属性，而国家认同则建基于族群认同之上表现出更明确的政治属性。不论是哪个层面的认同，一方面是基于对本族群的明确归属感，另一方面则是在与其他同类行为体的对比中才能体现出其意义。在民族国家的生成过程中，基本都经历了整合国内不同族群或者部族而塑造同一国家认同体系的过程。在国家建立之前，这些次国家行为体往往是相互独立的，彼此之间缺少实质性的互动，并且由于主客观条件的约束而在潜意识里存在狭隘的族群沙文主义或者封闭的原始效忠情感。但是当国家建立以后，国家框架下进行的诸如“创办学校、征调青年人入伍或者建立地区的工业，都可能被一个种族或宗教团体看做是对自己的整个社会和宗教结构的威胁”①，以致会引发不同族群对国家政策和制度建设的反弹，强化族群边界与结构性的张力，激化族群矛盾。一旦如此，族群往往会产生对国家的不认同或者认同淡化，严重时就会出现族群分离主义，造成国家分裂。所以，从一定意义上来说，“政治认同和文化认同都是国家认同的重要层面，他们共同创造了公民对国家忠诚的感情。”②

族群认同程度的强弱决定着族群边界的清晰还是模糊，对于族群沙文主义者而言，他们的认同体系中有着清晰的族群边界。如果族群精英通过扩大政治参与来拓展本族群在国家政治权力分配格局中的版图，以追求更多的族群特权为目标，必然会强化本族群成员的族体认同，但是将极大地弱化对国家的政治认同。此时，国家处

---

① ［美］加布里埃尔·A. 阿尔蒙德、小 G. 宾厄姆·鲍威尔：《比较政治学——体系、过程和政策》，曹沛霖等译，东方出版社 2007 年版，第 35 页。

② 江宜桦：《自由主义、民族主义与国家认同》，扬智文化 1998 年版，第 90 页。

理此类矛盾的能力和政策将面临重大的考验，如果国家在面临族群张力持续扩大的情况下无能为力，各族群的离心倾向则会增大，如果政府此时在化解族群矛盾的时候不能很好地坚持族群平等，那些感到被歧视或者剥削的族群则会加深对国家的认同危机，产生族群分离主义。对国家而言，良好的治理能力是其能否整合多元族群的基础性保障，能否平等地对待各个族群，体现出国家是否拥有公共治理的合法性。族群特权的存在将严重影响国家认同的基础，对于任何试图将某一个或者几个特定族群利益和认同上升为国家利益和认同的政策和行为都必然会扩大族群与国家之间的结构性张力，激化族群之间的矛盾，并考验国家的政治合法性。

对于多元族群国家来说，建立一个开放包容的多元文化要比狭隘封闭的文化更为有助于推动族际整合与族群和谐。兰德斯指出，“国家文化的外向程度越高，越容易吸收国外的新思想、新技术，并把他们同自己的传统相融合，……这个世界上开放的文化和不排斥新元素的文化会占优势……当你和世界另一个角落的开发者聊天时，你并不知道他或她的肤色，你们彼此联系的基础是因为对双方才能的认同而不是种族或民族。……如果生活在崇尚这种文化观的国度里，这种文化会潜移默化地改变你对整个人类社会的看法”。[①] 多元族群国家认同的建构如果摆脱不了对族群特权的追求，缺少开放包容的和谐理念，最终引发的将不仅仅是族群歧视与族际裂痕。在化解这种多元与一体的结构性张力实践中，在人类社会发展中基本形成了三种模式：一是同化模式，即以主体族群的认同来同化少数族群的认同，变多元族群国家为单一族群国家；二是平等模式，即对不同族群的认同基础给予平等的承认，建构起多元的认同体系；三是复合模式，即尊重多元族群的族体认同，同时又在此基础上以各族群的共性来建构上位的超族群的国家认同体系。第一种模

① ［美］托马斯·费里德曼：《世界是平的：21 世纪简史》，何帆等译，湖南科学技术出版社 2006 年版，第 327—328 页。

式已经被实践证明是不可取的，第二种模式也因为其所具有的先天性缺陷而无法弥合多元族群与国家之间的张力。所以，当今世界比较成功的族群治理实践一般都采取复合型的国家认同建构路径，即一方面尊重多元族群的文化传统，确保族群平等的实现，另一方面寻求多元族群的共性，抽取存在于各族群之中的价值规范与认同的共性形成最大公约数，作为各族群所共同接受的共同价值观，新加坡已经在 1991 年完成了这一实践。

总之，族群认同与国家认同虽然先天地存在结构性的张力，但是两者之间并非不可调和，如果政策适当并建构起良性的制度约束，两者甚至可以相互促进。如吉登斯所说，“生活在现代国家中的人们从不怀疑自己是特定国家的公民，而且也无不注意到国家在其生活中所扮演的多样性角色。”① 所以，伊萨克（Harold R. Issacs）一方面看到了族群认同的蔓延，另一方面也指出了更为乐观的可能，他认为，“族群认同正在帝国的废墟上抽芽滋衍，在各种新文化与新政治的墙缝中探头，使理想主义者与理性主义者忧心不已，他们相信，除了这条道路之外，一定还有更好的途径让人类的故事继续发展下去。”②

二　新加坡国家认同与族群认同的关系

作为一个有着多元族群、多元文化与多元宗教的多元社会，历史上新加坡各族群自在的族群认同并不强烈，在殖民时代之前移居此地的各个族群之间并没有什么明确的族群边界，更多的是和谐相处的自发自治状态。即使偶尔会有些许的不和，发生一些械斗或者纷争，往往也是出现在本族群内部，加之此地作为一个孤岛，在经历了中世纪狮城的短暂辉煌之后已经没有明确的国家概念，所以也不存在族群与国家之间的张力问题。只是到了西方殖民者来到以

① Anthony Giddens, *Sociology: A Brief But Critical Introduction*, London: Palgrave Macmillan, 1982, p. 17.

② ［美］哈洛德·伊萨克：《族群》，邓伯宸译，立绪文化 2004 年版，第 3 页。

后，划片居住、分而治之的统治政策才让各族群边界日益清晰，族群认同和族群意识在无形中被人为地培育起来，在随后一百多年的时间里逐渐固化，而“二战”中马来人的土著意识和排外意识在日本军国主义的统治下得到激励和强化。“二战”结束以后在风起云涌的民族解放运动冲击下，族群认同与国家认同在这个多元族群社会一时间成为棘手的问题，并引发多次族群暴乱，直到1965年独立建国以后族群与国家之间的张力才在国家治理的框架下得以缓解，族际整合与国家建构成为族群关系的主流，而相应的“新加坡人”的国家认同也逐渐得以建构：“作为新加坡的公民，他首先要承认自己是新加坡人，而非华人、马来人、印度人或者其他族裔，对于新加坡国家象征的国庆日、国旗、国歌以及总统都必须表示尊敬，并参与国家事务，必要时可以为国牺牲。”① 2005年《海峡时报》的随机采访中就有华人表示：“在不断变化的新加坡，越来越多的年轻华人更认同自己是新加坡人而非华人。”②

虽然华人在新加坡人口中占绝对多数，但新加坡确实是处于马来人“海洋”中的一个华人“小岛”，这决定了新加坡不可能走上以多数族群同化少数族群的建国之路。而各族群在长期的殖民地时期也因为特定的族群政策造成了文化上相互隔阂、生活中缺乏交流，效忠祖籍国的移民心态也未归化成一个为国家独立而斗争、合力建国的共同历史记忆，这种现实否定了新加坡通过本土“文化认同”建构国家认同的愿望。对于新加坡来说，“国家的独立早于民族主义的发展，国家本身成了民族认同的第一个象征。”③ 所以，独立以后的新加坡只有在国家层面借助制度化的形式来推动国家认同这一“想象的共同体”的建构。也即以“制度认同”来规约国家

---

① Chiew Seen Kong, *Singapore National Identity*, MA Thesis, Dept. of Sociology, University of Singapore, 1971, p. 52.

② “We Are Singaporeans”, in *The Straits Times*, Aug. 19, 2005.

③ 陈祖洲：《新加坡——“权威型”政治下的现代化》，四川人民出版社2001年版，第75页。

共同体内的不同族群共同体以及国民个体，通过制度框架下的国家政治权威来引导不同族群对国家的接纳和支持，并在该进程中强化国家对文化认同的塑造，以制度认同来推动文化认同的形成，从而为多元族群国家编织有效的联结纽带。

对于新加坡来说，在独立初期国家认同与族群认同之间的张力明显，甚至因族群暴乱而引发的认同困境并未得到完全的化解，给当时的国家认同建构造成了巨大的困难。从认同的构成要素来看，由于殖民地时期并没有统一的国家意识，所以在语言、历史、宗教以及经济生活等多个方面，各个族群都没有形成共同的记忆和经历，在形式上呈现一盘散沙的局面。而在其开埠直到独立的近 150 年时间里，这个小小的岛屿却经历了英殖民统治、日本军国主义统治、马来西亚联邦等多个统治主体，这种统治者的变更对于该移民社会的认同对象来说是飘忽不定的，难以形成固定的认同对象，加之不同时期的统治者都没有将移民真正纳入政府的公共治理体系，更加深了各族群民众对政治的冷漠与疏离。在此基础上，这些来自周边国家的移民依然保持着浓郁的祖籍国情结，更多的是“落叶归根”的过客心态，所以不同的族群虽然生活在新加坡并可能会老死在新加坡，却呈现出无根的漂泊，未形成坚实的根植本土的认同感。面对此种困境，新生的新加坡如何形成国家凝聚力和政治认同，让这些生于斯、长于斯甚至老于斯的各族群民众对这个国家产生明确的认同和效忠，难度之大可想而知。

独立以后，政府大力倡导“一个民族、一个新加坡”观念，通过积极的政策引领和制度规约来培育各族群民众的“国家意识”，最终实现了对多元族群关系的协调和整合，推动了国民融合进程的有序进行。同时，在意识形态的引领和国家认同以及共同身份塑造方面，新加坡政府并未将占本国人口绝对多数的华人族群视作国民的认同对象，而是重新建构出一个中性的“新加坡人”概念，以更高层次的上位群体（国家）认同取代充满张力的下位亚群体（族群）认同，削弱了族群边界意识，有助于消除族群之间的歧见，减少冲突爆发的可能性。“我们主张建立一个新加坡人的新加坡。……我国显然已寻找到一个永久的新加坡人的国民身份了。在70年代及90年代的两次广泛调查中，有关方面发现新加坡的公民只希望被称为新加坡人，而不是属于哪一个种族的新加坡人。……国民身份其实也是人为的，可以更动的。当然，除了肤色等问题之外，人类，其实都是一个整体的。”① 最终在政府的积极主导下，完成了族群身份到国民身份的延伸，逐渐塑造出“新加坡人”的国族认同、国家意识和共同价值观。新加坡各族群已经“与国家之间发生情感上的结合，在心理上认为我是国家的一部分。在自我内部，国家也被内摄而成为自我的一部分。”② 这个多元的移民社会已经基本形成同一的国家认同，塑造出“新加坡人的新加坡”，族群认同与国家认同之间的结构性张力也随着国家认同体系的完善而逐渐弱化。

第二节 多层治理：新加坡在认同维度的族群治理结构

在族际整合与国家建构过程中，新加坡政府通过逐渐淡化各族群的族性意识，避免把族群问题政治化，通过平衡各族群在国家中的地位，实现共同的国家意识和认同的形成。在国家认同与族群认同的博弈中，语言、文化、教育等多个领域是直接与认同的形成密切相关的。当然，这一结果的实现并非一日之功，乃是一个长期的系统工程。新加坡国家图书馆在2013年举办了“运动城市：海报人生”（Campaign City：Life in Posters）的展览，历数政府在不同年代所推动的全国性运动，记录了历史的同时也让所有参观者认识了

---

① ［新加坡］冯仲汉专访：《新加坡总理公署前高级部长拉惹勒南回忆录》，新明日报（新加坡）有限公司1991年版，第iv－v页。

② ［新加坡］宋明顺：《新加坡青年的意识结构》，教育科学出版社1980年版，第226页。

新加坡政府的治国理念。[①] 自1959年以来，新加坡政府几乎每年都要组织一次或者几次运动来团结国民，提升政府影响力的同时又使各族群借助“运动”平台加深了解，增进族际认同。从1959年的“保持新加坡清洁运动”到1979年的“礼貌运动”再到1988年的“歌唱吧，新加坡”运动，以及2003年的“家庭周”运动等，以致有人称新加坡为“运动之国”，这些运动的目的旨在通过政府对社会和民众的影响力来培养统一的国家意识和共同价值观，寻求改变国民性和增强民众的凝聚力。[②] 如新加坡一位资深媒体人所说：“新加坡的环境多元，多元种族、多元信仰，经过几十年在这片土地上生活，我们渐渐形成了共同价值观。”[③]

1982年，政府在制定的新纲领中指出，新加坡基本已经完成了结束殖民主义统治和建立新国家的任务，接下来最重要的任务就是“建立一个属于新加坡人的国家”，强化新加坡人“对国家的归属感，让新加坡人的爱国心和献身精神把他们紧紧联系在一起”。[④] 为此成立了国家意识委员会，从1988年开始每年都举行“国民意识周”活动，强化公民对新加坡的认同感和归属感。1991年国会发表《共同价值观白皮书》，强调“国家至上，社会为先；家庭为根，社会为本；关怀扶持，同舟共济；求同存异，协商共识；种族和谐，宗教宽容”。[⑤] 其中尤其注重族际包容开放、平等互助，要求国民要通过族群和谐与平等来共创社会的发展与稳定，强化新加坡国家认同。

---

① 笔者于2013年2月和7月前往新加坡国家图书馆参观这项展览，对新加坡政府在不同年代举行全国性运动来实现治国理政的努力印象深刻。不同的年代有不同的运动，但是目标是一致的，即为了强化国家凝聚力和增进社会和谐与族群共融。

② 刘宏：《战后新加坡华人社会的嬗变：本土情怀·区域网络·全球视野》，厦门大学出版社2003年版，第27页。

③ 韩咏梅：《乱的记忆》，《联合早报》2013年12月15日。

④ 曹云华：《新加坡的精神文明》，广东人民出版社1992年版，第72—73页。

⑤ Singapore White Paper, *Shared Values*, Singapore: Singapore National Printers, Jan. 6, 1991.

一　国家层面：政府主导的张力弥合与认同整合

1965 年 8 月 9 日，李光耀在宣布新加坡独立的广播讲话中强调："我们将在新加坡建立一个多元种族的社会。这不是一个马来人的国家，不是一个华人的国家，也不是一个印度人的国家。新加坡将给所有人提供一个安身立命之所。"① 李光耀讲这番话的目的，就是"为了向新加坡的少数族群保证，他们的地位时刻会获得保障，所受到的待遇将不会比多数族群来得差；同时提醒作为多数族群的华人不应该欺压非华人，因为他们自己也曾在新加坡加入马来西亚联邦时受到欺压"。② 为促进新加坡各族群在国家框架下的一体化进程，新加坡政府致力于建立一套共同的价值观体系，培养新加坡各族群民众的国家意识，塑造国家认同。

1. 国家意识形态与国家认同的塑造

独立之初新加坡的社会基础极其脆弱，整个国家面临着国家认同感缺失的迫切问题，这事关各族群之间的和谐与国家和社会的稳定。1959 年政府的年度报告明确指出要通过发展文化来推动国家认同的生成。随后的 20 多年里，政府希望借助建构同一的文化体系的方式来引领新加坡人树立正确的价值观，以免受到来自西方的不良思想的影响。③ 一个中性的"新加坡人"概念是将各族群凝聚在国家框架下的认同目标，从而有助于超越各自的族群藩篱，弱化族群边界，使不同族群之间以及族群与国家之间的结构性张力得以纾解。为了建构基于"新加坡人"的国家规范体系，政府推动的"培养国家意识运动"成为国家认同建构的重要形式。为此，李光耀在 1968 年 9 月 7 日就这个问题发表了自己的看法：

---

① ［新加坡］叶添博、林耀辉、梁荣锦：《白衣人：新加坡执政党秘辛》，海峡时报出版社 2013 年版，第 281 页。

② 李显龙：《种族、多元种族及新加坡在世界上的地位》（http：//www. zaobao. com/zopinions/views/story20171004 – 800306）。

③ Lily Kong，"Cultural Policy in Singapore：Negotiating Economic and Socio – Cultural Agendas"，in *Geoforum*，Vol. 31，2000，pp. 409 – 424.

> 所有的新国家都面临着确定身份的严重问题，因为在他们从殖民政权承袭下来的疆界内往往居住着许多种族或部族。我们问一问自己：什么是新加坡人？起先，我们不想做新加坡人。我们想成为马来亚人。这种想法发展了，于是我们决心成为马来西亚人。但是，在成为马来西亚人的23个月中，马来西亚各党派都经受到一种苦痛，我们终于又成了新加坡人。……对谁是新加坡人的决定性检验，还是在于看他是否把自己的命运和新加坡联系在一起，挺身而出，为新加坡战斗。从感情上决定他是否新加坡人乃是一种着重质量而不是着眼于数量的检验办法，因此可以下这样的定义：新加坡人是一个出身、成长或居住在新加坡的人，他愿意维持现在这样一个多元族群的、宽宏大量、乐于助人、向前看的社会，并时刻准备为之献出生命。①

李光耀的上述表态为“新加坡人”的概念界定了基本的范围，同时也为新加坡的国家认同明确了具体的内容：首先，民众应当建立超越于族群认同之上的国家认同，即个体首先要认同自己是新加坡人，而不是华人、马来人或印度人。其次，各族群的民众应该将本族群的命运、作为国民个体的命运与国家的前途与命运联系在一起，并可以为这个国家的利益与发展贡献自己的一切。经过建国以来几十年的政策引领与制度规约，“新加坡人”的身份得以强化，对于新加坡人来说已经“培养了国家意识，认清大家是一条船上的人，具有共同的命运。这是通过教育族群人士中间的相互作用而实现的。”② 在国家、族群以及社区和国民个体的不懈努力下，早在1970年进行的一项调查就显示，新加坡国民对国家的认同程度已经取得了非常好的成绩（表5.1）。

---

① ［英］亚历克斯·乔西：《李光耀》，上海人民出版社1976年版，第367—368页。

② 梁初鸿、郑民主编：《华侨华人史研究集（二）》，海洋出版社1989年版，第273页。

表5.1　　　　新加坡人的国家认同（1970年）

新加坡国家认同的指数		百分比（%）			位次		
		华人	马来人	印度人	华人	马来人	印度人
对“新加坡人”的认同	认同自己是新加坡人	91	98	64	2	1	3
	认同自己的新加坡国籍而不论居住在何处	89	96	71	2	1	3
	对“新加坡人”身份的认同超过对族群身份的认同	82	71	71	1	2.5	2.5
对国家象征符号的好感	国旗	66	74	70	3	1	2
	国歌	65	83	72	3	1	2
	国庆日	71	79	73	3	1	2
	国庆游行	71	83	66	2	1	3
	总统	41	71	67	3	1	2
	总理	68	72	74	3	2	1
新加坡独立或者新马分家的合理性	支持从马来西亚分离出来	51	34	34	1	2.5	2.5
	不支持新马重新统一	23	2	9	1	3	2
	愿意或者非常愿意为新加坡战斗和牺牲	81	80	78	1	2	3
	平均值/总位次	67	70	62	25	19	28

资料来源：Chiew Seen－Kong，*Ethnicity and National Integration*：*The Evolution of a Multi－ethnic Society*，Singapore：Oxford University Press，1983，p. 60。

而政府对国家意识形态和国家认同的塑造主要包括以下几个方面：

首先，政府通过对共同的国家价值体系的塑造来推动新加坡人的国家认同建构。1988年10月18日，吴作栋在人协青年团成立两周年时提出要“把我们的价值观提升为国家意识，并在学校、工作场合和家庭中教导，使它们成为我们的生活指南。”① 1991年国会通过的《共同价值观》白皮书意味着新加坡国家意识体系的生成，而其基于儒家伦理所提出的五大价值观充分体现了国家为重、社会

① 人民行动党：《行动报》1988年第11期。

为先的基本前提，强调个体要服从集体，而不能挑战集体，但是为了避免受到不尊重家庭和个人利益的指责，共同价值观也强调了家庭在国家价值体系中的作用，并随后又出台了家庭价值观，以此来协调集体与个体的关系。在共同价值观中所倡导的种族和谐思想，充分体现了新加坡一直以来所坚持的包容开放、平等互助的族群和谐理念，有助于纾解族际张力，增进不同族群与国家之间的凝聚力。

其次，政府通过强化新加坡人对国家象征符号的认知来增进国家认同。国旗、国徽与国歌是一个国家最基本的符号，对这三者的尊重与接纳是国民对国家合法性的认可，是国民认同形成的重要前提。拉惹勒南回忆新加坡国歌的创作时，曾说："朱比赛（注：新加坡国歌的曲作者）曾表示他也有这么一份意愿，要出力协助一个和谐、幸福的多元种族的新加坡。"[①] 学校每周都要举行的升国旗仪式以及同时要背诵的国民信约都是对这种国民意识的强化。而每年的国庆庆典则通过感官的刺激来强化民众的国家认同。2013 年笔者在滨海湾观摩了新加坡 48 周年国庆的盛况，活动现场总理与民众齐唱国歌，通过不同的仪轨来渲染国家形象与象征，新加坡空军的战斗机从西向东呼啸而过的震撼则将国庆庆典推向高潮，国民的自豪感与认同感此刻受到强大的推动。地标建筑滨海湾金沙酒店也在其顶部以灯光打上国旗图案，通过强大的视觉冲击力强化民众的认同感。而庆典中所贯穿的饱含不同族群多元文化符号的演出活动也充分展示了这个多元族群国家不同文明的和谐共生与共融。[②] 正如恩格斯所言："国家是文明社会的概括。"[③] 新加坡正是这样一个融

① ［新加坡］冯仲汉专访：《新加坡总理公署前高级部长拉惹勒南回忆录》，新明日报（新加坡）有限公司 1991 年版，第 39 页。

② 笔者于 2013 年 8 月 9 日傍晚和 2017 年 8 月 9 日下午分别在新加坡滨海湾观摩了新加坡 48 周年和 52 周年国庆庆典，两次庆典虽然内容和形式上都有较大不同，但是共同点就是整个过程中不论是政府对于国家象征符号的强化，还是民众的回应都充分彰显了这个多元族群国家政治认同培育的成功。当由空军挂载的巨幅新加坡国旗出现在滨海湾上空时，现场新加坡人的欢呼声此起彼伏，而新加坡武装部队陆军和海军的操练也持续将庆典推向高潮。现场的氛围洋溢着新加坡人浓重的民族自豪感。

③ ［德］恩格斯：《家庭、私有制和国家的起源》，人民出版社 1999 年版，第 183 页。

汇了多元文明的团结的国家。

最后，政府通过对共同的历史记忆的纪念来增进国民的认同感。新加坡曲折的历史发展进程虽短但是却为这个国家留下了很多值得纪念的历史记忆。1942 年 2 月 15 日，新加坡沦陷，开始了长达三年六个月的日军占领时期。每年的 2 月 15 日，新加坡政府都要在“日本占领时期死难人民纪念碑”前举行祭礼，唤醒国民对和平的珍视和对战争的警惕。2013 年祭礼时笔者适逢在新加坡访学，主宾为社会发展、青年和体育部代部长黄循财，他指出政府会将纪念碑列为国家保护建筑，一方面告诫现在的新加坡人不要忘记祖先的磨难和牺牲，另一方面通过这一举措来强化新加坡人对国家的认同感，珍惜来之不易的和平。而在以往的纪念活动中，也会邀请一些曾经经历过“二战”、经历过独立前的族群暴乱的老人讲述那段黑暗的历史，以此来强化国民对族群和谐与世界和平的认知。2014 年 2 月 15 日，笔者的一位新加坡朋友传递信息说道，“当几分钟前新加坡民防警铃响起时，我的心情很沉重，作为新加坡人我永远都会记住这一天。因为对于我的国家来说，这是一场灾难，我们新加坡人要通过自己的努力避免历史的悲剧重演。因为，我们爱这个国家。”可以说，“二战”期间新加坡社会所经历的苦痛在把这个“由不同族群背景的移民组成的年轻而不完善的社会建设成一个国家的过程中扮演了催化剂的角色。过去我们曾在一起受难的经历告诫我们：我们有着共同的命运，并通过这种共同的遭遇建立起生存于同一个共同体中的情感。”①

2015 年 3 月，李光耀去世。新加坡人对这位建国总理的哀悼和怀念充分表现了新加坡国家认同建设的成功。在全国哀悼周期间冒雨前去国会大厦悼念李光耀以及葬礼当天冒雨列队送别李光耀的场景感染着每一个观者。有新加坡学者就指出，“在那一周，作为一个国家我们有了更多的进步。我们也变得更加认同我们的共同价值

① Alex Josey, *Lee Kuan Yew*, Singapore: Asia Pacific Press, 1968, p. 541.

观，对国家的认同也得到了更进一步的提升。”① 如拉惹勒南所说，“我们已促使人们认识到一个多元种族社会里，必须关注如何去创建一个各族共有的国家文化的问题。新加坡很需要一个和谐安定的文化环境。在这种文化环境下，各种不同种族和不同特色的文化能够生存，而且能在和平的状态中茁壮成长，彼此互为影响、吸收、相结合，而至逐渐自然地形成一种整体的国家文化。这是我们长远的最高理想。”②

2. 多元语言政策推动族群平等

新加坡的多元族群社会中，不仅有交错杂居的几大族群，而且各族群内部又有着更为细致的亚族群划分，且这些亚族群又因籍贯不同而操持各自的方言，以致造成这些族群在语言、文化传统以及生活习俗等多个方面不仅族群之间存在明显差异，而且即便是在族群内部的亚族群之间也有着较大的不同，给各族群的沟通以及国家团结都造成了很大的影响。据 20 世纪 70 年代的统计显示，新加坡现存语言中超过千人以上使用的语言有 20 种之多③。语言对于人类共同体认同的形成发挥着纽带的作用，操持相同语言的族群会有一种天然的亲近感，比如同样讲马来语的马来西亚人和新加坡人虽然国籍不同，但是对于彼此所拥有的共同历史记忆和文化传统借助语言这一工具即得到了很好的联结。而如果语言不通或者混杂，则不利于不同人类共同体之间的互动交流，从而影响到族际关系，甚至造成族群矛盾。所以，对于多元族群国家而言，共通的语言是联结不同族群之间的纽带，但是基本前提是语言平等的实现，如果存在语言霸权，强制语言同化，最终不仅不能起到融洽族群关系的

① Siau Ming En & Valerie Koh, “SG50: A milestone in building the Singaporean identity; Events in the Golden Jubilee year showed belief in a bright future if the people stand as one”, *TODAY*, 4 January 2016.

② ［新加坡］冯仲汉专访：《新加坡总理公署前高级部长拉惹勒南回忆录》，新明日报（新加坡）有限公司 1991 年版，第 119 页。

③ ［新加坡］吴元华：《新加坡的社会语言》，教育出版社 1978 年版，第 35—36 页。

效果，还很可能破坏族群和谐，引发族群冲突。

早在新加坡建国以前，人民行动党就确立了多语政策的基本理念。1958 年 12 月 19 日，杜进才在自治邦立法会的辩论中指出："人民行动党是 1955 年各党派新加坡教育政策报告书签字者之一。在这份报告书里，曾计划不论一个学生进入英校、华校、巫校或印校，当他结束学业之时，不但懂得母语，同时也懂得马来语和英语。换句话说，将来所有的学生都懂得多种语言。"① 这种坚持语言多元化的理念对于凝聚多元族群的力量，缓解各族群之间的结构性张力发挥了重要的作用，是人民行动党践行族群平等原则和推动多元族群社会建设的重要体现。在殖民时代，接受不同语言教育背景的人才在社会发展中有着不同的地位，接受英文教育者在多个领域享有优先权，人民行动党主张改变这种不平等的局面。1959 年 2 月 15 日，杜进才再次强调："我们要求各民族的教育与语言平等……受英文教育的人也应该跟受华文、巫文、印文教育的人站在同等的地位上……任何人都不应该有特权。"②

要改变因语言背景而产生的不平等首先就要通过官方渠道确立平等多元的语言政策。1959 年新加坡人民行动党上台执政以后为了巩固各族群的社会凝聚力，制定了如下语言政策："以马来语为国语，以罗马字母拼音书写，同时任何人不得被禁止使用、教导或学习任何其他语文，且政府有权保留并维系新加坡社会其他语言的使用和研究。"③ 独立不久的 1965 年 10 月 1 日，新加坡总理公署发表文告称："巫华印英四种语言为官方语言，以罗马化马来文作为国语"，正式确立了"在新加坡，四种官方语文——即马来文、华文、淡米尔文和英文——都是同等地位的官方语文。……四种语文，在新加坡都成为官方语文，是因为这是对的，而于我们国家和人民都有裨益。……新加坡的宪法将重新规定各语文向来所享有的地位，

① 《多政党领袖一致拥护多种语言制度》，《星洲日报》1958 年 12 月 20 日。

② 杜进才：《当前的政局》，《南洋商报》1959 年 2 月 16 日。

③ ［新加坡］郭振羽：《新加坡的语言与社会》，正中书局 1985 年版，第 9—10 页。

即新加坡有着四种官方语文”。[①] 作为法定的官方语言，英语、华语、马来语和淡米尔语没有孰优孰劣之分，都享有平等的语言地位。不论是在国家的政治生活中，还是在学校的教育体制内，乃至整个社会生活的方方面面，都可以看到这四种语言平等共存的现象。比如在国会辩论中，四种语言皆可以使用，同时国会会提供同声传译，笔者在旁听新加坡国会辩论时就曾受益于这种翻译工作，而不同族群的议员在参与国会辩论中也许并不能完全掌握四种语言，所以经常可以看到议员会带上同声传译的耳机；再比如新加坡的地铁上会以四种语言轮流播放各种提示，交通指示牌等也多以四种语言标明，如此等等。

不论是建国以前人民行动党所主张的多语政策，还是建国以后政府积极推动的国家语言政策，都是基于对新加坡这个多元族群社会的发展而采取的谨慎选择。建国以前所发生的两次严重的族群暴乱充分暴露了这个多元族群社会族际关系的脆弱和整体的跨族群认同的淡薄。在对一系列族群政治事件反思的基础上，政府发现“在凝聚多元族群社会和鼓励个人与团体参与国家制度方面，语言是无可替代的有力工具”。[②]

政府通过确立这种多元语言的政策和制度设计，一方面强调尊重不同族群的语言与文化传统，杜绝语言霸权，有助于兼收并蓄多元文化，建立起包容开放的新加坡文化，缓解可能因为语言问题而引发的族群张力扩大；另一方面通过确立马来语为国语，充分尊重了马来人所主张的土著地位，同时又将中性的英语作为官方通用语言，而没有突出强调华语的地位，这便有助于在“马来海洋”的孤岛上减少来自周边马来国家的猜忌与敌视。“多元种族的新加坡最大的希望是要确保年轻的一代，在各种族融洽的最有利条件下成长

① 《星加坡为共和国，元首将改称总统》，《星洲日报》1965 年 12 月 14 日。

② Herbert C. Kelman, “Language as an Aid and Barrier to Involvement in the National System”, in Joan Rubin & Björn H. Jernudd eds., *Can Language Be Planned? Sociolinguistic Theory and Practice for Developing Nations*, Honolulu: University Press of Hawaii, 1971, p. 40.

起来”①，为此国家通过新的教育体系来消除不同族群之间的歧异，增强各族群的共同感，增进对新加坡的认同和效忠。② 政府取消了不同语言源流的旧教育体制，推行母语和英语（如果母语为英语则选择四种官方语言中的另一种）并进的双语教育体制，以此消除各族群在社会文化方面的隔阂。“多种语言的混用虽然给日常生活带来了一定的不便，但也使各族群体验到了某种程度上的平等。”③ 可以说，政府通过推行这种平等多元的语言文化政策，避免了语言壁垒的形成，通过推动英语的通用性来实现语言的同质化以弱化族群边界，培养和增进了新加坡的社会凝聚力。在最近两次人口普查中，对各族群语言的使用情况有如下统计：接受英语教育的总比例及各族群比例基本都呈上升趋势，接受双语甚至多语教育的人口比例提升很快，整体比例从 2000 年的 56.0% 提升到 2010 年的 70.5%。而在家庭及日常生活中英语已经成为最为普及的语言，除此之外各族群基本都能掌握一部分其他族群的语言（表 5.2）。这足以证明新加坡双语政策的成果，而其中也突出显示了英语作为共同语言的特殊地位。目前，新加坡所有的主要族群都普遍“使用多种语言”④，双语政策明显促进了多种语言在总人口中的传播。“能够使不同语言背景的族群共同生活，而且维持沟通稳定，没有为着语言的使用而争执或冲突，这的确是一项了不起的成就。”⑤

① ［新加坡］魏维贤、德瑞等：《新加坡一百五十年来的教育》，新加坡师资训练学院 1972 年版，第 78 页。

② S. Gopinathan, “Education”, in John S. T. Quah, Chan Heng Chee & Seah Chee Meow eds., *Government and Politics of Singapore*, Singapore: Oxford University Press, 1987, pp. 66 – 79.

③ 李文：《东南亚：政治变革与社会转型》，中国社会科学出版社 2006 年版，第 328 页。

④ ［新加坡］苏瑞福：《新加坡人口研究》，薛学了等译，厦门大学出版社 2009 年版，第 48 页。

⑤ 顾长永：《新加坡蜕变的四十年》，五南图书有限公司 2006 年版，第 59 页。

表 5.2　新加坡各族群语言使用情况（2000 年、2010 年）　（单位：%）

	总计		华族		马来族		印度族		其他族群	
	2000 年	2010 年	2000 年	2010 年	2000 年	2010 年	2000 年	2010 年	2000 年	2010 年
总的识字率（15 岁及以上）	92.5	95.9	92.1	95.2	93.6	97.1	95.1	98.1	97.1	99.5
受教育人口（15 岁及以上）										
接受英语教育	70.9	79.9	67.6	77.4	79.7	86.9	87.0	87.1	90.4	89.8
接受两种及以上语言教育	56.0	70.5	51.5	66.5	78.0	86.3	67.4	82.1	48.7	70.3
家庭最常用语言（15 岁及以上）	100.0	100.0	100.0	100.0	100.0	100.0	100.0	100.0	100.0	100.0
英语	23.0	32.3	23.9	32.6	7.9	17.0	35.6	41.6	68.5	62.4
华语	35.0	35.6	45.1	47.7	0.1	0.1	0.1	0.1	4.4	3.8
华语方言	23.8	14.3	30.7	19.2	0.1	—	0.1	—	3.2	0.9
马来语	14.1	12.2	0.2	0.2	91.6	82.7	11.6	7.9	15.6	4.3
淡米尔语	3.2	3.3	—	—	0.1	0.1	42.9	36.7	0.2	0.1
其他	0.9	2.3	0.1	0.2	0.3	0.2	9.7	13.6	8.2	28.6

资料来源：Department of Statistics Singapore，http：//www.singstat.gov.sg/publications/Publications_ and_ papers/cop2010/census_ 2010_ release1/indicators.pdf。

将英语作为这个国家的通用语言也经历了曲折的过程，最初是以马来语作为共同语言来推广，独立以后随着以马来语作为共同语言的现实可能性逐渐弱化，政府才最终选定了英语这个中性的语言为各族群共通的语言工具。李光耀在 1955 年的一次演讲中曾经指出，新加坡各族群的人民就像水族箱里的鱼儿，虽然彼此靠得很近，但是实际上是各自分开的，所以必须通过政府的努力让这些鱼儿融为一体，建构起同一的认同。1960 年 3 月在南洋大学政治学会发表演讲时他又指出：“世界新近独立的国家，大致可以分为两类，一类是语言并不成为政治争执问题的国家，另一类是语言成为政治争执问题的国家。那些一开始就解决语言统一的国家是幸运的……但是有的国家却没有那么幸运。印度尽管有着伟大的历史和文化，却没有一种支配的语言。”[①] 他表示多元族群社会可能会因为语言的差异而产生政治纠纷，“一个民族的形成可能要好几个世纪的时间，但是，使不同种族的人说一种语言，在一代里可以办得到。在一个已定型的民族社会里，加入这个社会的基本条件之一，是懂得这个社会的统一语言。”[②] 可见，当时的新加坡政府深知拆除语言壁垒，建立语言同质化社会的重要性。所以，新加坡政府在坚持各族群语言平等的同时，一直在为确立一种共同语而努力。

一般而言，多元族群和多语言的新兴国家一般通过两种方式来推动语言政策的制定和执行：一是以相关政策或法令强制确定一种通用语言为国语，并将其他语言淘汰掉；二是承认和尊重多种语言的平等性，同时采取一种或者多种作为官方语言，以此促进多族群的沟通。[③] 第一种方式是典型的同化政策，虽然暂时消除了语言的分歧，但是长远来看有着灾难性的影响；第二种方式强调包容的多元主义，有助于确保不同族群的平等共处，和平与和谐，不至于因为强制手段而激化族群之间的张力。新加坡采取的就是后一种策略。[④] 不过最初政府希望以马来语作为新加坡人共用的语言，这一方面是当时这个多元社会实现语言同质化的迫切需要，另一方面是考虑到推动新马合并的进程，1959 年人民行动党的五年计划中就明确指出要“让马来语既可以成为连接四种语言源流学校的桥梁，又可以帮助新加坡跨过柔佛海峡，成为马来亚联合邦的一部分。”[⑤]

为了推广马来语为各族群的共同语言，政府不遗余力地推动了诸如“全国团结周”“国语周”“国语月”等多项运动以及广泛举

---

① 新加坡联合早报编：《李光耀 40 年政论选》，现代出版社 1994 年版，第 366 页。

② 新加坡联合早报编：《李光耀 40 年政论选》，第 368 页。

③ William A. Stewart，“An Outline Sociolinguistic Typology for Describing National Multilingualism”，in J. A. Fishman ed.，*Reading in the Sociology of Language*，The Hague：Mouton，1968，p. 540.

④ Eddie C. Y. Kuo，*Language and Society in Singapore*，Singapore：Singapore University Press，1980，p. 57.

⑤ Eddie C. Y. Kuo，*Language and Society in Singapore*，Singapore：Singapore University Press，1980，p. 209.

办马来语课程班等形式来增强马来语在民众中的影响力，政府的公文也采用马来文为主要语文，还为此成立了推广马来语的相关机构。1963 年以林溪茂为主席的新加坡教育调查委员会就提出："接受 1956 年新加坡立法议会各党派华文教育委员会报告书的建议……平等对待巫文、华文、英文以及淡米尔文四种语文源流的教育……使用以马来亚为中心的教科书和课程纲要……接受巫文为国语以鼓励非马来人学习这种语文，同时促进马来教育。……作为一座桥梁以沟通四种教育源流以及打破各种族间的猜疑和偏见而团结为一个多元种族的社会，国语的订定是必要的。国语的学习能促进彼此之尊重及对国家的共同效忠。"①

但是，由于马来语在新加坡社会缺少群众基础，非马来人尤其是华人对该项政策普遍持抵制态度，最终政府的这一努力收效甚微。不过考虑到新马合并的需要以及华人社会所面临的复杂的周边地缘环境，政府在独立前始终没有放弃这方面的努力。新马分家以后，走上独立建国道路的新加坡更加意识到以共同语言来增强社会凝聚力，联结不同族群以化解族群矛盾，保障族群和谐与社会稳定的重要性。新马分家虽然没有动摇马来语的国语地位，但是其在各族群共同语言方面的角色已经没有此前那样清晰了，政府于 1967 年停止了以马来语推广为主要任务的"国语宣传周"运动，而转向以英语作为各族群的共同语言来推动。相比马来语，英语有着独到的优势：首先，英语在新加坡被殖民统治时期曾经有过 100 多年的官方语言基础，各族群居民对其有着较强的认同度。其次，英语本身在世界政治经济发展中已经逐渐成为通用的国际语言，新加坡选用其作为本土官方通用语有助于和国际接轨。如李光耀所说，新加坡独立时政府"所作出的第一个决定就是认定英文为工作语言。（新马合并期间）曾经以马来语作为工作语言，但是在独立后新加

① ［新加坡］魏维贤、德瑞等：《新加坡一百五十年来的教育》，新加坡师资训练学院 1972 年版，第 51 页。

坡必须与世界接轨，英语是重要的工具。”① 最后，最为重要的一点就是英语不属于任何一个族群的内部语言，中立性的色彩不会引起其他族群的反感和排斥，有助于扮演好族群关系纽带的作用。

1996 年李光耀在印度访问时曾经谈到了以英语为官方通用语的重要意义：“新加坡独立 30 年的历史告诉我们如何以更为有效地方式推动政府治理与行政，更好地制定和执行国家政策，用一种通用的语文教育我们的下一代。……英文作为共同的语文在教育我们的人民以提升他们的整体素质和价值方面发挥了重要的作用。……”② 2014 年 2 月李显龙在接受中国记者专访时也明确提出，鉴于英语是新加坡的官方通用语言，所以采访将以英语而不是华语进行，之所以这样做也是有其特定的考虑的。可以说，通过将英语确定为国家与社会生活的共同语言进行推广，借助这一柔性的纽带联结其不同的族群，在认同维度缓解甚至消解了族群与族群以及族群与国家之间的结构性张力，增进了族群交流，确保了族群和谐与社会稳定的巩固和持续。当然，也正是因为这样的语言政策才逐步强化了新加坡人的国家认同，即使使用甚至精通本族群的母语，也不会再将祖籍国作为政治认同的对象。以华语为例，有学者就曾撰文指出：“一心想落叶归根、返回中国家乡的先辈，早已寥寥可数；大部分华文教育者对国家忠贞，对这片土地热爱，他们的文化认同与国家认同，原本就没有混淆。”③

3. 改革教育体系，合并不同源流学校

新加坡政府认为教育是减少族群冲突提升族群和谐的重要路径④，所以积极发展国民教育系统来推动国家认同建构，以消解族

① Han Fook Kwang, Warren Fernandez & Sumiko Tan, *Lee Kuan Yew: The Man and His Ideas*, Singapore: Straits Times Press, 1998, pp. 81 – 83.

② “Address by the Senior Minister at the India International Centre on Jan. 5, 1996”, in *The Straits Times*, Jan. 6, 1996.

③ 赵慕媛：《冷战思维下的历史原罪》，《联合早报》2018 年 3 月 11 日。

④ Kamaludeen Mohamed Nasir, Alexius A. Pereira & Bryan S. Turner, *Muslims in Singapore: Piety, Politics and Policies*, New York: Routledge, 2010, p. 71.

群认同与国家认同张力。“教育作为国家发展的工具，是政府施政和公众关注的重心。新加坡教育的三大目标之首就是要消除不同族群的歧异，增强族群共同经验，使民众认同和效忠新加坡。”① 在早期的新加坡社会中，由于殖民政府“分而治之”的族群治理政策造成不同族群分别以本族群的母语为依托兴办教育，最终形成了殖民政府官方教育体制与其他族群民间教育体制并存的局面，相应地就以族群语言为基础呈现为四种语言源流的教育体系。这些由各族群创办的本族群语言源流的学校，在经费上除了自筹之外也接受祖籍国政府的资助，学校教师和管理人员也大多来自祖籍国，所以在这种环境下发展起来的教育必然或多或少地会受到祖籍国的影响，培养出的学生在价值取向上不可避免地会出现回归心态，以致在地化的价值取向相对较弱，从而影响本土认同的形成。② 不过对于土生土长在新加坡社会的华人而言，他们虽然“在种族和情感上看起来是华人，但是在政治上实际是把自己当做马来亚人来看的”。③ 但是这并不能改变华族与整个新加坡社会之间在认同上存在张力的现实。所以，“二战”以后，殖民政府也意识到“需要培养当地意识，使各种族的移民把自己视为当地的公民，最重要的途径就是在教育上下功夫”。④ 以致“到了20世纪50年代末期……新加坡的教育源流，从以华语教育为优势的局面，转到以英语教育为主流的开始。这个趋势，更随着新加坡独立之后，成为主要的发展政策”。⑤

---

① 洪镰德：《新加坡学》，扬智文化1994年版，第36—37页。

② 虽然马来语源流的学校也是由伊斯兰教团体和马来族社团来承办，但是由于政府对其土著地位的照顾，办学经费是由殖民政府承担的。并且政府对马来儿童实施免费的初等教育，1856年创办的马来文学校虽属于方言学校，却被殖民政府纳入新加坡的正式教育体制之中。所以，相比华族与印度族而言，马来族的学校虽非英语源流，但有着一定的特殊性。参见邱新民《新加坡教育的探讨（1819—1960）》，载宋哲美编《星马教育研究集》，香港东南亚研究所1974年版，第69—70页。

③ Victor Purecell, *The Chinese in Modern Malaya*, Singapore: Eastern Universities Press, 1960, p. 22.

④ ［新加坡］周兆呈：《语言、政治与国家化：南洋大学与新加坡政府关系（1953—1968）》，南洋理工大学中华语言文化中心、八方文化2012年版，第32页。

⑤ 李威宜：《新加坡华人游移变异的我群观》，唐山出版社1999年版，第97页。

独立建国以后，为了建构统一的国家认同和国民意识，新加坡政府开始通过合并不同源流学校的形式来统一新加坡的教育体系，推动教育领域的族群整合。

李光耀曾指出："如果……我们将来所教育出来的公民就只会在自己的圈子内，跟同文同语的人交谈和来往……即使在 20 年之后，我们还是被语言的障碍所隔绝，成为四种不同集团的人民。因此，教育我们的学生熟悉两种语言，甚至三种语言，这就成为刻不容缓的事情了。……如果在四种不同的教学媒介里，我们教授给我们的儿女四种不同的辨别是非黑白的标准、四种不同的为人处世哲学和道德行为，……我们还是不可能有一个统一和融洽的社会。"① 所以，在此种单一教育背景中培养的学生因为固有的族群属性和包容开放心态的缺乏，便无法有效地在不同族群之间建立积极的认同和信任感，从而造成族际张力扩大，为族际冲突种下不良诱因。为了解决这一困境，政府决定整合不同的语言源流教育系统，实行双语多语教育。所以，李光耀强调："我们必须在学校里教导年轻人正确的社会价值观念。我们继承了四种语文源流，而不是单一的教育制度……现在有必要把这四种语文源流统筹管理，使它们有共同的课程内容、目标与效忠感。"② 但是面对一个多元色彩如此浓厚的移民社会，完全整合四种语言的难度非常大，所以只能在各族群的语言与文化传统中抽取共性，异中求同，既尊重不同族群的优秀文化，又推动彼此之间的交流合作。最终，"面对着在我国人口当中流行的三种主要母语，以及将近一打的方言，我们决定推行两种语文——母语和英语的政策"。③

1960 年，新加坡开始在不同的语言源流学校里推动双语教学实践。双语包括第一语言和第二语言，第一语言是学校原来使用的教

---

① 《全星教师大集会，决心为建国效力》，《星洲日报》1959 年 12 月 9 日。

② 《全星教师大集会，决心为建国效力》，《星洲日报》1959 年 12 月 9 日。

③ 《李总理促教师负起责任，管教发育期间易受感染学生》，《星洲日报》1974 年 8 月 1 日。

学语言，如果原来学校使用非英语作为教学语言，那么第二语言必须选择英语，如果原来学校使用英语为教学语言，则第二语言为其他三种官方语言中的任何一种。1968 年教育部为了平衡双语在教学中的比例，再次规定原来是英文源流的学校需要以第二语言教授公民和历史课程，而原来非英文源流的学校则需要以英文来教授数学以及自然科学等课程。① 为了进一步增进双语教学的效果，1972 年教育部再次强调要加强第二语言教学的时间，到 1975 年时第二语言在教学中所占的时间比例达到了 40%。在具体的教学实践中，由于政府的政策导向，所有源流的学校中英语教学所占的比例事实上要高于其他语言，所以逐渐培养起一个以英语为主要媒介语的多元族群英语社会。最终由于国民观念的转变以及政府的政策扶持，原来的多源流逐渐归一到英语源流，1987 年教育部顺应形势发展在全国统一学校教育，以英语为第一教学语言，以本族群的母语作为第二教学语言，② 从此奠定了现代新加坡“国民型”教育系统的基础。

最终，新加坡的双语教育政策取代了此前多种语言源流教育并存的局面，为多元族群社会打造了一套既有包容性又能保留各族群语言传统的带有新加坡特色的双语教育体系。用李光耀的话说，在多语言源流的教育体系中，培养出来的公民有着四种不同的是非标准、行为准则，是四种截然不同的人民，所以社会基础过于松散而缺乏凝聚力。在统一的国民教育体系中，政府实现了单一语言源流教学的同时还尊重了其他多元语言源流的存在，并在此基础上强化了认同感和国家效忠意识，有助于消解族际认同张力，增进不同族群之间的互信和包容，培养国家同一的价值体系。正如新加坡教育部门在施行双语政策不久以后所总结的：“过去几年新加坡的教育正朝向一个国家团结的理想而努力，希望各族群和睦共处，并且使

① ［新加坡］郭振羽：《新加坡的语言与社会》，正中书局 1985 年版，第 73 页。

② ［新加坡］郭振羽：《新加坡的语言与社会》，正中书局 1985 年版，第 73 页。

所有的人有平等受教育的机会，政府的责任重大，但无论如何，经由教育，爱国意识与团结一致的思想正在形成。”①

二　族群层面：社会组织与国家认同的建构

早在中国辛亥革命以后，新马地区的华人就开始积极响应中国民族主义事业的发展，而这种民族独立意识也唤醒了马来人以及其他族群的独立诉求。在20世纪30年代，马来人、印度人和华人组成的各类社团就已经竞相提出了三种民族诉求，这一民族主义运动对新马地区的社会和谐造成了较大的冲击。日本人的侵略进一步加剧了不同族群的分化，“二战”结束以后，英国则面临着如何平息新马地区存在的三个潜在“国家”的隐患。② 随后近20年的反殖民主义与自治和独立运动的蓬勃发展更是让该地区各族群的族群认同得到了强化，对独立以后的国家认同建构造成了较大的阻碍。

1. 基于族群来建构对国家的认同

新加坡在不同的历史时期对各族群的界定标准不同，目前新加坡官方认定的是四个族群（华族、马来族、印度族、其他族，CMIO）。相比历史上人口统计动辄几百个族群而言，现在的族群分类更为清晰和直观，却也因此而造成了亚族群文化传统的流失。在民族国家建构中，简化族群类别，弱化族群边界对于族际整合与国家建构有直接的意义，虽然牺牲了亚族群的多样性，却因此减少了族群与族群之间以及族群与国家之间的结构性张力，在“想象的共同体”的架构下更易建构起同一的国家认同。

冷战的人背景下作为华人为主体的国家，新加坡的身份定位非常微妙，为了避免被国际社会视为所谓的“第三中国”，新加坡不论是在处理外交关系还是国内的族群关系等多个方面都非常谨慎，

---

① ［新加坡］魏维贤、德瑞等：《新加坡一百五十年来的教育》，新加坡师资训练学院1972年版，第68—69页。

② ［新加坡］王赓武：《地方与国家：传统与现代的对话》，载李元瑾主编《新马华人：传统与现代的对话》，南洋理工大学中华语言文化中心2002年版，第20页。

通过在宪法中对马来人给予特别的地位来降低马来人的恐慌[①]，同时尤其注重在与中国有关的议题上保持独立性的色彩。而整合不同的族群来建构统一的国家认同则是独立建国以后新加坡所面临的最为迫切的议题之一，因为这对于国家存在的合法性、社会的凝聚力以及国家运作的基础等都有着重要的意义。所以，在“独立前后，新加坡政府努力淡化种族意识尤其是华人的族群意识，是有其国内外因素考虑的。执政者为了避免猜忌和挑起内部的种族矛盾，遂有意压抑华人身份。”[②] 近年来，有人抛出了“华人特权”（Chinese Privilege）的论调，并在网络、媒体和学界持续发酵。提出这一概念的桑吉塔·丹那巴（Sangeetha Thanapal）是出生在新加坡的印度族人士，是在当地有着较大影响的社会和政治活动积极分子。她对比美国社会的“白人特权”而创造了这个概念，这一概念在2021年的新加坡透视论坛上再次被热炒，参加论坛的陈庆珠大使指出，有一部分华人并不同意他们享有华人特权。“他们记得，在新加坡诞生之初，李光耀告诉华人社区，他们应当放弃少数服从多数的主张，接受即使华人占绝大多数，华语也不会是国家语言。”[③] 有鉴于这段历史，“华人特权”的概念未必适合套用于新加坡。而这一概念的提出和热炒在某种程度上也凸显了新加坡少数族群的一些群体和个人对作为多数族群的华族依然抱有某种复杂心理。

新加坡华人社群主要由来自中国华南的福建人、广东人、客家人、海南人、潮州人等组成，不论在语言、生活习惯、文化传统以及经济生活等多个方面都存在较为明显的多元色彩，比如华人所信仰的宗教就涵盖了佛教、道教、基督教以及其他民间宗教等几十个之多，而加上此前早已移民至此并已经基本实现了本土化认同的海

---

① Joseph B. Tamney, *The Struggle Over Singapore's Soul*, Berlin & New York: Walter de Gruyter, 1996, p. 111.

② 李韶鉴：《可持续发展与多元社会和谐：新加坡经验》，四川大学出版社2007年版，第134页。

③ 《华社曾被要求放弃最大种族权利 陈庆珠：“华人特权”概念未必适用于新加坡》，《联合早报》2021年1月20日。

峡华人（亦称峇峇社群、土生华人），华人族群的异质性更加复杂了。早期南迁的这些华人移民为了整合本族群的力量，在这个陌生的移民社会立足，便依靠地缘、血缘、神缘以及业缘等形式组织了自助性质的会馆等社团组织，最终形成了具有新加坡特色的“宗乡文化”体系。[①] 但是这并不能改变华人族群内部多元多样的特质，作为这个国家比例最大的族群，如何将这些在生理特征上属于华族但是在文化、宗教以及祖籍地等存在较大差异的群体整合起来是新加坡独立以后政府所面对的重大课题。面对同样认同困境的还有印度族，虽然印度族群在新加坡的人口比例中并没有超过10%，但是其祖籍地、宗教、语言以及文化传统等方面同样有着复杂的多元多样色彩。印度人除了有来自印度南部和斯里兰卡北部的印度教淡米尔人之外，还有其他信仰锡克教、耆那教、佛教等宗教的群体，并且语言也是多种方言并存。为了整合族群认同以建构国家认同，在新加坡政府的引导以及各大族群自身的努力下，以语言为纽带的文化认同建构已经基本完成，并在此基础上持续推动着新加坡国家政治认同的建构和巩固。

如前文所述，新加坡政府在教育领域推动着双语政策，在语言政策方面则确定了国家的四大官方语言为英语、马来语、华语和淡米尔语。一方面这是在国家层面维护族群和谐与增进族际互动的重要举措，另一方面也通过这样的语言与教育政策整合不同族群内部的亚族群认同，首先在族群内部弱化了认同的多元色彩。不同的族群有着不同的宗教信仰，因为信仰的敏感性，所以政府始终坚持宗教信仰自由的政策，华族传统上以佛教和道教为主流宗教，而印度族则以印度教和锡克教等为主流宗教，政府并没有强制族群个体同化宗教，而是通过相对中性的语言政策对其进行了调节。华族通过“讲华语运动”来普及普通话，不会禁止方言但是尽可能地缩小方

---

① Hong Liu & Sin - Kiong Wong, *Singapore Chinese Society in Transition: Business, Politics & Socio - economic Change, 1945 - 1965*, New York: Peter Lang, 2004, pp. 13 - 40.

言的使用范围，用简化字华文作为书写语言来普及推广；印度族则通过以淡米尔语文来凝聚不同的印度亚族群，虽然也允许他们使用各自的地域性方言，但是由于政府的引导淡米尔文已经成为印度族的通用语言，从而将地域上的差异借助语言的同质性实现了一定程度的弥合。目前新加坡的电视频道有英语、华语、马来语、淡米尔语多个语言频道，报业控股也出版英文、华文、马来文和淡米尔文的报纸。这样做的结果的确造成了部分族群中亚族群文化传统的消失，比如现在很多年轻人只会讲英语或者官方语言中的其他三种语言，不会讲方言，在与老年人的沟通以及了解新加坡独有的方言传统文化等方面都会遇到障碍，不过却在一定程度上增强了族群与国家的凝聚力，有助于化解族群内部的亚族群张力，从而推动族际整合与国家建构进程。

以华族为例。自独立建国以来，政府一直在致力于消解华族内部的亚族群组织，力图使这个国内最大的族群淡化族群意识，以公民身份直接面对国家认同的建构。殖民政府时期的华人自助体系已经非常完善，尤其是在教育、社会福利等多个领域已经具备了很强的族群内部治理能力。1955 年由华社领导人倡办的以华语为主要教学语言的南洋大学的成立不仅在新加坡华人社会，在东南亚乃至整个海外华人社会都产生了深远的影响。但是由于南大在其发展过程中与新加坡政治的多次牵连，造成其与政府关系逐渐恶化。最终政府以华文文凭缺乏竞争力为由推动南洋大学与新加坡大学在 1980 年合并成立了新加坡国立大学，其实是变相关闭了南洋大学。1981 年在其原址成立了与南大并没有实质性继承关系的南洋理工学院（1991 年更名为南洋理工大学）。再有诸如以华人沙文主义为名查处《南洋商报》，推动《星洲日报》与《南洋商报》合并为《联合早报》，以普及英文教育的形式排挤华文学校，最终不得已为了保存华文教育的影响力而选立特选学校等，政府的这些举措到现在都还在很多华人的心中留下了阴影。但是政府正是通过这一系列的措施，将华族松散的亚族群认同以及原本自发的那种族群认同逐渐在政府的规制下纳入到了国家认同体系之下，华族的身份也逐渐为“新加坡人”的公民身份完全取代，从而将华族与国家之间的结构性张力减小到最低点。

马来族群作为官方承认的土著族群，虽然也根据地域分为不同的亚族群群体，比如有武吉士人（Bugis）、米南加保人（Minangkabau）、爪哇人和马来半岛人等，在语言上也有细微的差异，但是相比华族和印度族的亚族群多元性而言，马来族的异质性又是最不明显的，而且共同的宗教信仰将马来人内部不同的亚族群紧紧地凝聚在了一起，这便是伊斯兰教的作用。据2010年人口普查的统计（表4.1），马来族穆斯林在15岁及以上的马来族总人口中所占的比例高达98.7%，远远高于其他族群的宗教信仰比例。正是这种统一的宗教信仰为本区域内马来人的亚族群提供了情感上的亲近感，加之伊斯兰教教义的严格性在很大程度上强化了宗教在马来族群认同形成中的作用，所以政府在推动族群治理的进程中，在对马来人的政策和制度建构中非常重视宗教的作用。如前文所述，目前新加坡专门设有伊斯兰教事务主管部长，有专门的《伊斯兰教管理法案》，并且有包括伊斯兰教法庭和伊斯兰教宗教司的伊斯兰教理事会以及其领导下的伊斯兰教社团和教育体系。可以说是宗教的纽带让新加坡马来族群的亚族群多元性特征逐渐淡化，马来族群内部的同一性可以说是四大族群中最清晰的。除此之外，政府出于多重考虑，在宪法中给予马来族群以土著身份，并将马来语定为国语，国歌用马来语写成和演唱，军队的号令也是马来语，在国家的象征符号上给予马来族群以充分的尊重。不过由于新加坡的双语政策里并没有强制其他族群的国民必须学习马来语，造成马来语的国语地位更多的限于象征意义，所以也引发了部分马来知识精英的不满。

作为四大族群中的“其他族群”原来主要是指欧亚裔（Eurasian），即欧洲人和亚洲人的混血后裔，人数相对较少，随着近年来新移民的持续涌入，不能归入上述三大族群的新近移民也都被归入到了“其他”之内，比如犹太人、日本人、俄罗斯人等。目前该族群在新加坡人口中的比例约为3.2%，达到12.97万人（表2.1，表2.2，2020年数据）。由于该族群不论是在宗教信仰还是在语言构成等多个与族群特征相关的领域都与国家政策基本相符，宗教与语言张力几乎不存在，所以他们不论是对国家的认同还是内部的认同等多个方面都相对较为稳定。比如在2018年至2019年由新加坡政策研究所等机构组织的第二轮新加坡种族与宗教和谐调查中[①]，其他族群的受访者在新加坡种族与宗教和谐程度的指标选项中，没有人选择“非常低”和“低”，所有受访者都选择了“一般”“较高”和“非常高”的选项，从一个侧面也说明了这一群体对新加坡多元共融族群治理模式的较高认可度。当然，从人口构成上来看，随着近年来新移民的增多，这一群体逐渐丰富了“其他”的多元色彩。

多元族群政策下的新加坡族群建构基本遵循了简化的原则，以便于族群治理的有效开展。但是在族群整合进程中所遵循的原则因整合对象不同而存在较大差异性，所以在对待不同族群所采取的政策和制度建构方面也存在一定的不同。不过国家对于族群问题的重视以及对族群治理的制度和政策推进都贯彻了多元族群主义的基本原则，以族群平等作为基本的考量，通过对族群内部亚族群的整合，首先建构起单一的族群认同，在此基础上借助多维多层的族群治理实践来推动族际整合与国家认同建构进程的实现。

2. 通过族群社团推动族际交流与国家认同建构

2012年，新加坡和谐中心联合多家机构倡议推动了“筑桥计划”（Building Bridges Programme），以期通过增进不同宗教间的理解和对话来加强社会凝聚力以及社区交流，并希望通过两个及更多宗教团体的合作来科学正向地诠释各个宗教的经文、教义、历史传

---

① Mathew Mathews, Leonard Lim & Shanthini Selvarajan, *IPS - ONEPEOPLE. SG Indicators of Racial and Religious Harmony: Comparing Results from 2018 and 2013*, July 2019, https://lkyspp.nus.edu.sg/docs/default-source/ips/ips-working-paper-no-35_ips-onepeoplesg-indicators-of-racial-and-religious-harmony_comparing-results-from-2018-and-2013.pdf.

统以及宗教道德，并研究和分享他们对当代宗教社群所面临的新问题的独到见解，并在沟通交流中达成共识。2013 年 4 月 6 日举行了首届“筑桥研讨会”，时任文化、社区及青年部代部长黄循财在会议演讲中指出，“新加坡几十年来所享有的社会和谐和各族群之间的和平关系与各宗教领袖强烈的献身精神和积极的维护密不可分，跨宗教和谐要随着社会的发展一直持续下去，筑桥研讨会将成为促进宗教对话、搭建跨族群和跨宗教桥梁的重要渠道”①。出席本次研讨会的有来自各族群的民众 300 多人，会议其他嘉宾包括新加坡十大宗教的领袖以及来自不同族群的多位学者。在 2015 年和 2018 年分别举行了第二届和第三届筑桥研讨会，进一步加深了新加坡不同宗教间的对话和理解，使该机制成为新加坡不同宗教社群之间的重要纽带。

作为“筑桥计划”主要推动者的新加坡伊斯兰教理事会（MUIS）成立于 1968 年，时逢《伊斯兰教管理法案》（AMLA）正式生效。根据该法案，伊斯兰教理事会被赋予了一个特殊的身份，即作为新加坡总统的伊斯兰教事务咨询机构而存在，主要负责为新加坡总统和政府提供伊斯兰教事务方面的咨询及相关建议，并通过发展和保护穆斯林社群来发挥应有的影响力，协助政府处理好信仰伊斯兰教的族群与国家主体社会发展之间的关系。在新马合并期间，新加坡政府同意马来西亚联邦最高元首是新加坡穆斯林社群的宗教领袖，并将其写入了当时的联邦宪法。但是由于族群矛盾的不可调和，最终新马分家，新加坡独立。独立之初，鉴于族群问题尤其是信仰伊斯兰教的马来族群在这个国家的地位的特殊性，执政的人民行动党政府高度重视穆斯林的利益诉求、规范调适以及认同建构。在 1965 年 12 月有关伊斯兰教及穆斯林的相关法律草案被提交到国会进行讨论，1966 年 8 月通过了《伊斯兰教管理法案》，进而

① 2013 年 4 月 6 日，由新加坡和谐中心和新加坡伊斯兰教理事会联合主办的首届“筑桥研讨会”在新加坡伊斯兰教综合大厦举行，笔者在研讨会间隙与会议主宾时任新加坡文化、社区及青年部代部长黄循财先生进行了短暂交流。

决定成立新加坡伊斯兰教理事会作为新加坡穆斯林社群的管理机构。[①]

自成立以来，伊斯兰教理事会便将诚信、包容、转型作为核心价值追求，通过自身的积极努力在多元族群社会的新加坡扮演好管理新加坡穆斯林社群利益诉求的重要角色，同时承担着依据古兰经和圣训来提升新加坡穆斯林社群在宗教、社会、教育、经济和文化活动中遵行伊斯兰教规范和传统的责任。理事会由政府的伊斯兰教事务主管部长负责，所有成员均需由伊斯兰教事务主管部长提名，然后经由新加坡总统任命。主要有行政总裁、宗教司以及理事等组成。而就具体的作用而言，新加坡伊斯兰教理事会承担着如下主要职能：负责慈善救济、社会捐助、麦加朝圣、清真认证以及宗教传播活动等的管理工作；负责清真寺的发展、建设与管理工作；负责管理宗教学校与伊斯兰教教育体系发展；负责解读宗教规范；负责为贫困与需要帮助的穆斯林社群提供财力扶助；负责资助并支持宗教组织发展；等等。[②]

而华人社团也在推动宗教与族群和谐共融的进程中扮演着积极的角色。在新加坡众多的华人宗乡会馆中，荣获“2011 年杰出会馆奖”的厦门公会在几代会馆领导人的共同努力下，已经成长为新加坡华人社团的一支重要力量。[③] 时任会长林璒利指出，华人社团一定要利用好春节、中秋等重要节庆来开展丰富的活动，吸引各个族群的同胞参与，以期在此基础上促进和实现国民融合。自 2008 年以来，以“中秋博饼”为主题的“国民融合千人博饼庆中秋”活动已经由厦门公会连续主办了多届。博饼活动没有年龄、职业、阶层之分，在活动中部长和民众、老人和孩童、华人和其他族群的

① 范磊：《新加坡族群和谐机制：实现多元族群社会的善治》，湖南人民出版社 2016 年版，第 236 页。

② 范磊：《新加坡族群和谐机制：实现多元族群社会的善治》，湖南人民出版社 2016 年版，第 237 页。

③ 2013 年 3 月 13 日，笔者在牛车水登婆街金航旅游公司办公室采访了厦门公会时任会长林璒利女士，本书关于厦门公会的内容摘自此次采访记录。

同胞平等参与、全面交流，气氛热烈而融洽。这个活动被视为新加坡宗乡会馆与新移民团体联手搭建的重要沟通桥梁，既传承了共同的文化遗产，又构筑起和谐的跨族群交流平台。

宗乡总会还经常联合其他社团在每年的传统节庆举办跨族群民众的联欢活动，促进国民融合与跨族群交流。每年端午节的民众嘉年华，除了华人的积极参与，来自马来和印度族群的民众也会融入其中。端午节的粽子在新加坡也增添了马来风味、印度风味等多种口味，文艺表演除了华人传统的地方戏曲，还有马来族的鼓乐表演、印度风情的歌舞表演等。作为嘉年华高潮的旱龙舟比赛，更是吸引各族群民众积极参与的人气比赛项目，2013 年活动期间，笔者也参与到新移民社团天府会龙舟队的队伍中，与来自马来族和印度族的新加坡朋友进行了一场同台竞技。现场还有一位印度族的老先生拿起毛笔，挥毫写下“天下太平”四个汉字。本次活动的主宾是时任新加坡环境与水源部长的维文医生，他在致辞中表示，新加坡华人尤其年轻一代，需要了解自己的文化，为自己的文化感到自豪，“这样我们才能更好地领会其他族群的文化，维持一个有凝聚力的多元族群社会。”① 而维文就是一名印华混血儿，他的母亲是华人，他的太太也是华人，可以称作新加坡族群和谐在个人层面的典型代表了，而他也有着很好的语言天赋，会讲福建话和部分华语普通话，这让他在诸多公共活动尤其是国会选举的群众大会中会获得更多华族民众的好感。

三　社区层面：社区互动与认同张力的弥合

新加坡公民社会的迅速成长，让各族群国民日渐成为族群与公共治理进程中的主体。在族群治理网络中，以社会公众为主体的公民社会是整个网络中最基层的力量，也是最活跃的参与者，他们

① 这是 2013 年 6 月 9 日笔者参加由新加坡宗乡会馆联合总会与大巴窑中民众俱乐部联办的端午节民众嘉年华时的现场记录。

“希望在自己共同关心的事务中联合起来，通过他们的存在本身或行动，对公共政策产生影响。”[①] 尤其是在与日常的工作与生活密切相关的跨族群交流领域，公民社会的成长更凸显出重要的意义。

1. 推动社区互动，增进族群交流

多年的经验也表明国民融合与跨族群互动是双向行为，在政府与社团的推动下，不同的族群积极融入所在的社区，将新加坡作为国家认同和忠诚的对象，本着平等合作、和谐共处的心态与其他族群同胞逐渐建立起良性的互动关系。“二战”以后新加坡的华人就经历了从“叶落归根”到“落地生根”的身份转变，从过去将中国视为自己的祖国，发展到将新加坡视为故乡，完成了身份认同的本地化，新加坡建国以后更是将本土化认同提升为对新加坡国家的认同。经过几十年的发展，新加坡各族群之间的心态有了很大的转变。笔者曾经在2013年1月和4月到阿裕尼集选区采访，马来人、华人和印度人的受采访者都表示，其他族群的同胞与自己并没有什么不同，大家都是“新加坡人”，虽然肤色、生活习惯、信仰与文化以及政治理念等方面可能存在歧异，但是这丝毫不影响彼此的亲近感，有一位华人老者更是将他的印度裔邻居称作“兄弟”。

由于不同的族群之间有着各异的文化传统和风俗习惯，所以此时各族群之间的包容就显得更为关键。在各族群的传统中，华人习惯于在组屋楼下办葬礼，马来人则习惯于在组屋楼下举办婚礼，甚至还有在相邻的两座组屋楼下同时出现红白喜事并存的情况。组屋制度实行以来，几十年的磨合让两大族群基本都能相互体谅对方的这种文化传统[②]。当然也有例外，2012年10月新加坡职总（NTUC）雇员张艾美在面簿上抨击马来婚礼的事件曾引起普遍关注，遭到了来自政府和各族群的共同谴责，最终以张艾美被辞退公职离

---

① 高奇琦、李路曲：《新加坡公民社会组织的兴起与治理中的合作网络》，《东南亚研究》2004年第5期。

② 参见《总理群众大会华语演讲》（http://www.pmo.gov.sg/content/pmosite/mediacentre/speechesninterviews/primeminister/2009/August/national_day_rallyspeech2009chinese.html）。

境而得以解决，新加坡社会对这起事件的反映再次证明了族际和谐在新加坡人心中的地位。时任新加坡人力部代部长陈川仁就此事件接受采访时说，清真寺扩音器播放的祈祷声、焚烧祭品、组屋底层举办葬礼和婚宴等活动，都是新加坡本地的文化景观，“确实有不少活动似乎是侵犯个人空间……但我们懂得取舍，多数人与此并存，也为拥有丰富的习俗背景感到自豪。这正是作为新加坡人的一部分。”① 在 2018 年至 2019 年由新加坡政策研究所和种族和谐中心合作举行的关于新加坡种族与宗教和谐的第二轮调查结果也显示，越来越多的新加坡人对于这种由不同族群的历史与文化习俗而形成的社区活动采取了容忍的态度，虽然也有较大比例对此表示了反感，但是更多的是能理解其他兄弟族群的这种传统。

2. 发挥社区领袖的领导作用

作为一个多元族群、多元宗教的国家，新加坡一直强调能在这样一个多元体系下建构起社会和谐、社群和睦、社区安宁的美好图景并不是理所当然的。除了政府的政策一视同仁、人民相互包容外，基层领袖长期以来在社区的默默地耕耘与付出发挥了重要的作用，成为维护社会安定、人民团结、种族和睦不可或缺的重要枢纽和桥梁。由于基层领袖要深入社区与民众打交道，可以说是知悉民情，了解民意。他们充当着政府与居民之间的桥梁角色，是他人所无法取代的。

首先在做好政府与居民的沟通桥梁方面。随着社会的发展与进步，基层领袖的任务也逐渐从单一的促进社会和谐领域逐渐拓展到诸如扶贫工作、老弱者生活、处理居民纠纷、社区大小事务等不一而足。而作为桥梁，他们肩负着上情下达责任的同时，也必须深入民间去收集民意，以达到下情上传的义务。如此方能让决策者从中了解民意走向，以便在制定政策时，能更贴近人民的心声。其次，在推动社区内族群融合方面，基层领袖肩负着推动各族群交流与合

---

① 《发表种族敏感言论，助理署长被职总开除》，《联合早报》2012 年 10 月 9 日。

作，通过社区互动建立族际信任的重要任务。基层领袖通过举办各项活动来吸引居民参与，联系各族群的居民感情。笔者曾经在多个社区看到他们组织的诸如基层募捐、“家庭日”、健身等各类活动，以此拉近族群距离，弱化族群边界。笔者在蔡厝港的某社区长期关注了其所组织的一项健身活动，最初只有十多名华人和两名马来人参与，但是这项活动持续三个月以后，就已经发展到了近 50 人参与，而来自马来人、印度人等少数族群的参与者上升很快，近乎占到一半的比例，甚至有一名马来族的老太太乘坐轮椅也会来参加，积极地挥动双臂运动。笔者问她参加活动的原因，她说“与邻居聊天啊”，她甚至还会讲几句福建话。活动气氛非常融洽，不同族群之间会相互交流健身体会，交流生活体验等。笔者在与其中的几名参与者交流中，她们对组织这项活动的陈女士表示了由衷的感激。①

随着新移民的增加，相对于本土新加坡人而言他们是新来者，所以增进他们与本土社会的融合与了解是更为迫切的任务。2013 年 5 月中旬，人民协会在圣淘沙举行的常年融合嘉年华会上人协新任总执行理事长洪合成说，目前新加坡“基层领袖有大约 33000 人，其中新移民占了 9%，也就是大约 3000 人。”② 而人协也希望能在接下来的一年中可以推动更多的新移民基层领袖加入，以推动不同族群与新移民之间的国民融合工作，确保新加坡更加多元化的社会保持稳定与繁荣。笔者参加的 2013 年端午节嘉年华会上，舞台上，不同族群的表演者参与献艺，使活动多姿多彩；舞台下，各族居民不分你我，融为一体，观赏节目，不时给予演出者掌声。在整个活

① 这是笔者在访学期间所细致观察的一个现象。该活动场所就位于笔者所租住的组屋楼下的空场上，每天早晨 8 点左右他们就开始播放充满南洋风情的老歌，然后随着参加者慢慢来到就开始随歌起舞。其间所伴随着的是不同族群的邻居之间的互动，大多是五十岁以上的老年人，一般都会使用多种语言交流。最初令笔者吃惊的是很多马来人和印度人会讲福建话、广东话等方言，后来慢慢发现这原来是新加坡的普遍现象。搭乘出租车时，经常会有马来族的司机看乘客是华人就会讲福建话，非常有意思。

② 《人协：盼明年增 300 名新移民基层领袖》（http：//www. zaobao. com/realtime/singapore/story20130518 - 206023）。

动的筹备与进行过程中，处处可见社区基层领袖的身影。笔者现场采访的几位基层领袖都表示作为推动国民融合的基础性单位，社区的作用不可替代。每次举办社区活动，他们都会参加，虽然很辛苦，但是他们知道他们所做的是为了这个国家的和谐，是在推动各族群同胞的融合与交流，他们认为这是非常有意义的。

3. 组屋制度推动认同张力的弥合

在殖民统治时期“分而治之”的管理模式造成了各族群离散聚居的情况：“华族一般居住在城市中心或者内地出产农产品的甘榜或者种植园里；印度族大多居住于市中心偏西的实龙岗一带，这里是目前的商业街区；马来人则毗海而居，尤其是勿洛、芽笼以东以及巴西班让以西的地区。”① 各族群的离散分布对于殖民者的殖民统治是有利的，因为这样一方面可以避免不同族群间的合纵连横以抵抗殖民统治，另一方面也可以避免不同族群之间时不时爆发的械斗，从而减轻殖民政府的治理压力。但是，这种族群管理模式由于彼此缺乏交流，造成各族群之间的不信任感持续增加，不利于族际沟通与融合，造成族群间的张力持续扩大，为日后族群冲突埋下了伏笔。1964 年发生的两次族群暴乱虽然由巫统极端势力挑起，但是与殖民时期的这种隔离居住、分而治之政策不无关系。如果此前新加坡各族群之间有着密切的互动交流以及和谐的居住群落，彼此之间增进互动和认知，族群暴乱的爆发概率将会大大降低。因为，“族群接触与冲突之间存在着某种负相关，当个体成员接触越多，冲突（偏见、歧视与敌意等）爆发的机会就会越少”。② 因此，要改善族群之间的不信任状态，通过杂居的方式改变之前族群离散分布的空间格局以增进族际交流是重要的解决路径。

新加坡对住房建设的重视早在独立以前就开始了，当时“市区

① Jon S. T. Quah, Chan Heng Chee & Seah Chee Meow eds., *Government and politics of Singapore*, Singapore: Oxford Univercity Press, 1985, p. 33.

② Thomas F. Pettigrew, “Intergroup Contact Theory”, in *Annual Review of Psychology*, Vol. 49, 1998, pp. 65 – 85.

有84%的家庭住在店铺和简陋的木屋区，其中40%的人住在贫民窟和窝棚内，只有9%的居民有自己较为稳定的住房。”① 20世纪60年代开始，成立了建屋发展局（HDB），全面负责拆除落后的乡村聚落和贫民窟，开始以国家的名义大规模建造公共组屋区，拓展新的卫星城镇，并以公允的价格出售给各族群的国民。这一计划获得了极大成功，实现了很多国家都无法实现的“居者有其屋”的目标，同时也落实了李光耀“有恒产者有恒心”的理念，避免了国民因为买不起房子而迁怒他人和政府的危机。新加坡政府确立组屋制度的初衷除了为居民提供最基本的住房保障之外的另一个重要目的，就是消解传统的族群聚居模式，将自开埠以来形成的传统的以本族群为单位自发形成的聚居区和英殖民者“分而治之”模式有意设置的族群聚居单位拆解，进而以精心设计的族群配比来打造多元族群混合居住多元共融的公共组屋区，为强化国家认同和弱化族群个体认同创设有利的硬件环境。正如李光耀所说：“由于人口成分多元化，对族群分而治之，这个样子我国无法成为一个国家，我们也无法自我防卫。因此不能这么继续下去。当我们重建城市为居民提供房子时，必须做出的第一个重大决策就是应该把不同族群的人集中在一起。”②

不过在组屋建设过程中也曾遭遇过族群内部个别人士曲解政府决策意图，挑唆鼓动本族群（尤其是少数族群）抵制政府的组屋计划，进而影响到刚刚起步的组屋建设以及当时还比较脆弱的族群关系的事情。20世纪60年代，马来族居住的甘榜景万岸地区，位于远离市区的新加坡岛东部，基础设施相对比较落后。为了改变这一局面，政府在1964年就启动了社区重建计划，将原住户从该地迁离以进行大规模的居住社区建设。但是，在计划启动不久以后，就开始有谣言传播说政府是在利用城市重建来拆散马来社区，削弱马

① 马志刚：《新加坡道路及发展模式》，时事出版社1996年版，第426页。

② 李资政：《人口成分多元化，对族群分而治之我国无法成为一个国家》，《联合早报》1998年9月28日。

来社群的内部团结和凝聚力，从而引发马来社群的强烈反弹，近乎激化矛盾引发暴乱。政府通过多种形式与民众沟通，承诺在重建完成之后，原来居住在景万岸的马来人愿意迁回的，一律优先处理。后来在组屋建成后，政府履诺将愿意回来的马来人家庭迁回，让他们在自主选择的前提下脱离了原有的简陋住宅，充分享受到城市重建带来的便利和清洁。“此举增强了马来人对于新加坡的认同，自此以后，没有再发生大的族群冲突问题。因为他们的确感受到了政府对他们作为少数族群的特殊照顾和公平待遇。”①

但是公共组屋制度施行初期各族群只愿意和本族人做邻居，这对于增进跨族群交流无疑是不利的。所以，政府在城市建设与规划过程中，通过打破原来族群聚居的形式来促进不同族群的交错杂居。1989 年时任国家发展部长丹那巴南提出，1989 年 3 月以后的组屋分配将根据国家族群比例进行分配，要求华人、马来人、印度人和其他族群毗邻而居，通过这种方式培养族际互动交流与和谐容忍，避免人为的族群区隔的出现，这一政策被称作族群融合政策。该政策推行以后，不同族群按照一定的比例被分配在同一个组屋区，转售的时候也不能打破这一制度（表 5.3）。2007 年时任国家发展部长马宝山再次强调组屋分配中族群融合政策的成果和重要性，他指出如果没有当初所制定的族群比例配额分配制度，各族群自发聚居的比例将会非常高，这将不利于族际交流，从而影响社会和谐与政治稳定。他指出：“与 1989 年相比，族群融合政策依然是确保各族群和谐与族际融合的必要举措。……不过我们这个多元族群社会的族群和谐与社会稳定依然受到不断的挑战……在建屋发展局所建设的公共组屋中，族群融合政策在维护族群比例平衡中发挥了重要作用。……在特定的族群聚居相对集中的市镇——比如华人聚居的盛港和马来人聚居的勿洛——它有助于降低族群聚居的比例。……如果没有族群配额制度……必然会严重威胁我们的社区、

① 陈烈甫：《李光耀治下的新加坡》，台湾商务印书馆 1985 年版，第 56 页。

学校与巴刹[①]的多元族群氛围，并进而影响我们的政治与社会稳定。”[②]

表 5.3 公共组屋分配中的族群限额

族群	新加坡居民人口（%）a	允许的公寓比例	
		每个邻区（%）	每幢大楼（%）b
华族	76.8	84	87
马来族	13.9	22	25
印度与其他少数民族	9.3	10	13

注：a 人口普查 2000 年数据，新加坡统计局。b 大楼设定的限额比邻区高 3 个百分点，以允许大楼间有些变化。大楼限额优先于邻区限额。

资料来源：Lum Sau Kim & Tan Mui Tien，“Integrating Differentials：A Study on the HDB Ethnic Integration Policy（Research Bulletin）”，*CRES Times*，2003，Vol. 3，No. 1。

新加坡政府通过公共组屋制度，在社区层面调节了族群认同与国家认同的关系，并通过这种制度推动了多元族群之间的交流以及包容精神的养成，这种交错杂居的居住模式对于培养多元族群的国家意识以及“新加坡人”的国家认同感发挥了重要作用。李光耀曾说，“尽管重新安置居民可能造成较大的混乱，但是政府并没有给予居民自主的选择机会，他们必须通过抽签才能拥有住进组屋的权利。殖民统治时期的分而治之政策不利于新加坡国家认同的建构。虽然这一政策刚开始实施时受到一定的阻力，因为这意味着存在较大差异性的不同族群必须要相互迁就和容忍甚至做邻居，但是这个国家的国民必须学会包容和尊重他人。”[③] 综合来看，“新加坡的组屋政策不仅塑造了公民的国家身份认同感和作为

① “巴刹”一词来自马来语词汇 pasar，主要是指售卖商品或食品的市场和集市。

② Mah Bow Tan，“Speech on Public Housing Policies During Committee of Supply Debate”，http：//app. mnd. gov. sg/Newsroom/NewsPage. aspx？ID = 966&category = Speech&year = 2007&RA1 = &RA2 = &RA3 = .

③ Jon S. T. Quah，In search of Singapore's national values，Singapore：Institute of Policy Studies，1990，p. 51.

公民的共同记忆，同时也塑造了新加坡的公共社区，为社会稳定和经济繁荣奠定了基础。”[①] 对于多元族群社会的治理尤其是城市社区治理而言，这种安排可谓是一箭双雕或者说是事半功倍的一个良策。

第三节　案例研究：国民融合进程中的中国新移民

一　中国新移民：新加坡族群治理的新议题

随着全球化进程的发展、国家间相互依赖程度的提升以及本地区经济形势和国内发展的需要，新加坡开始面临着来自世界各地的新移民不断增加的新现实。过去的20年见证了华人“新移民”的快速增长，“他们出生于中国大陆，并在20世纪80年代早期从中国移居到世界各地。他们优先选择的目的地是北美、欧洲和澳大利亚……新加坡则是他们在亚洲最主要的移民目的地，数十万的中国新移民成为本地社会和文化场域的重要组成部分”。[②] 对于新加坡而言，虽然新移民的来源国涵盖了马来西亚、韩国、日本、欧美等诸多国家和地区，但是在涉及新移民议题时，这一概念却明显被标签化，烙上了清晰的“中国印”。早在2003年所进行的一项调查就显示，来自中国的新移民被视为1993年以后对新加坡产生深刻影响的十件大事之一。[③] 2011年大选、总统选举，2012年和2013年的两次补选，新移民议题都是各参选政党竞选的重要内容；[④] 2013年1月底《人口政策白皮书》的发表、2月的国会辩论更是让新移民课题成为新加坡朝野共同关注的焦点，并引发了在芳林公园围绕本议题而组织的大规模集会。

根据相关统计，新加坡本岛1970—1990年人口增长数量未超过100万人（从204.75万人到304.71万人），但是从1990年至

---

① 吕元礼等：《组屋的奥秘》，《决策》2014年第7期。

② Liu Hong, “Transnational Chinese Social Sphere in Singapore: Dynamics, Transformations, Characteristics,” *Journal of Current Chinese*, Vol. 41, No. 2, July 2012, pp. 37-60.

③ 《1993—2003年改变新加坡人的十件事》，《联合早报》2003年8月11日。

④ 范磊：《新加坡政治新生态与选举政治——基于2013年榜鹅东选区补选的分析》，《当代世界社会主义问题》2013年第2期。

2012 年的 22 年间就已经增长了 226 万人以上（从 304.71 万人到 531.24 万人），[①] 而本岛的人口出生率却呈现逐年下跌的趋势，数据清晰显示了外来新移民的增长速度。单从移民数量的增加来看，“1980 年至 2009 年的 30 年间，成为新加坡公民和永久居民的新移民约为 164 万人，占 2009 年新加坡人口总数的近 33%。这些移民中约有超过 80% 是华人移民，主要来自马来西亚和中国，从 1990 年到 2009 年，进入新加坡的中国移民潮逐渐加速，总数约 50 万人至 60 万人，约占新加坡总人口的 10% 至 12%。”[②] 而有学者则估计来自中国的新移民数量应该超过了 35 万。[③] 2020 年初联合国经济和社会事务部的数据显示，自 1990 年以来的 30 年里，新加坡外来人口总数增长了两倍，从原来的 727262 人增至 216 万人。但是这些外来人口中有 44% 的比例是在马来西亚出生，来自中国大陆的外来人口数量只占到 18%，排在第二位，外来人口规模排在第三位的是来自印尼的新移民，占比为 6.4%，从而推翻了新加坡社会长期以来普遍认为新移民外来人口中以中国和南亚为主的偏见。[④]

不过不容否认的是，随着中国改革开放的发展，越来越多的中国人开始流向世界。新加坡中国新移民数量的大幅增加很大程度上取决于新加坡移民政策的拉力作用，受益于新加坡政府指导性的移民政策。根据相关统计，新加坡的人口出生率已经从 20 世纪 60 年代的 4.93 下降到 20 世纪 70 年代的 2.62，再到 20 世纪 90 年代末期的 1.47，2009 年更是降到了 1.2，已经远远低于人口替代标准所需的 2.1。[⑤] 短期内人口出生率不可能得到较大的提高，政府为了解

---

① “Key Demographic Indicators, 1970 - 2012,” Singapore Department of Statistics, http://www.singstat.gov.sg/statistics/browse_by_theme/population/time_series/keyind%20population2012.xls.

② 谢美华：《近 20 年新加坡的中国新移民及其数量估算》，《华侨华人历史研究》2010 年第 3 期。

③ 刘宏：《当代华人新移民的跨国实践与人才环流：英国与新加坡的比较研究》，《中山大学学报》（社会科学版）2009 年第 6 期。

④ “Migrants in Singapore mostly from Malaysia”, *The Straits Times*, Jan. 19, 2020.

⑤ Shirley Sun Hsiao - li, *Population Policy and Reproduction in Singapore: Making Future Citizens*, London: Routledge, 2012, pp. 20 - 29.

决这一问题只好寻求实施灵活的移民政策来实现人口的更新。在政府积极鼓励引进外来人才的移民政策的推动下，2000 年到 2009 年间，外来的永久居民人口增长速度很快，是新加坡人口的最快增长区段，而在新加坡本土社会热议新移民课题以后，新移民的增长速度有所下降，进而影响到了总人口的增长速度，2020 年甚至出现了负增长（表 5.4）。

表 5.4　新加坡人口年均增长率（1990—2020 年）　（单位:%）

年份	总人口	新加坡居民			非居民
		总数	公民	永久居民	
1990（人口普查）	2.3	1.7	1.7	2.3	9.0
2000（人口普查）	2.8	1.8	1.3	9.9	9.3
2004	1.3	1.4	0.8	6.5	0.7
2005	2.4	1.6	0.8	8.6	5.9
2006	3.2	1.7	0.9	8.1	9.7
2007	4.3	1.6	0.8	7.5	14.9
2008	5.5	1.7	1.0	6.5	19.0
2009	3.1	2.5	1.1	11.5	4.8
2010（人口普查）	1.8	1.0	0.9	1.5	4.1
2011	2.1	0.5	0.8	-1.7	6.9
2012	2.5	0.8	0.9	0.2	7.2
2013	1.6	0.7	—	—	—
2014	1.3	0.7	—	—	—
2015	1.2	0.8	—	—	—
2016	1.3	0.8	—	—	—
2017	0.1	0.8	—	—	—
2018	0.5	0.7	—	—	—
2019	1.2	0.8	—	—	—
2020	-0.3	0.4	—	—	—

资料来源：新加坡统计局，http://www.singstat.gov.sg/publications/publications_and_papers/reference/yearbook_2013/excel/topic3.xls；https://www.tablebuilder.singstat.gov.sg/publicfacing/downloadMultiple.action?id=118。

二　新移民的认同张力：表现形式与产生原因

“随着来自中国、印度和其他地方的大量新移民的涌入，新加坡种族和谐的挑战变得越来越严峻。”① 换言之，新移民的到来，赋予了这个多元族群社会更加多样化的色彩，同时也给新加坡的族群治理提出了新的挑战。而新移民问题的凸显，在某种程度上也说明了新加坡在过去的几十年中所进行的族群治理实践是成功的，在面临新来的移民群体时原本多元的社会在“新加坡人”的框架下已经基本形成了同一的国家认同和价值规范体系，此时族群边界似乎已经不是存在于旧有的四大族群之间而是在本土居民与新移民之间了。

从一般意义上来说，多元社会中不同行为体所固有的政治理念、文化价值以及经济利益和社会规范等如果遭逢某种异于自我的价值体系，便极易勾勒出自我与他者的边界，以致彼此之间的良性互动受阻，从而引发认同危机甚至陷入认同困境。如何突破这种群体边界，实现自我与他者的融入是解决问题的关键。新加坡副总理张志贤在“社区参与计划”2012 年全国对话会上指出，新加坡“丰富的多元文化加上稳固的社会凝聚力，是我们应该珍惜的特质。我们努力了数十年，才建立起这个社会结构。多年来建立的互信和互相尊重可毁于一旦。如今，在新移民融入我们的社会之际，这样的挑战变得更加艰巨”。②

进入 21 世纪，新加坡本土社会面临着快速增长的新移民浪潮的冲击，从而造成本土新加坡人的焦虑、不满甚至是偶尔的敌意。虽然这些新移民中的很大比例已经通过了重重考核，最终拿到了新加坡的公民身份，但是在本土居民看来，这些新移民与其他持有各类准证的非居民一样依然属于外来者，还算不上真正意义上的“新

---

① Han Fook Kwang, Zuraidah Ibrahim, Chua Mui Hoong, Lydia Lim, Ignatius Low, Rachel Lin, *Lee Kuan Yew: Hard Truths to Keep Singapore Going*, Singapore: Straits Times Press, 2011, pp. 18 – 19.

② The CEP, *The CEP Journey* 2012, Singapore: Singapore United, 2012, p. 5.

加坡人”。而从新移民群体自身来看，他们大多已经在新加坡定居多年，也会在政治、文化以及社会生活等不同的领域和层次积极融入新加坡，但是短期内无法彻底消除作为新来者的移民心态，而来自本土社会的排斥情绪，更让他们时常会感到社会的疏离感，彼此之间的这种认知差异易使双方陷入认同困境，以致由此引发特定时期特定群体间才会存在的结构性紧张，并借助媒体、网络、社交乃至政治活动等得以传播和放大，甚至被贴上特定的国别标签。

目前，关于中国新移民的舆论焦点主要集中在以下几个方面：“虽然新移民与本土居民来自同一种族并可能说同一种语言，但他们的社会和文化背景与新加坡本土居民有明显的不同；新移民与本地人竞争工作职位、教育机会、住房、保健福利和交通资源等；新来者，包括那些已经成为新加坡公民的人，被认为缺乏对移居国的政治效忠，并且在情感上和政治上仍旧支持着中国。”[①] 概括起来，这种认同困境主要体现在政治、经济、社会、文化等多个领域，而如果以困境产生的对象区分，则有主体层面（新移民自身）和客体层面（本土居民）两个层次。其中主体层面是新移民认同困境的根本体现，而客体层面则是对这一困境的外在回馈，主客体之间的认知差异与利益竞争加速了彼此共存的张力与矛盾。

首先，是源于作为主体的新移民自身层面的认同困境。新加坡作为东西方文化与经贸往来的交会点，在多元文化的浸濡下，早已与中国本土的政治理念、社会结构、文化价值、经济生活等有了明显不同，加上“二战”以后长期的冷战让两地华人近乎隔绝的疏离，更加剧了两者在诸多领域的不同认知，当两者交汇在一起时难免会有不和与碰撞。但是在很多移居新加坡的中国新移民的主观想象里，作为一个华人占绝大多数的社会里，新加坡与中国本土不应该存在根本的差异性，而事实并非如此。李光耀就曾经指出：“尽

① 刘宏：《新加坡的中国新移民形象：当地的视野与政策的考量》，《南洋问题研究》2012年第2期。

管我们是华人并且也讲华语，但是我们在工作方式和思想构成方面（与中国人相比）还是有着不同。我们的制度与工作方式是西化的，我们也不靠‘关系’。在对待法律规则的标准和态度上我们与他们更有着完全的不同。”① 所以当中国新移民来到新加坡以后，虽然看到的是黄皮肤黑眼睛的华人，但是在具体的社会互动中，彼此之间的差异与隔阂得以暴露：新移民所秉承的价值理念与本土价值观之间无法有效对接，引起本土居民的排斥；而本土的社会价值体系对于初来于此的新移民而言又是相对陌生的，进而引发在社会认同与政治忠诚上的认知鸿沟。

新移民在主体层面所感受到的认同困境一方面是新移民自身对新移居社会的不适应，另一方面则是来自本土居民对新移民的不信任、猜忌甚至敌视和排斥。其中的不适应主要体现在社会与文化领域，很多新移民虽然来到新加坡，但是在政治理念、思维模式、工作习惯等多个方面还存留着母国的深刻印记，一般来说在中国大陆长大的人从小已经习惯于生活在特定的社会关系网中，整个社会性的流动也离不开社会化的“关系”或者朋友网络，而新加坡是个注重契约、法律与规范的社会，所有的社会成员都可以依托既有的制度体系来完成各类事务，并不需要所谓的“关系”依托。所以，在新移民看来，他们此前在母国社会积累下的很多社会生存与发展思维在新加坡毫无用武之地，而新加坡人则又是那么的超然，除了冷冰冰的制度之外缺少人情味。即便是入籍多年并且融入新加坡本土社会较深的新移民也会有类似的看法。经济学家杨沐自 1995 年成为新加坡公民以来，虽然对这个充满信任的国家有着非常深的好感，但是他在接受采访时曾说：“我依然没有感到自己是新加坡人……事实上，我很有可能在退休以后会回到中国。”②

---

① “Give New Arrivals the Time to Adapt,” *The Straits Times*, 14 August 2009.

② “In Singapore, Vitriol against Chinese Newcomers,” *New York Times*, July 26, 2012. http://www.nytimes.com/2012/07/27/world/asia/in-singapore-vitriol-against-newcomers-from-mainland-china.html?pagepagewa=all.

2013 年端午节期间笔者在大巴窑（Toa Payoh）的端午嘉年华活动中，接触到的新移民大多都是融入新加坡较为成功的专业人士，他们大多都认为本土社会在接纳和认可新移民方面是比较成功的，但是也有部分新移民认为不论是在日常生活中还是在工作中，本土社会对新移民的抵触与排斥是较为明显，这一点让他们在融入的过程中感受到较大的阻力与困惑。这种原本只存在于部分群体中的现象在信息时代通过社交媒体平台被人为放大，逐渐改变了本地人对于新移民整体的认知和看法。在此背景下，新移民感受到了融入进程中的被排斥感，本土居民则有被剥夺感，彼此之间的交流与沟通出现障碍，造成新移民对原本心向往之的新加坡社会的认同陷入困境。

其次，是呈现在作为客体的新加坡本土社会层面的认同困境。对于本土居民而言，新移民的大量到来使几十年来相对稳定的本土社会面临着强烈的冲击。虽然新移民中较大的比例属于华人，但一些新加坡本土华人则认为这些新移民既与他们不同，亦与他们数个世纪前移民至新加坡、主要来自华南的祖先不同。这种在认知上的差异性定位，造成了彼此在认同上的张力。李显龙总理曾指出存在于新旧公民之间的认知差异使得融入绝非易事，“即使是同文同种的新移民，也有相当大的差异。这是新旧公民之间发生摩擦的一个基本原因。”①

以政治认同为例，新加坡男性公民是要服兵役的，这不仅仅是培养对于新加坡的国家认同感，还有一种对国家的责任以及服务国家和服务社会的自觉理念。但是第一代新移民并不需要服兵役，所以本土新加坡人认为新移民缺少为国家服务的意识，缺乏对国家的政治忠诚，没有真正的国家认同。这一点让很多新加坡人担心：如果新加坡在危难时刻，他们是不是会放弃新加坡？2010 年的一项调

---

① 《2012 年国庆群众大会华语演讲》（http：//www. pmo. gov. sg/content/pmosite/mediacentre/speechesninterviews/primeminister/2012/August/prime_ minister_ lleehsienloongsnationaldayrall2012speechinmandari. html#. UjntPeS－qa8）。

查中，63%的受调查者担心外来移民的迅速增加会削弱新加坡国民整体的国家认同意识，与1998年38%的调查结果相比，这一数据明显高出好多。[①]

在经济领域的竞争与利益碰撞也是本土居民对新移民产生不满的重要因素。目前，随着新移民数量的持续增加，他们在就业、住房、教育、保健福利等多个领域与本土居民产生了利益竞争关系。2007年的一项调查显示，高达86%的新加坡人反对外来新移民是因为担心他们抢走饭碗。2011年非官方的调查中，67%的受访者认为新加坡的外国人太多了。[②] 尤其是随着中国综合国力的提升，来自中国的新移民有意无意地就会多了一分强势，从而更加重了本土新加坡人所感受到的被包围感与压迫感。不同的群体之间对“有限资源”的竞争极易引发冲突。面对竞争，任何群体都会做出有利于自我群体利益的理性选择，以提高对本群体的社会认同。目前在经济领域所存在的竞争关系，正是新加坡本土居民与中国新移民之间出现矛盾和认同困境的基础性原因。

一般而言，新移民完全融入移居地，要经历定居、适应和同化三个阶段才算完成。如果新移民祖籍地与移居地的文化差异较大，彼此磨合时间将较长，甚至难以融入本土社会，反之亦然。新移民在移居前与本土居民分属两个不同的社会体系，容易在政治理念、经济利益、文化认同等多方面存在一定的歧异，最终在相互的磨合交融过程中，产生认同张力，造成认同困境。综观人类历史，即便是同文同种的群体，如果彼此之间存在移入的时间差，同样会出现类似结果。针对华人新移民与新加坡本土华人社会之间的认同困境，有学者指出“因同属中华文化、同一血统，新加坡的中国新移民及中国人与新加坡华人的融合看起来似乎没有问题，但由于政治体制、教育背景、生活习惯、价值观等的不同，双方有时会发生微

---

① “Citizens & the Nation: National Orientations of Singaporeans Survey (NOS4),” IPS, 2010.

② “Too Many Foreigners in Singapore?” Salary. sg Forums, http://forums. salary. sg/income-jobs/946-too-many-foreigners-singapore-poll-5. html.

妙的摩擦。有时甚至会出现同一民族才有的近亲憎恶感。”① 而李光耀也认为，虽然“我们有着和中国人一样的样貌，也讲华语，但是如果一个来自中国的中国人和新加坡华人会谈的话，他会发现新加坡的华人已经成为另一个独特的民族了”。②

其实，很多来自中国的新移民之所以选择移民新加坡，主要是因为在他们的主观想象里，作为一个华人占绝大多数比例的社会，新加坡与中国本土不会存在根本的差异性，而事实并未能如他们所愿。当新移民来到新加坡以后，在融入新加坡主流社会的过程中，他们感到了困难。这种表现在政治、经济、文化等多个领域的认同困境，最终对新加坡的国家建构与国民融合都产生了深刻的影响。之所以出现这种情况，大致有以下三个原因：第一，作为外来主体的新移民对本土社会缺乏充分的认知和了解，未能实现完全的角色转型，将自我的移民心态转变为在地心态；第二，本土居民固有的在地优越感，被迅速增长的新移民所冲淡，新移民的强势冲击则增强了本土居民本能自保的戒备与猜忌心理；第三，本土社群与新移民社群之间缺乏真正的认知和互信，群际互动仅限于表层，未能触及根本。所以，要化解已经形成的认同困境，就要多管齐下，对症下药，在国家与社会、主体与客体等不同的层面来实现对新移民议题的多层治理。

三　认同张力的消解：多层互动的治理路径

殖民主义时期，早期移民（新客）与海峡华人（峇峇）之间也曾陷入认同困境。与移居此地几百年的海峡华人相比，早期移民的本土认同非常薄弱，政治与文化上的效忠对象依然是自己的母国中国（清朝），这种认同取向在当时引发海峡华人的诸多不满。后来随着彼此认知的深入，这种存在于两者之间的张力逐渐弱化，整

---

① ［日］小木裕文：《新加坡的中国新移民》，《南洋资料译丛》2003 年第 1 期。

② Alex Josey, *Lee Kuan Yew*, Singapore: Asia Pacific Press, 1968, p. 620.

个过程持续了一个多世纪。华人在东南亚移民的历史经验给当前处理新移民与本土居民的认同困境提供了有效的借鉴，但是不同的时代语境需要有与之相对应的治理模式，为认同困境的解决提供新的路径选择。

社会多元主体的合作共治已经成为社会治理的新趋势，政府机构以外的非政府性、非营利性的社会组织已经融入公共治理领域，国家与社会之间通过积极而有效的合作实现了公共资源与权力在全社会的分配与再分配，社会组织与政府共同承担公共管理责任的同时也实现了与公民社会之间的互构，一种涵盖国家、社会与个体的多层网络治理模式正在成为当前社会治理的主流。“随着执政形式的发展，存在于公共和私人部门之间或者内部的边界与区隔逐渐变得模糊不清”,① 国家与社会之间不再是传统的线性统治关系，而是逐渐转变为互动合作的多元网络治理架构，“政治秩序正在从组织/科层体系向网络转变”,② 实现了纵向垂直的科层体系与横向水平的社会变量之间的网状交织。

对于成熟的国家来说，“没有哪一种竞争性的政治结构……拥有像国家这样足够全面的多维能力”,③ 所以新加坡依然将国家视为现代社会秩序中具有决定性的组织工具，以政府为代表的官方治理体系，依然在化解认同困境这一公共进程中发挥着决定性的作用。而新加坡特有的族群与文化结构赋予了以地缘、血缘和神缘为基础的族群与宗教社团重要的历史使命，它们的存在成为新加坡社会和谐与国民融合的重要纽带和节点，为认同困境的解决提供了有效的社会推动。同时，公民社会的蓬勃发展也给公众参与国家与社会事

---

① Gerry Stoker, “Governance as Theory: Five Propositions,” in *International Social Sciences Journal* Vol. 155, 1998, pp. 17 – 28.

② Joachim Blatter, “Beyond Hierarchies and Networks: Institutional Logics and Change in Transboundary Spaces,” in *Governance: An International Journal of Policy, Administration, and Institutions* Vol. 16, No. 4, 2003, pp. 503 – 526.

③ John Ikenberry, “What Can States do Now?” in T. V. Paul, G. J. Ikenberry & John Hall eds., *The Nation – State in Question*, Princeton: Princeton University Press, 2003, pp. 350 – 371.

务提供了重要的交流平台，公众正在通过自己的积极参与来影响国家的公共政策和社会发展，个体层面的积极参与成为认同困境解决的直接动力。

首先，在国家与政府层面，高效和有力的新加坡国家与政府是推动国民融合的结构性保障和主导力量。新客时代的殖民政府在制度设计与政策倾斜方面明显偏重峇峇社群，扶植他们在政治、经济、社会教育等方面的优势，而对比例甚高的新客却采取漠然的政策，甚至对两大社群之间的矛盾非但不平复还要推波助澜，造成殖民早期海峡华人与新客之间矛盾重重。历史的教训彰显了面对不同的移民社群，政府或者国家必须提供一个平等发展的互动语境，来解决国民融合与社会和谐的问题。在 2010 年的国庆演讲中，李显龙坦承，“移民带来深远的影响，关系的不只是经济表现，而且是社会的和谐及国民的认同感。因为这个原因，我们筛选移民的标准比外劳严格得多，移民人数也比外劳人数少的多，从而避免改变我国社会的本质。我们只引进能够融入新加坡社会，又能做出贡献的人”。①

具体来说，作为国民融合与社会和谐的主导性力量，新加坡政府通过制定相应的社会文化、政治和经济政策，建立起完善的制度结构，通过国家层面的治理结构来主导新移民的融入进程，概括起来就是政策引领，制度规约。“新加坡政府尝试通过两项相关的措施——保持经济稳定增长和提升社会政治凝聚力——来实现本土居民和新移民的团结，推进国民融合和国家建构。”② 为了缓解本土居民与新移民之间的认同困境与矛盾，避免社会分化危险，新加坡政府一直努力寻求多方面的影响力以增进公众和社会的包容性。政府通过一定的政策倾斜，在诸如保健与教育补助金等方面对公民和永

① 《李显龙总理国庆群众大会华语演讲》（http：//www. pmo. gov. sg/content/pmosite/ media-centre/speechesn interviews/primeminister/2010/August/_ 2010_ 8_ 29_ . html）。

② 刘宏：《新加坡的中国新移民形象：当地的视野与政策的考量》，《南洋问题研究》2012 年第 2 期。

久居民采取不同的待遇，对本土人的诸多利益给予适度的照顾和保护等。同时，为了避免因新移民的跨国流动过强而引发本土社会不满，政府也力图通过限制新移民的跨国属性，来增进新移民对新加坡的政治忠诚，确保国家认同的培养和巩固。这种政策性的措施在一定程度上保证了国家经济的持续增长，并通过确保民众对政府的满意度来提升对政府政策的认同，进而减缓对新移民政策的压力。

在具体的制度建设方面，政府特别成立了国籍与人口策划署（CPU）和国民融合理事会（NIC）等机构来推动这项融合议程。国民融合理事会的宗旨就强调要积极推动和促进新移民融入新加坡社会，鼓励新移民与本土居民建立更好的联系。2009 年国民融合理事会提出了“开放门户、敞开胸怀、开阔思想”的“三开”理念，旨在全面协助新移民融入本土社会，促进各社群间的相互信任，为此政府还设立了 1000 万新币的“社会融合基金”（CIF）。[①] 此外，政府和基层社团也通过组织“公民日”“家庭日”等多种既面向本地人也面向新移民的活动来增进国民融合，打造同一的新加坡国家认同。以民众俱乐部为代表的基层组织体系通过一系列的活动形式有效地推动了新移民的融合，提升了社区与国家的凝聚力，[②] 如李显龙总理所说：“即使是 50 年后的今天，维护社区凝聚力仍是重要的任务。我们需继续维持目前的种族及宗教和谐，并且让新公民融入新加坡社会。”[③]

其次，族群层面的高效而完善的社会组织体系建构，为新移民融入主流社会提供了有力的组织保障。作为多元族群的社会，新加

---

① 刘宏：《新加坡的中国新移民形象：当地的视野与政策的考量》，《南洋问题研究》2012 年第 2 期。

② 2011 年 1 月民众俱乐部（Community Clubs，CCs）也力图通过四个层次来推动新移民的融入：推动新移民通过家访和茶会来认识新加坡人；通过举办节日庆典来扩展新移民的社交网络；协助新移民规律性地参与社区活动；同时也推动参与一些基层性民间活动。

③ 《总理：基层领袖应不断自我更新》（http：//www. zaobao. com. sg/wencui/2010/07/zaobao100704. shtml）。

坡的四大族群本身都有代表本族群的社团和相关机构，它们一方面通过推动相关文化活动来传承历史，提升族群形象，另一方面则通过推动不同群体之间的交流来推动国民融合与族际和谐。以会馆和新移民社团为代表的华社机构是联结不同方言群和新老移民的有效纽带。近年来随着新移民数量的不断增多，传统会馆也在与时俱进，积极推动自身的改革，以开放的心态迎接新移民的加入。新加坡宗乡会馆联合总会成立 30 多年来，充分发挥华人在地缘、血缘、业缘等多个领域的团结优势，通过主办“春到河畔迎新年”、端午嘉年华、体育文化比赛、资助学术研究、举行各族群同胞交流等活动提升国家凝聚力，推动跨族群互动与和谐。据时任宗乡总会执行总秘书林文丹介绍，目前总会已经有超过 200 个的宗乡团体加入，其中既有成立于 19 世纪中叶的老会馆，也有刚刚诞生的新移民社团，将总会作为新移民和本土社会互动联结的纽带。总会正在与其他多家会馆合作推动华族文化中心的建设，旨在提供一个社区互动的空间，通过展示与弘扬多元文化，促进社会发展和族群和谐，将其打造成推动本土居民和新移民融合的新平台。总会与多家会馆也非常关注新会员尤其是年轻会员的吸收和培养，在各会馆新接纳的会员中，新移民占了一定的比例，如总会下设委员会就有多位杰出的新移民代表。林女士说，“华社是国民融合的重要基础，总会希望通过自身的有效领导，为新加坡的国民融合与多元族群和谐发展做出积极贡献。”①

宗乡社团（传统会馆与新移民社团）作为社会性机构，公众对其有着天然的亲近感，作为以新移民为主要面向的新移民社团在推动新移民融入与国民融合方面有着独特的优势。“早期会馆相互扶持、和衷共济，帮助了南来的华人移民落地生根；如今新移民社团开放包容、积极进取，推动了新移民与本土居民之间的认知与融

---

① 笔者于 2013 年 1 月 23 日下午在新加坡宗乡会馆联合总会就新移民、宗乡会馆的作用等议题，采访了时任总会执行总秘书林文丹女士，以上内容摘自此次采访记录。

合。"[①] 截至2021年2月，中国新移民社团规模最大的华源会的会员已超过6000人，为了推动新移民与本土居民的融合，成立十几年来秉承"帮助新移民融入新加坡多元种族社会"的宗旨，已与政府和相关社团合作组织开展了1000多项社会活动。天府会更是在2008年就提出"从天府走进狮城，从融入迈向投入"的新使命，2009年还积极为新加坡伊斯兰教理事会捐款达1万新元，走出了跨族群交流的重要一步。越来越多的华人新移民都在通过自己的努力积极回报社会，深入认知新加坡。以近年来迅速发展的新加坡江苏会为例，2017年3月26日江苏会和新加坡福建会馆、潮州八邑会馆以及九龙会，联合发起成立"社会公益联盟"，展现了它积极倡导社会公益、融入新加坡社会的热忱。2019年成立仅两年多的江苏会即获颁"优秀会馆奖"，周兆呈会长在接受采访时说："我们将继续从本地前辈社团中汲取经验和营养，结合年轻社团的资源和动力，以开放包容、积极进取的态度，通过价值认同的纽带力量，以公益、科技、文化、创新等方式，推动会员的在地融合，为社会贡献心力。"[②] 所以，在新移民融入本土社会的进程中，宗乡社团尤其是新移民社团的作用不可小视。陈振声曾指出："国民融合是一个过程，要求我们能够从中发现共同的利益，共同的目标，通过创造相互交流的机会，促进融合。我们鼓励宗乡会馆、社团组织以及各基层单位，为建立起一个更为包容、相互理解、互相尊重并且充满活力的多元种族社会而努力。"[③]

最后，社区层面的困境治理，一方面要充分发挥基层组织和社区领袖的榜样作用，另一方面则对新移民与本土居民在社区层面的积极互动以及个体自身的理念与行为提出明确的要求。历史给当前

---

① 范磊：《宗乡社团在新加坡国民融合中的角色与贡献》，《源》2013年第5期。

② 《新加坡江苏会：凝聚年轻新移民 带动华社参与社会公益》，《联合早报》2019年5月26日。

③ 《陈振声部长给"第五届国民融合千人博饼庆中秋"活动的献辞》，《第五届国民融合大会千人博饼庆中秋特刊》，新加坡厦门公会2012年9月刊，第3页。

提供了有效的参照，在新客时代，以林文庆为代表的峇峇领袖周旋于新客与峇峇之间，扮演沟通角色，甚至利用各种文化、教育和社会组织，让两个群体有机会展开交流与合作，从而有力地推动了两大社群矛盾和认同困境的纾解。[①] 新移民时代，同样要发挥社群领袖的领导和纽带作用。以福建会馆、潮州八邑会馆、海南会馆、广东会馆、三江会馆等为代表的传统会馆领导人都在利用社群领袖的号召力和凝聚力，通过个人与组织的努力，推动本土居民与新移民之间的融合，帮助新移民融入。宗乡总会及其属下的会馆和新移民社团都非常注重对新移民会员的吸收和培养，在各会馆新接纳的会员中，新移民占了一定的比例，而其中有很多优秀的新移民也担任了传统会馆的领导人，如总会下设委员会就有时任联合早报网和早报《新汇点》主编周兆呈博士等多位杰出的新移民代表；晋江会馆青年团团长、厦门公会会长和青年团团长等都是新移民。而作为新移民社团领袖的一些代表人物也在积极推动新移民的融入与形象提升，如华源会会长王泉成推动成立华源会的目的就是要“改变世界对华人的印象”。

对于新移民而言，要努力推动自身的角色转型。2014 年 3 月时任新加坡贸工部高级政务部长张思乐在参加新移民社团活动时指出：“新移民一方面要秉承传统，积极融入，另一方面要扩大交流层面，拓宽合作渠道，以此来增进新移民与本土社会之间的认同与互信。”[②] 有学者也指出新移民一方面要保持正确心态，尊重本土社会，另一方面要学会为客之道，学会感恩，以实际行动来践行“融入”新加坡的承诺。[③] 作为新来者，移民初期新来是客，为客之道

① ［新加坡］李元瑾：《新加坡的中国移民：从“新客”到“新移民”》，载李元瑾、廖建裕主编《华人移民比较研究：适应与发展》，南洋理工大学中华语言文化中心、华裔馆 2010 年版，第 175 页。

② 《张思乐：新移民组织应秉承传统积极融入》，《联合早报·新汇点》2014 年 3 月 10 日。

③ 时任天府会署理会长杨建伟先生多年来积极推动新移民的融入，并就新移民的“融入之道”发表多篇文章和数次演讲，笔者与他有过多次交流，他重申了上述对新移民融入之道的看法。

必不可少。但是不能仅限于“为客”，融入才是根本，所以新移民不论是在心态还是行动上都要摆脱移民式的客居心态，实现移民身份到在地身份的转型，树立明确的本土认同。“不论你是华人或印度人，马来人或欧亚裔人，只要你身在新加坡，你的前途就取决于新加坡的繁荣，而非中国、印度、马来西亚或印度尼西亚的繁荣。”① 一位新移民也曾撰文指出主动融入的重要性：如果“鼓励新移民们努力学习，用发现的眼睛去寻找身边真正的美德和品格，这会使我们活在光明与希望之中。”②

李显龙多次号召新移民要积极融入当地社区，热爱新加坡，同时也呼吁本土新加坡人也要敞开胸怀，以包容开放的心态接纳和帮助新移民，共同促进新加坡的社会和谐与发展。他表示，“土生土长的新加坡人熟悉社会的价值观、作风和风气，但新移民则需要经过一段时间的潜移默化，才能了解新加坡人的思维和想法，而这是一个需要下功夫，甚至是需要从错误中吸取教训才能走上正轨的过程”，他因此呼吁新移民在这方面多下功夫，也希望新加坡人主动帮助新移民，对新移民采取包容的态度，“实际上，我们都是移民的后代。我们的祖先选择移居，到南洋来打拼，最终在这里安家立业……今天的新加坡，是由移民先驱以及他们的后代建立起来的。因此，我们应该继续以宽广的胸怀欢迎新移民，让他们帮助我们建设一个更好的新加坡。”③ 在 2018 年 5 月 16 日参加施政方针辩论时，李显龙再次就新移民的融入问题强调指出：“新加坡必须建立与新移民间的桥梁，人民应该欢迎他们，在新移民成为新加坡公民的道路上给予他们支持。……第一代移民总是需要些时间安定下来，明白新加坡人的文化和特征，逐渐融入新加坡社会，如同过去

---

① ［新加坡］蒂凡那主编：《社会主义的实现：新加坡之道路》，联邦出版社 1976 年版，第 183 页。

② 祁佳颖：《新加坡式美德》，《联合早报》2018 年 11 月 26 日。

③ 《李显龙总理国庆群众大会华语演讲》（http：//www. pmo. gov. sg/content/pmosite/mediacentre/speechesinterviews/primeminister/2010/August/_ 2010_ 8_ 29_ . hhth）。

200 年来来到新加坡的一批批第一代新移民一样。与此同时，新移民也得尽最大的努力跟所有人交流。”①

而在对待新移民的态度问题方面，如果换一个角度，看法可能就会有所不同：虽然新移民的到来占用了本土社会大量的社会资源，但是他们同时也为新加坡的经济与社会发展提供了更多的机会，创造了更大的价值；虽然他们带来的母国政治理念、文化价值观等可能会冲击新加坡核心价值的思想体系，但是这些内容恰恰也丰富了新加坡的多元文化，促动了新加坡的国际化和多元化。通过社群领袖的引领以及新移民和本土居民之间的良性互动，可以有效实现社会公共治理在社区层面的实践，逐步缓解和解决认同困境。

李光耀先生曾经告诫新加坡人要给予中国新移民一些时间适应并融入本土社会，“适应一个陌生的社会并不容易，尤其是当这个社会有着多元的族群、语言、宗教以及各色习俗和生活方式的时候。”② 在新移民持续增加的情势下，认同困境的产生是不可避免的，这是人类群体性交流异化与同化的必然阶段，作为一个实然性的存在，任何组织、机构、群体和个人都无法回避这一事实。但是认同困境并非不可解决，作为当事人的国家/政府、社会/社群、个体/公众等需要确立清晰的应然性应对思路，通过相关群体和机构的共同努力积极推动和谐融入，借助积极的交流和对话，将纵向的多层治理与横向的多元交流有机结合，将能有效化解因认同困境而造成的紧张情势。

时任厦门公会会长的林璒利女士指出，新移民在学历、资本、专业技能等方面较有优势，善良热情与谦虚好学的他们也很愿意融入新加坡，回馈社会和国家。但是由于和本地人在价值理念等方面还需继续磨合，理解分歧暂时仍会存在，不过随着交流的深入，这

---

① 魏瑜嶙：《李总理：新加坡必须建立与新移民间的桥梁》（https：//www. zaobao. com/realtime/singapore/story20180516 - 859517）。

② “English to Remain Master Language,” *The Straits Times*, 14 August 2009.

种认知差异会逐渐淡化。[①] 正如一个多世纪以前“新客”与“峇峇”两大社群之间的认同困境最终得以解决一样，当前的新移民与本土居民之间的认同困境随着互动的深入和拓展，“自我”与“他者”的界限将得以弱化，进而形成一种“亦此亦彼”而非“非此即彼”的共享式认同。可以说，新移民在实现融入的同时，会感受到本土社会的魅力，本土居民也能体会到新移民的活力与多元。相比一百多年前的新客与峇峇，全球化语境中存在于新移民和本土居民之间的文化鸿沟，在开放的胸襟与本土化的情怀的共同助力下已经大大缩小了，而在新加坡多元族群社会和谐共融图景的未来发展中，就移民也必将会扮演更积极的角色。

---

① 摘自笔者 2013 年对时任厦门公会会长林璒利女士的采访记录。

结　论

族群和谐对新加坡社会来说是一个非常重要的概念。作为一个多元种族、多元语言和多元宗教的社会，种族与宗教和谐不仅仅是全社会为之奋斗的值得拥有的目标，它更是社会稳定、团结与安全的基础。

——种族和谐资源中心

一　新加坡族群治理的基本经验与逻辑

在这个被称为“新加坡故事”（Singapore Story）[①] 的国家建设进程中，成功已经成为新加坡国家治理的核心词汇，李光耀曾说，“我们必须让独立后的新加坡取得成功”。[②] 新加坡在族群治理层面所取得的成绩与其所取得的经济成就一样同为世界所瞩目，有效的多元族群政策以及完善的制度体系是其中的关键。而新加坡之所以能在建国之初就建立起影响至今的多元共融的政策和制度，很大程度上源自李光耀吸取了新马合并时期马来西亚政策失误的教训，因为新加坡建国后，“他注重任人唯贤、多元种族政策和维护少数族

① See *Management of Success*: *Singapore Revisited*, *Management of Success*: *The Moulding of Modern Singapore*, *Singapore*: *The Struggle for Success*, *Singapore*: *Re - engineering Success*, *Singapore's Success*: *Engineering Economic Growth*, *From Third World to First*: *The Singapore Story*, etc.

② ［美］汤姆·普雷特：《李光耀对话录》，张立德译，现代出版社 2011 年版，第 32 页。

裔的权益，这些正是马来西亚所摒弃的”。[①] “族群精英在国家框架下积极推动族群平等的多元族群主义，并将其逐渐确立为国家层面的意识形态和政策议项”[②]，从而在利益、规范和认同等多个维度建构起稳定的族群关系，使得“全新加坡人都有海纳百川，有容乃大的精神，因此能够保持社会和谐。”[③] 但是，新加坡是否已经从根本上化解了族群张力及相关问题？在2021年1月25日举行的新加坡透视论坛上，时任新加坡教育部长兼财政部第二部长黄循财在回答前高级政务部长再诺的问题“身份政治在全球高涨，政府未来有无把握和能力持续推进多元文化和多元种族和谐”之时，明确指出：“今日的新加坡还有种族主义问题吗？当然有！我们必须承认这一点。但比起10年到20年前，今天的情况是不是已有所改善？我觉得有……但情况是否已达到完美状态？没有。所以我们得继续努力，让情况更完善，这包括重新检视过去为促进人民和谐共存而推动的政策，如种族比例政策或是自助团体。”[④] 所以，在新加坡社会，即使面对整体上已经实现了的族群和宗教和谐，政府及其领导团队并没有因此而失去忧患意识。“新加坡的领导人……长久地生活于多元社会中，明白这意味着什么，因而也能够集中精力考虑需要做什么来保持它。……他们努力寻找一种方式去创造复合式的新加坡认同，以服务新加坡的长远利益。”[⑤] 这也就意味着虽然族群与社区层面的治理主体在族群治理进程中扮演着日益积极的角色，但是国家与政府的主导作用在短期内不会改变。

---

① Han Fook Kwang, Zuraidah Ibrahim, Chua Mui Hoong, Lydia Lim, Ignatius Low, Rachel Lin, *Lee Kuan Yew: Hard Truths to Keep Singapore Going*, Singapore: Straits Times Press, 2011, p. 46.

② 范磊：《新加坡族群和谐机制：实现多元族群社会的善治》，湖南人民出版社2016年版，第242页。

③ 《王乙康：种族社会和谐得来不易 须珍惜维护》，《联合早报》2017年9月28日。

④ 《黄循财：种族主义问题大为改善但仍存在》，《联合早报》2021年1月26日。

⑤ 王赓武：《19、20世纪新加坡华人的身份认同与忠诚》，《华人研究国际学报》2016年第2期。

1. 多元化与多层性：新加坡族群治理的基本经验

作为新加坡政府为了确保多元族群社会的和谐发展而推动的具体政策制定、制度建构以及计划落实，多元族群主义的主要目的是增进族群平等，防止族群歧视。新加坡政府通过多元族群政策的实施，一方面确保这个以华人为主体的社会中，作为少数族群的马来族和印度族不会受到来自华族的歧视，实现各族群的平等共存。早在1957年3月，林有福在与英国谈判所达成的自治协议中就有确保“马来人及少数族群的利益一律平等”的条款。[①] 另一方面也是新加坡的一个典型特点，即作为多数族群的华人也有被歧视的历史以及现实的可能性。因为华人在新加坡以及整个东南亚的早期历史发展中始终处于边缘地位，土著居民长期以来一直把华人看作外来的旅居者，从心理上反感、歧视他们，华人数量虽然在新加坡有着明显优势，但是就新马地区或者整个东南亚来说，华人在数量上则处于明显的弱势地位。维文议员曾说：“我们是个以华人为主的多元种族社会，却处在一个以穆斯林为主的多元种族群岛。……严格来说，新加坡人其实都是‘少数’。即使是人口比率占大多数的华族新加坡人也是一样。因为在东南亚这个马来人的海洋上，我们的华族人口是占少数。……在新加坡，没有一群人是占大多数。也因为这样，新加坡人都缺乏一些安全感，也会时感焦虑。”[②] 所以，为了更好地确保族群平等与社会和谐，政府通过推动多元族群政策来保证不同族群之间可以平等相待，避免可能出现的族群歧视与不平等。

新加坡政府将族群平等政策作为族际整合与国家建构的基础，使其成为族群治理实践得以顺利进行的基本前提，以社会化多层治理的形式来逐渐淡化族群的政治色彩，将族群以及与族群相关的宗教社团等群体和个体赋予社会化身份，使其成为国家与社会这一对

---

① 宋哲美：《东南亚史》，香港东南亚研究所1994年版，第12—13页。

② 《与维文面对面：在迷惘中寻找家的感觉》，《联合早报》2003年4月6日。

互动变量中的基础性变量，将政治领域的角色仅仅赋予国家这一主导性的行为体。最终在由国家主导，族群与社区积极参与的族群多层治理结构中，上位的国民身份成为取代原有的族群身份的首要认同选项。20世纪70年代，绝大多数新加坡人的公民身份认同随着社会经济和文化组织的在地化进程而逐渐确立，当时所进行的一个问卷调查显示，90%的人自认为是“新加坡人”，74%希望被称为新加坡人而非华人、马来人或印度人，74%的人愿意为新加坡而战并付出生命。[①] 这种同一的国家认同的确立，在制度上强化了国家意识和国民身份，同时也弱化了族群认同的影响力，进而销蚀了族群边界的隔阂作用。所以，虽然“新加坡人民主要是来自马来半岛、中国和印度次大陆移民的后裔。然而，大家所具有的共同目标，使每个新加坡人都公认并感到是一个民族。”[②] 多元多层的族群治理进程，围绕化解族群与国家之间所存在的结构性张力而展开，主要涉及利益、规范与认同三个维度和国家、族群与社区三个层面，具体呈现出以下几个特点：

第一，多元共融的治理基调。建国前几次大规模的族群暴乱给新加坡政府与民众留下了惨痛的记忆，所以不论是政府还是民众都非常谨慎地处理族群关系，尽管在“独立建国以后族群暴力事件基本已经消失，但是与族群关系相关的内容还是会不时成为国家政治议程的敏感议题。”[③] 在多元族群主义的政策指引下，实现国家与社会的和谐稳定被视为政府的明确治理目标，希望在推动族际整合与国家建构的过程中确保多族群共生共融。新加坡社会的多元性作为

---

① Chiew Seen Kong, “National Integration: The Case of Singapore”, in Peter Chen & Hans - Dieter Evers, eds. , *Studies in ASEAN Sociology*, Singapore: Chopmen Publishers, 1978, pp. 145 - 46.

② Ministry of Information, Communications and the Arts, National Archives of Singapore: *Singapore 2003*, 2003, p. 45.

③ Ganesan Narayanan, “The Political History of Ethnic Relations in Singapore”, in Lai Ah Eng ed. , *Beyond Ritual and Riots: Ethnic Pluralism and Social Cohesion in Singapore*, Singapore: Eastern Universities Press, 2004, p. 41.

一个移民社会的典型特点，是在长期的互动融合中逐渐形成的。在新加坡独立建国以后，人民行动党政府接受并尊重了这一事实，具体到社会化进程来说，这种多元属性是在持续的发展变化中的，一方面强调各族群没有特权也不会被歧视，而是会被平等对待；另一方面国家积极推行文化保护政策积极鼓励各族群保留传统文化；再就是国家会确保社会公共生活涵盖多个族群的积极互动，是真正复合性的多元化社会。[①] 可以说“新加坡是个多元族群的糅合体，在多元共融的同时又保证了各自及独特的族群风情”[②]，即存在一个从多元族群社会向多元化族群社会发展的过程。

具体而言，新加坡政府强调社会的多元属性，注重各族群平等以及多元共融，并在此基础上将各族群引入同一的国家认同框架中，以建构各族群共同的文化认同为目标，打造一个多元化的社会。多元化社会与多元社会的区别就在于前者是一个有机和谐的多元，是在同一的国家认同和统一的国家框架下推动不同族群的均衡调适以达致价值共识，而后者的多元则是强调各族群之间平行单列的一种存在结构，彼此之间可能会和平共处，也可能会因为缺乏价值共识而造成结构失衡与冲突。多元化社会强调的是一种多元共融的一体化格局，而多元社会则重点在多元，有没有一体化的发展目标是不确定的。对于新加坡而言，在追求多元化社会的过程中，政府通过在国家、族群与社区等多个层面的综合治理，强化了对不同族群的族际整合，并将其纳入国家建构进程，统一在国家规范和国家认同体系之下，逐渐确立起各族群平等多元，有着明确一体化目标的多元共融族群治理格局。

第二，多维多层的治理路径。国家治理进程中要充分发挥不同层面的治理主体的作用，具体体现为以国家层面、次国家的族群层

---

① Kamaludeen Mohamed Nasir, Alexius A. Pereira & Bryan S. Turner, *Muslims in Singapore: Piety, Politics and Policies*, New York: Routledge, 2010, pp. 7 – 8.

② Ministry of Information, Communications and the Arts, National Archives of Singapore: *Singapore 2003*, 2003, p. 46.

面和社区层面的综合协调，在利益、规范和认同三个维度来推动的网络化治理结构。在新加坡这个多元族群社会中，有自己典型的社会发展特点：首先，它只有一级政府，中央政府可以直接面对基层组织，通过国家层面的政策引领、制度规约和组织推动实现对整个族群治理进程的掌控和引导。这是中央权力能直接下达到地方的优势，对于其他国家尤其是大国来讲这是做不到的。作为一个城市国家，每当这个国家发生比较大的事件，必然会看到国家领导人出现在现场，甚至总理或者总统出席基层的社会活动也已经成为一种常态。其次，不同的族群与宗教行为体在长期的发展中逐渐形成了成熟完善的族群社团、互助组织以及宗教团体，它们在族群治理进程中担当着纽带性的协调作用，族际利益协调、规范统合以及认同调适是其主要的职责，而族群与宗教领袖的作用则在整个族群治理发挥着榜样示范作用，可以为族际和谐与国家建设发挥事半功倍的作用。在社区层面的治理，新加坡已经建立起了由人协统领的社区组织网络，作为族群治理结构中联结国家与族群的中间纽带，在治理实践中则是国家推行多元族群政策的最直接的行为体，目前通过发挥家庭、基层组织、社区领袖以及公众个体的作用已经建立起高效的基层族群治理体系。新加坡共分为五大区域，每个区域都有一个社区理事会来管理，社理会与人协体系下的民众俱乐部和居民委员会等基层组织密切合作，已经成为国民融合进程中落实国家政策、推动制度建构以及实现族群共融的中坚力量。

第三，实用主义的绩效导向。不论是内政还是外交层面，新加坡政府的务实与效率是为世界所公认的。自执政以来，人民行动党政府就一直将实用主义作为立党立国的执政理念，这一思想也贯穿在族际整合与国家建构的整个族群治理进程中。在不同的历史时期，新加坡的族群关系曾经有过不同的表现形式，当族群认同意识激荡时，政府就以多元族群主义来推动族群平等，化解快速上升的族群意识对国家意识的影响，削弱族群与国家之间、族群与族群之间的结构性张力；或者通过发展国内经济，提升居民生活水准作为主要的动力来刺激不同族群对新加坡国家的认同感和凝聚力。当外部险恶的地缘政治环境对国家生存形成威胁时，政府便会积极推行实用主义外交，与确保与周边国家的关系不会恶化，同时积极寻求大国的支持，为这个安全系数脆弱的小国提供必要的安全保障。而当20世纪80年代新加坡面临文化失根的危机时，政府又会马上调整价值规范，从起初的儒学复兴再到后来制定共同价值观。政府在不同领域的表现无不彰显了在族群治理中的工具理性依赖，这种实用主义的理念已经根植于新加坡的族群治理中，根植于政府与民众的基因里。在这个方面的一个典型的案例就是新加坡的马来人并不羡慕马来西亚马来人所享有的特权，目前“只看到马来人到新加坡找工作，希望取得居留权，没有看到马来人因感到受歧视，而作迁居马来西亚之计”。①

第四，均衡发展的基础保障。新加坡几十年来的族群关系之所以能够保持和谐，根本上来讲还是因为其成功的经济为其提供了化解族际矛盾的坚实物质基础。历史上人们移民到新加坡的目的就是淘金，自开埠以来新加坡各族群之间的经济利益诉求胜于在其他层面的诉求。“二战”结束到建国以前发生的几次族群暴乱的导火索是因为族群沙文主义和极端分子的挑拨，而根源还是经济发展失衡，造成不同族群之间贫富差距持续拉大，尤其是作为土著的马来人处于经济的弱势地位，最终被族群极端主义者所利用。独立建国以后，政府通过提升本国经济发展，为族群治理提供了越来越大的灵活空间，在李光耀的“有恒产者有恒心”的理念指导下，所有新加坡人安居乐业，目前新加坡的人均国内生产总值已经超过美国，成为名副其实的发达国家，从而为族群治理奠定了坚实的经济基础。而从职业分布上来看，虽然不同族群之间依然存在一定的差异性，但是相比建国初期而言，少数族群尤其是马来族群已经在管理、专业技能以及其他一些高端领域所占的比例越来越高（表3.3）。

---

① 陈烈甫：《李光耀治下的新加坡》，台湾商务印书馆1985年版，第33页。

2020年8月12日，马来西亚前总理马哈蒂尔在“斗士党”成立之际写了一首诗，诗中有这样一句话——“看看邻国的马来人，国家还是他们的吗？（Lihat Melayu negara jiran. Melayu lagikah negara mereka?）”① 以此来表达对没有特权的新加坡马来人（马来西亚施行“马来人优先”的种族政策）的讥讽。现实社会中，马来西亚和新加坡两国之间的很多马来人都有亲戚关系，曾经有马来西亚的亲戚告诉新加坡的马来亲戚说到马来西亚来吧，看你们新加坡都没有给马来人特权，可是新加坡马来人却告诉他们的马来西亚亲戚：“我们在新加坡的收入比马来西亚高，住房条件比马来西亚好，生活各方面都很便利，为什么非要到马来西亚去呢？不要挑拨我们和政府的关系”。② 从这一点可以看出，不仅政府通过实用主义凝聚了不同族群的国家向心力，而且在新加坡迈入发达国家序列以后，不同族群的国家荣誉感与自豪感也伴随着实用主义的发展而倾向于理性化。作为一个族群环境复杂的后殖民地国家，新加坡在建国以后没有发生过大的族群冲突与族群暴乱，各族群之间和平共处，多数族群没有对少数族群构成压力和歧视，少数族群对族群关系与政府的族群政策比较满意，从这个意义上而言新加坡的族群治理是成功的。

第五，包容且强有力的政治与社会结构。2017年2月26日，尚穆根在出席由新加坡南洋孔教会主办的活动时明确指出：“为多元社会打造持久和平的前提，是拥有一个尊重和兼顾各社群需求的政治和社会结构，以及一套各社群认同并用以维护共同空间的原则。”③ 强有力的制度是在事物发展进程中遭逢问题、困境之后，为了解决问题而建构起来的因应机制和相关的手段与措施，是与外在环境的变化并生的持续调适过程的结果。纵观新加坡族群关系的发

① Mahathir bin Mohamad，“Parti Baharu - Pejuang”，http：//chedet. cc/？p = 3150&fbclid = IwAR2VHaGcKGgVQPe8uwG5fIL7qqNj_ paGDtQ3RmxuHEZXyfvDywMI5Ak_ YAY.

② 这是笔者在2013年4月搭乘出租车时与一位马来人司机聊天的所得。当时搭车前往伊斯兰教综合大厦参加“筑桥研讨会”，这位马来人司机知悉我是去参加这个活动后非常高兴，一路上与笔者畅谈马来族群的文化与生活，颇有收获。

③ 《尚穆根：打造和平多元社会 须尊重及兼顾各社群需求》，《联合早报》2017年2月27日。

展历史，虽然建国以前曾经发生过多起族群暴乱，冲击了脆弱的族群关系与社会稳定，但是建国以后为了维护新加坡多元族群社会的和谐与多元共融格局的稳定，培养新加坡国民统一的价值体系，确立一体的国家意识形态，确保各族群在政治、经济、文化和社会等多个领域共存共融，新加坡政府通过政策引领的同时，也在制度层面对其进行了有效的规约和建构。比如政府给予每个人以同等的发展机会，自人民行动党执政以来一直推行的选贤任能政策是对每个人的发展所提供的平等平台，所以政府为了缩小部分少数族群在经济与社会发展等领域与其他族群的差距而在政策和制度设计方面给予相应的特殊照顾，以确保他们不会与社会发展的步伐相脱节。最终，在政府高效完善的制度保证下，族群和谐已经成为这个原本有着强烈族群张力的多元社会的主流，一个多元而具有活力的新加坡开始基本成型。

新加坡政策研究所与种族和谐资源中心从 2012 年年底至 2013 年 4 月联合对 4000 多名新加坡公民与永久居民进行了一项关于族群和谐状况的调查（表 1）。① 该调查通过十项指标来衡量新加坡各族群之间的互动及对其他族群的看法。调查结果显示，多数新加坡人在日常生活中并没有感觉到族群之间有明显的张力，反映跨种族和宗教矛盾的十项指标整体呈良性健康趋势，仅有 10% 的受访者承认曾因种族或宗教矛盾与歧异而感到过困扰。如时任种族和谐资源中心主席再努丁（Zainudin Nordin）所说，该调查显示了新加坡价值观的多样性，族群之间可以通过相互学习增进了解与认同。当网络社交媒体上出现诸多种族主义言论时，在新加坡我们却没有感受到来自族群间的这种张力。多元族群社会对新加坡而言并不是一件

① IPS & OnePeople. sg，"Baseline Study on Indicators of Racial and Religious Harmony Unveiled"，http：//lkyspp. nus. edu. sg/ips/wp – content/uploads/sites/2/2013/04/IPS – OnePeople. sg – Press – Release – on – Indicators – of – Racial – and – Religious – Harmony_ 180713_ Press – Release. pdf. 为了确保调查的广泛性与代表性，调查过程中除了随机抽样调查之外，还特别额外访问了 492 名马来族群与 489 名印度族群的新加坡人，以更好地反映少数族群的意见，总人口中比例最高的华人有 1736 人参与了调查访问。

坏事，包括美国在内的其他众多的多元族群国家都没有新加坡这样的成功，这是非常值得新加坡自豪的。[①] 作为少数族群，绝大多数印度族与马来族的受访者认为，在医院、学校、社会服务机构、法庭或警局等公共单位并没有感到歧视与排斥，各族群可以平等地享受到公平、公正的公共服务。综合来看，这一方面显示出新加坡人对于多元族群文化的认可与支持，另一方面也说明族群平等与公平的理念已经在新加坡的公共政策与政府治理中扎根，成为重要的指导原则和制度基础。

表1　　2013年新加坡种族与宗教和谐情况调查十大指标

排序	调查指标	分值
1	在使用公共服务时没有受到歧视	9.75
2	族群之间没有张力	7.99
3	愿意包容多样性	7.63
4	在工作场所没有受到歧视	7.56
5	各族群在私人和公共领域相处融洽	7.46
6	各族群之间能够相互信任	7.18
7	愿意包容不同肤色的族群	6.96
8	热衷于族群间的文化认知与互动	6.49
9	少数族群在社会上没有受到排斥	6.20
10	各族群同胞间有着亲密的友谊	4.51

资料来源：IPS & OnePeople. sg，“Baseline Study on Indicators of Racial and Religious Harmony Unveiled”，http：//lkyspp. nus. edu. sg/ips/wp - content/uploads/sites/2/2013/04/IPS - OnePeople. sg - Press - Release - on - InInIndica - of - Racial - and - Religious - Harmony_ 180713_ Press - Release. pdf. 分值满分为10分。

2018年8月至2019年1月，两家机构就同一课题再次合作进行了第二轮调查，以衡量时隔五年后新加坡各族群和宗教间的相处

① Zainudin Nordin，“Welcome Remarks at the Finale of Orange Ribbon Celebrations - Harmony-works! Conference 2013”，27 July，2013，http：//www. onepeople. sg/images/Chairmans%20Speech%20 - %20HWS%20Conf%202013. pdf.

是否融洽，并在2019年7月发布了新的调查结果①。本轮调查共有4015名新加坡公民和永久居民参与，问卷涉及种族与宗教认同、多元种族社会的生活经历以及参与者对社会和政治事务的态度等领域。为了更好地反映少数族群的诉求，样本选取在数量上有一定的侧重，超过1000名马来族和印度族新加坡人属于调查组的额外访问。调查结果显示，新加坡在种族与宗教和谐方面的各项指标都有了持续的改善，有57.1%的受访者认为新加坡的种族和宗教和谐处在“高”和“非常高”的水平，其中华族在这两档的认知占到59.6%，马来族占47.9%，印度族占44.6%，其他族群则高达64.9%。而在认为和谐程度“非常低”以及“低”的选项中，印度族占比最高，达到了6.7%，马来族为5.2%，华族为3.0%，其他族群的受访者则没有选择这两个选项（参见表2）。从这一高一低两个比例分布可以看出马来族和印度族在对新加坡全社会的种族与宗教和谐方面的认知要低于其他族群。

表2　受访者对新加坡种族和宗教和谐程度的看法（2018年）

如何看待当前新加坡的种族和宗教和谐程度	非常低	低	一般	高	非常高
全部	0.9	2.6	39.4	46.2	10.9
华族	0.8	2.2	37.3	48.8	10.8
马来族	1.6	3.6	46.9	37.0	10.9
印度族	2.0	4.7	48.7	34.4	10.2
其他族群	0.0	0.0	35.1	50.0	14.9

资料来源：Mathew Mathews，Leonard Lim & Shanthini Selvarajan，*IPS - ONEPEOPLE. SG Indicators of Racial and Religious Harmony*：*Comparing Results from 2018 and 2013*，July 2019，https：//lkyspp. nus. edu. sg/docs/default - source/ips/ips - working - paper - no - 35_ ips - onepeoplesg - indicators - of - racial - and - religious - harmony_ comparing - results - from - 2018 - and - 2013. pdf，pp. 10 - 11.

① Mathew Mathews，Leonard Lim & Shanthini Selvarajan，*IPS - ONEPEOPLE. SG Indicators of Racial and Religious Harmony*：*Comparing Results from 2018 and 2013*，July 2019，https：//lkyspp. nus. edu. sg/docs/default - source/ips/ips - working - paper - no - 35_ ips - onepeoplesg - indicators - of - racial - and - religious - harmony_ comparing - results - from - 2018 - and - 2013. pdf.

与2013年相比，在关于新加坡可能面临的国家危机中新加坡人对不同族群和宗教社群的信任程度的指标中，2018年的调查数据显示这种跨族群的社会信任度有了明显增加（参见表3）。其中，受访者对华族的信任度最高，认为面临国家危机时“全部或绝大部分”可信的比例高达46.0%，比2013年提高了10.6个百分点，而“少于半数/不可信或大部分不可信”的选项中华族只有8.9%。信任度最低的是欧亚裔，然后是马来族。总体数据表明，五年来新加坡各族群在彼此的社会信任度方面都有了较大幅度的提升，从一个侧面证明了新加坡国家认同建构的成绩，也意味着新加坡的族群治理取得了新的进步。2015年3月李光耀的离世让新加坡人看到了建国一代为了新加坡社会发展与社会凝聚力提升而做出的努力，8月新加坡迎来建国50周年庆典，更是将新加坡人对国家的政治认同推向了一个新的高潮，这一点在当年举行的国会大选中也得到了进一步的印证。新加坡建国50周年是激发新加坡人爱国热情和强化国家认同的一个符号，很多人都认为“每个人已经把自己的小我团结起来融入到共同的大我之中”，而“建国50周年成为新加坡人忠诚度的黏合剂”，在以往大选中展示不同政见的倾向都随着建国50周年对国家的强烈认同而超越了政治融入了对国家的热忱。[①] 正是因为这一系列大事件的推动，让新加坡人持续强化了“一个民族，一个新加坡”（One People，One Singapore）的国家建设理念，在多元共融的架构下推动新加坡多元族群社会善治水平的不断提升。

---

① Siau Ming En & Valerie Koh，“SG50：A milestone in building the Singaporean identity；Events in the Golden Jubilee year showed belief in a bright future if the people stand as one”，*TODAY*，4 January 2016.

表3　新加坡面临危机时各族群间的可信任程度（括号内数字为2013年调查数据）

当新加坡面临国家危机时，你认为下列种族值得信赖吗（比如“非典”疫情）？	新加坡华族	新加坡马来族	新加坡印度族	新加坡欧亚裔
全部或者绝大部分	46.0（35.4）	33.9（26.7）	34.1（26.4）	33.1（26.9）
超过半数	25.3（30.0）	27.1（26.0）	28.3（25.9）	25.7（24.9）
大约一半	19.8（26.0）	24.1（25.6）	22.5（26.0）	21.3（24.8）
少于半数/不可信或大部分不可信	8.9（8.5）	17.6（21.7）	15.1（21.6）	19.8（23.4）

资料来源：Mathew Mathews，Leonard Lim & Shanthini Selvarajan，*IPS – ONEPEOPLE. SG Indicators of Racial and Religious Harmony*：*Comparing Results from* 2018 *and* 2013，July 2019，https：//lkyspp. nus. edu. sg/docs/default – source/ips/ips – working – paper – no – 35_ ips – onepeoplesg – indicators – of – racial – and – religious – harmony _ comparing – results – from – 2018 – and – 2013. pdf，p. 12。

而在2018年至2019年的这轮调查中，在具体的指标方面也有着更为清晰的呈现。比如在日常生活方面，有近一半的受访者从未因为其他族群的邻居烹煮本族特色菜或者宗教物品占用公共走廊而感到不满。当然，在部分指标上也有较大的提升空间。比如在职场公平方面，有部分少数族群认为在职场上受到的歧视非但没有消除反而有上升趋势，其中马来族占到73%，印度族占到68%，尤其是在应聘和职位晋升方面表现更为明显。此外，有近1/4的受访者会在媒体等公共平台看到本族群或者宗教习俗受到侮辱时感到不自在。而对于有人在组屋底层或者公共场所举行喧闹活动，有47.9%的马来族受访者与47.3%的印度族受访者有时、经常或总是因此感到不满。相比之下，华族受访者的比例是33.2%。在不同族群与宗教之间的文化习俗差异方面，会有较大部分的受访者对此有不满情绪，比如焚烧纸钱、香烛或者其他宗教物品，67.3%的马来族受访者与57.6%的印度族受访者有时、经常或总是因此感到不满。这个比例远远高出华族受访者的35.7%。

新加坡的成功引发了各界对其发展和治理模式的关注和思考，1992年年初邓小平在南方谈话中指出，“新加坡的社会秩序算是好的，他们管得严，我们应该借鉴他们的经验”。① 而多数学者也都认为新加坡在族群治理方面成绩斐然，给相似的多元族群社会处理类似问题提供了借鉴，但是也有学者认为新加坡“小国寡民”，如果将新加坡政府对其国家和人口的社会控制模式移植到更大的多元族群社会中去，难度将会非常大。② 其实，“在考量和借鉴新加坡的有关经验及做法的过程中，不能仅仅停留在制度和政策的表层，而应该去积极挖掘制度和政策运行的背后逻辑，尤其是背后的公共价值和核心理念。实际上，新加坡经验的浓缩及其内核特质就在于其内在精神的价值张力。”③ 再者，就族群议题的全球呈现来看，不论是族群冲突还是族群和谐，与国家幅员大小和人口数量并没有必然联系。“世界上，很多管治不好的国家都是小国家，很多失败国家也都是小国家。小国家不一定就好治理。同样，大国家不一定难治理。美国这样大，不是治理得很好？大国对错误的消化能力强，犯一个两个错误不要紧；但小国，如果有一个重大的政策失误，也许整个国家就完蛋了。用国家的大小来判断能不能学，毫无道理。”④ 从这个意义上而言，善治的大国一样可以族群和谐，治理失灵的小国一样可以让冲突成为常态。所以，认为新加坡国小人少好治理的观点是经不起推敲的。

学习新加坡，不是照抄照搬它的治理模式和现成经验，而是学习它的治理思路，学习其作为一个多元族群国家能通过有效的多元和多层治理实现跨族群和谐与社会稳定的“新加坡精

① 《邓小平文选》（第3卷），人民出版社1993年版，第378—379页。

② Michael E. Brown and Šumit Ganguly eds., *Government Policies and Ethnic Relations in Asia and the Pacific*, Cambridge & London: The MIT Press, 1997, p. 271.

③ 《新加坡理政经验，中国如何借鉴?》，《联合早报》2013年1月6日。

④ 郑永年：《新加坡模式的经验及其启示》，《南方都市报·评论周刊》2009年7月19日。

神”内核。[①] 可以说，“新加坡已经是这样一个国家：它的成功不仅在经济方面，而且也在它的社会以及人的性格和成就上，四个伟大的传统在这里快乐地和平共处。”[②]

2. 政府主导：新加坡族群治理中的国家中心主义色彩

新加坡相对成功的族群治理模式中国家、族群与社区分别在不同的层面扮演着相应的角色。但是，新加坡并没有抛开传统的国家治理理念，国家依然在新加坡族群治理中扮演着主导性角色，以政府为代表的官方治理体系在这一公共进程中仍发挥着决定性作用，毕竟“没有哪一种竞争性的政治结构——地方的、区域的、跨国的或者全球的——拥有像国家这样足够全面的多维能力”[③]，从而使其治理结构呈现出典型的国家中心主义的色彩。

国家中心主义的治理特色并非对多层治理模式的否定，而是多层治理的一种特定表现形式。该特色的形成与新加坡本身所具有的主客观条件有着不可分的内在联系。首先，新加坡算得上是“小国寡民”，而且国内市场狭小，几乎没有什么资源，甚至建筑材料都要进口。这种先天条件的缺陷对新加坡的生存能力提出了严格的要求，只有保持国内的统一与稳定才能为国家与社会的发展创设良好的内外环境。其次，新加坡多元族群国家的色彩决定了这个国家社会结构的脆弱性，独立前的族群关系已经证明了没有强有力的中央政府的领导是不现实的。最后，新加坡各族群有着东方特有的带有威权色彩的政治文化，一定程度上对于强政府的依赖成为各族群的一种思维与行为惯性。但是随着新加坡公民社会的发展以及各族群利益诉求的日益多元化，简单的“家长式”政府已经难以满足国家公共治理的发展需要，所以执政的人民行动党政府也不断地更新治

---

① 范磊：《国家与社会的互动——新加坡族群多层治理与国民融合进程》，载《新加坡研究》（2013 卷），社会科学文献出版社 2014 年版，第 231—232 页。

② ［美］杜维明：《新加坡的挑战：新儒家伦理与企业精神》，高专诚译，生活·读书·新知三联书店 2013 年版，第 191 页。

③ John Ikenberry，“What Can States do Now?” in Paul，Ikenberry & Hall eds.，*Nation – State in Question*，Princeton：Princeton University Press，2003，pp. 350 – 371.

理理念，为自身执政的合法性寻找理论与现实的支持，最终建构起以政府为主导，以国家为中心，以多元族群为基础，以社区为纽带的多层治理结构，并将此结构嵌套在了对多元族群社会的治理进程中。

在这个以国家为中心的多层治理结构中，由于新加坡只有一级政府，所以人民行动党领导下的中央政府就成为治理主体的总枢纽。不论是族群层面的各族群团体、宗教社团以及自治组织，还是社区层面的基层组织体系都离不开政府的统合。当然，为了给予族群与社区在公共治理中的自主权，政府一般不直接介入次国家层面的治理实践，从而可以确保政府在治理活动中的弹性，并以仲裁人的身份来平衡不同层级的治理主体之间的利益诉求，以及以宏观调控的形式施加对治理客体的影响力。而对于族群与社区层面的治理主体而言，他们可以通过完善的族群与宗教自治系统以及基层组织系统完成在自我层面的治理实践，并将不同层面治理客体的利益诉求通过相应的渠道反馈给国家和政府，协助政府更新政策与完善制度建设。比如华人宗乡会馆就在新加坡各族群的和谐共处中发挥润滑、催化的作用，成为新加坡社会和谐与国民融合的重要纽带和节点。如此便从国家到基层建立起畅通的利益表达与权力分配管道，既确保了各族群公众的合法权益，又增进了公众对国家的认同。正是这种国家中心、政府主导的模式成功推动了各族群之间的合作，抑制了极端主义的发展，并有效避免了族群冲突的出现。①

对于多元族群国家来说，这种以政府为主导的多层治理模式不能不说是族群治理的一种有效选择。正是在这个意义上，新加坡的族群治理模式验证了本书在导论部分提出的三个研究假设：第一，在多元族群国家中，通过对利益、规范和认同维度的治理可以有效解决族群与族群之间、族群与国家之间的内在张力，推动族群与国

① Kamaludeen Mohamed Nasir, Alexius A. Pereira & Bryan S. Turner, *Muslims in Singapore: Piety, Politics and Policies*, New York: Routledge, 2010, p. 104.

家关系进入合作状态，实现族群和谐与社会稳定；第二，当族群治理无法弥合族群与族群以及族群与国家之间的内在张力时，族群与国家关系将会陷入竞争甚至冲突状态，催生族群分离主义，导致社会动荡和国家分裂；第三，多层治理是推动族群治理目标实现的积极治理模式。新加坡多元共融族群治理目标的实现，从正面回应了研究假设的合理性，而围绕利益、规范和认同三个维度有序推进的在国家、族群和社区三个层面的有效互动则成为新加坡化解族际和族国张力、达致族群善治的必要条件。

二　新加坡族群治理的新情境与新趋向

"研究族群的着眼点不同，得出的结论也会有所不同。"[①] 成功的族群治理为世界呈现了一个和谐稳定的新加坡，但却并不意味着新加坡各族群之间完全消失了族群边界，那种族群与族群之间以及族群与国家之间所固有的结构性张力不可能彻底消解，李光耀曾说，种族和谐可能是新加坡"无法完全实现的一个理想，但前期是有了这个理想，我们（新加坡）才不断进步"。[②] 换言之，如今"新加坡各族群之间并不是没有矛盾，只是面对新的矛盾，原本固有的矛盾被掩盖了。"[③] "第二次世界大战结束后，新加坡社会经历了急剧而多层面的变迁。……民众落叶归根的过客心态也被落地生根的公民认同所取代。在迈入 21 世纪之后，这些变化仍在继续，并因来自中国的新移民的大量涌入而变得更为复杂化。因此，如何在日趋全球化的世界中寻求自身的政治和文化定位以及在亚洲区域中的作用，依然是新加坡所面临的重大挑战。"[④]

---

① 纳日碧力戈：《现代背景下的族群建构》，云南教育出版社 2000 年版，第 3 页。

② Han Fook Kwang, Zuraidah Ibrahim, Chua Mui Hoong, Lydia Lim, Ignatius Low, Rachel Lin, *Lee Kuan Yew: Hard Truths to Keep Singapore Going*, Singapore: Straits Times Press, 2011, p. 19.

③ 这是笔者 2013 年 8 月初参加一场学术活动时与新加坡一位媒体记者的对话记录。

④ 刘宏：《战后新加坡华人社会的嬗变：本土情怀·区域网络·全球视野》，厦门大学出版社 2003 年版，第 3 页。

“移民活动是500年来资本主义世界经济的一个特征。”[①] 随着全球化进程的发展、国家间相互依赖程度的提升以及地区经济形势和国内发展需要，新加坡开始面临来自世界各地的新移民持续涌入的新现实。20世纪90年代，新加坡公民中三大族群的人数以不同的幅度增长，其中华人为12.9%，马来人为18.7%，印度人最高为22.2%。而永久居民中三大族群增幅最大的是华人为370.2%，印度人为183.4%，马来人为13.4%。回溯20世纪80年代，彼时华人永久居民的增长幅度仅有70%，从这些数据可以看出冷战后华人移居新加坡的增长幅度之快。[②] 虽然新移民来自各大洲的诸多国家和地区，华人新移民来自马来西亚的比例也高于来自中国的比例，但是在涉及新移民议题时，这一概念却明显被标签化，烙上了清晰的“中国印”。早在2003年所进行的一项调查就显示，来自中国的新移民被视为1993年以后对新加坡产生深刻影响的十件大事之一。[③] 这也是当前新加坡本土社会所面对的最为棘手的议题之一。

在面对新移民议题上，新加坡政府已面临着较大的压力。如李显龙总理所说：“我们面临两难的抉择：一方面，需要引进外劳从事经济活动以及满足国人的需要，也需要外来移民填补低生育率低造成的人口不足；另一方面，我们却又担心移民涌入会造成拥堵，以及如何维系新加坡人的国家认同感等问题。所以，要谨慎地探索前方的路，既要意识到我们的需要和不足，又要为新加坡人寻求最好的未来。”[④] 新加坡的社会和谐很重要的一个政策需要就是维持现

---

① Immanuel Wallerstein, *The End of the World as We Know It: Social Science for the Twenty – first Century*, Minneapolis: University of Minnesota Press, 2001, p. 17.

② 参见［新加坡］苏瑞福《新加坡人口研究》，薛学了等译，厦门大学出版社2009年版，第53—55页。

③《1993—2003年改变新加坡人的十件事》，《联合早报》2003年8月11日。

④ Lee Hsien Loong, “Prime Minister Lee Hsien Loong's National Day Message 2013,” PMO, 2013, http://www.pmo.gov.sg/content/pmosite/mediacentre/speechesninterviews/primeminister/2013/August/prime – minister – lee – hsien – loong – s – national – day – message – 2013 – – engl.html#.UkV7W – S – qa8.

状，即要确保各族群人口比例的平衡[1]，不至于因为某一个族群人口急剧减少或者急剧增加而造成社会结构失衡以致引发社会波动。

虽然新加坡政府、本土社会及新移民都在共同努力推动国民融合与国家建构，但是在本土居民与新移民的相互认同维度上，依然存在诸多不可预知的困难和挑战。新移民的到来让本土居民在日益激烈的人才竞争中产生了“被包围”的危机感，加上新移民在短时间内往往难以完成本地化，一定程度上又会引起本土居民的排斥。这种彼此之间的认知差异随着新移民数量的增加持续加大，进而导致双方陷入一种认同困境。“在完全融合状态尚未取得之前，在族群界线尚未全然消弭之前，各种类型的新移民分布、浮动在新加坡各个脉络里，与本地派公民建立和进行社会关系，所以政府和政策越发必须将他们放置在国家架构与经济版图里权衡。”[2] 而国家架构下政府的积极努力与社会语境中本土居民与新移民之间的互动调适，让新加坡多元族群社会治理呈现出清晰的多层性，新移民认同困境的出现对新加坡本土社会是一个挑战，而该困境的化解则将为其提供难得的发展机遇。

新加坡前总统薛尔思曾说：“作为一个民族，新加坡正在成长中。”[3] 建国50多年来，虽然新加坡不同的族群不能完全消除彼此之间以及与国家之间的结构性张力，甚至往往在不同的领域还会出现一定的小摩擦，但是相比日益庞大的新移民群体，新加坡本土社会的整体认同已经在渐趋同一。笔者曾经与几位新加坡的华人学生有过交流，他们说新移民的到来让他们感到了一种压迫感，甚至有时候会有一种被威胁的感觉，让他们感觉到已经不是原来的新加坡了。而新移民的到来也从一个侧面证实了新加坡本土社会各族群之

---

① Kamaludeen Mohamed Nasir，Alexius A. Pereira & Bryan S. Turner，*Muslims in Singapore：Piety，Politics and Policies*，New York：Routledge，2010，p. 115.

② ［马来西亚］游俊豪：《与公民互动：中国新移民在新加坡》，《华人研究国际学报》2013年第1期，第15页。

③ 曹云华：《新加坡的精神文明》，广东人民出版社1992年版，第5页。

间的一体化程度，甚至曾有媒体的随机采访显示，如果新移民与本土居民发生冲突，本土居民不会视族群归属来帮对方，而会以本土居民还是新移民来区分彼此：“作为新加坡华人，对于敢冒犯我的马来兄弟的任何外来的华人，我都要让他知道拳头是什么滋味。在新加坡，我们华人和马来人共同服兵役，是不是华人并不重要，重要的是我们都是新加坡人。”①

几十年的新加坡族群治理不能不说是成功的，因为作为一体化的社会正在实现，“一个民族，一个新加坡”的愿景已经从拉惹勒南的设想逐渐走进现实，“新加坡人”的概念正在成为新加坡各族群所共同信仰的国家身份，新加坡民族也许尚未形成，但是这一国家层面共同体的认同正在形成中。随着新加坡政府人口政策的调整，新移民与本土居民之间在利益、规范和认同等层面的张力已经成为当前新加坡族群治理的新的任务。当然新加坡的族群治理结构并不是一个静态的体系，它也必然会随着整个社会关系以及内外环境的变化而持续更新发展，正如李光耀所说，新加坡“是有着多元族群、多元文化、多元宗教，矛盾重重的国家。事情的结果会是如何，我很难说，但是我知道现有的制度并不是最终的结果。”② 就整个人类文明的发展来看，任何一个成熟的社会都是一个包容的社会，当多元族群国家在世界早已经成为一种常态，当多元性成为这个世界最美丽的色彩的时代，唯有包容与接纳才能更好地推动这个世界的和谐与美好，任何逆时代潮流的制度、政策、团体和个人都将是没有生命力的。

“国家是文明社会的概括。”③ 单一文明为基础的国家随着人类社会互联互通的深入而日渐多元化。换言之，人类已经进入“一个多元文明之间必须努力学会和平交往以及共同生活的新时代，彼此之间互学互鉴，对他者的历史文化和现实传统有着深入的认知和了

① Seah Chiang Nee, “It's Singaporean vs Others”, *The Star*, 25 June 2011.

② ［美］汤姆·普雷特：《李光耀对话录》，张立德译，现代出版社 2011 年版，第 57 页。

③ ［德］恩格斯：《家庭、私有制和国家的起源》，人民出版社 2018 年版，第 195 页。

解。只有这样才不至于在这个拥挤的世界上出现那些误解甚至冲突和灾难。”[1] 2014 年 3 月 27 日，习近平主席在联合国教科文组织总部发表演讲时指出，“当今世界，人类生活在不同文化、种族、肤色、宗教和不同社会制度所组成的世界里，各国人民形成了你中有我、我中有你的命运共同体。……我们应该从不同文明中寻求智慧、汲取营养，为人们提供精神支撑和心灵慰藉，携手解决人类共同面临的各种挑战。”[2] 文明的发展源自人类社会每一位成员的积极贡献，文明的对话也离不开不同国家不同民族不同层面行为体的积极参与。习主席倡导的“多彩、平等、包容”的新型文明观，为人类不同文明之间的和谐共生与互鉴交流勾勒出了一幅美好的时代画卷。如今人类共同面临着治理赤字、信任赤字、和平赤字、发展赤字的挑战，要化解这四大赤字必须在各国各民族各文明的相互交融中寻求智慧。[3] 不同文明之间的交流互动可以推动世界和平的实现，不同族群之间的平等互动、共存共生也必然会缔造多元族群社会的善治，新加坡以其多元共融的和谐图景和多维多层的治理模式为其他同类型的国家提供了一个很好的参照。

---

① Lester Pearson, *Democracy in World Politics*, Princeton: Princeton University Press, 1955, pp. 83 – 84.

② 《习近平谈治国理政》（第一卷），外文出版社 2018 年版，第 261—262 页。

③ 范磊：《多彩亚洲必将因文明对话而更出彩》，中国网 2019 年 5 月 15 日。

参考文献

一　中文专著

毕世鸿：《列国志：新加坡》，社会科学文献出版社 2016 年版。

曹云华：《新加坡的精神文明》，广东人民出版社 1992 年版。

曹云华：《亚洲的瑞士：新加坡启示录》，中国对外经济贸易出版社 1997 年版。

陈鸿瑜：《新加坡史》，台湾商务印书馆 2011 年版。

陈烈甫：《李光耀治下的新加坡》，台湾商务印书馆 1983 年版。

范磊：《新加坡族群和谐机制：实现多元族群社会的善治》，湖南人民出版社 2016 年版。

龚群：《新加坡道德教育研究》，首都师范大学出版社 2007 年版。

顾长永：《新加坡蜕变的四十年》，五南图书有限公司 2006 年版。

郭俊麟：《新加坡的政治领域与政治领导》，生智文化 1998 年版。

国防大学课题组：《新加坡发展之路》，国防大学出版社 2016 年版。

洪镰德：《新加坡学》，扬智文化 1994 年版。

孔建勋等：《多民族国家的民族政策与族群态度：新加坡、马来西亚和泰国的实证研究》，中国社会科学出版社 2010 年版。

李路曲：《新加坡道路》，中国社会科学出版社 2018 年版。

李路曲：《新加坡现代化之路：进程、模式与文化选择》，新华出版社 1996 年版。

李韶鉴：《可持续发展与多元社会和谐：新加坡经验》，四川大学出版社 2007 年版。
李威宜：《新加坡华人游移变异的我群观》，唐山出版社 1999 年版。
李锺珏：《新加坡风土记》，许云樵注，南洋书局 1947 年版。
刘宏：《跨界亚洲的理念与实践：中国模式·华人网络·国际关系》，南京大学出版社 2013 年版。
刘宏：《战后新加坡华人社会的嬗变：本土情怀·区域网络·全球视野》，厦门大学出版社 2003 年版。
卢正涛：《新加坡威权政治研究》，南京大学出版社 2007 年版。
吕元礼等：《问政李光耀：新加坡如何有效治理》，天津人民出版社 2015 年版。
吕元礼等：《鱼尾狮智慧：新加坡政治与治理》，经济管理出版社 2010 年版。
吕元礼：《新加坡为什么能（上、下）》，江西人民出版社 2010 年版。
吕元礼：《亚洲价值观：新加坡政治的诠释》，江西人民出版社 2002 年版。
马志刚：《新兴工业与儒家文化：新加坡道路及发展模式》，时事出版社 1996 年版。
彭伟步：《新马华文报：文化、族群和国家认同比较研究》，暨南大学出版社 2009 年版。
欧树军、王绍光：《小邦大治：新加坡的国家基本制度建设》，社会科学文献出版社 2017 年版。
孙景峰：《新加坡人民行动党执政形态研究》，人民出版社 2005 年版。
韦红：《新加坡精神》，长江文艺出版社 2000 年版。
魏炜：《李光耀时代的新加坡外交研究（1965—1990）》，中国社会科学出版社 2007 年版。
魏炜：《新加坡社会政策研究》，人民出版社 2020 年版。
严春宝：《新加坡儒学史》，广西师范大学出版社 2020 年版。

杨静林：《“一带一路”国别概览：新加坡》，大连海事大学出版社 2019 年版。

张青：《出使新加坡》，中央文献出版社 2002 年版。

郑维川：《新加坡治国之道》，中国社会科学出版社 1996 年版。

二 中文译著

［美］杜维明：《新加坡的挑战：新儒家伦理与企业精神》，生活·读书·新知三联书店 2013 年版。

［美］汤姆·普雷特：《李光耀对话录》，现代出版社 2011 年版。

［新加坡］陈炳武：《新加坡教育》，教育出版社 1970 年版。

［新加坡］蒂凡那主编：《社会主义的实现：新加坡之道路》，联邦出版社 1976 年版。

［新加坡］冯清莲：《新加坡人民行动党：它的历史、组织和领导》，上海人民出版社 1975 年版。

［新加坡］冯仲汉专访：《新加坡总理公署前高级部长拉惹勒南回忆录》，新明日报（新加坡）有限公司 1991 年版。

［新加坡］郭振羽：《新加坡的语言及社会》，正中书局 1998 年版。

［新加坡］韩福光、华仁、陈澄子：《李光耀治国之钥》，天下远见出版公司 1999 年版。

［新加坡］柯木林主编：《新加坡华人通史》，福建人民出版社 2017 年版。

［新加坡］李光耀：《李光耀回忆录（1923—1965）》，新加坡联合早报 2012 年版。

［新加坡］李光耀：《李光耀回忆录（1965—2000）》，新加坡联合早报 2012 年版。

［新加坡］李光耀：《我一生的挑战：新加坡双语之路》，联合早报 2011 年版。

［新加坡］李玮玲：《一个客家女子的新加坡故事：作为女儿、医生、爱国的新加坡人的心路历程》，上海译文出版社 2018 年版。

［新加坡］李元瑾：《东西文化的撞击与新华知识分子的三种回应：邱菽园、林文庆、宋旺相的比较研究》，新加坡国立大学中文系、八方文化 2001 年版。

［新加坡］李元瑾主编：《新马印华人：族群关系与国家建构》，新加坡亚洲研究学会 2006 年版。

［新加坡］梁文松等：《动态治理：新加坡政府的经验》，中信出版社 2010 年版。

［新加坡］南洋商报编：《新加坡一百五十年》，南洋商报 1969 年版。

［新加坡］宋明顺：《新加坡青年的意识结构》，教育科学出版社 1980 年版。

［新加坡］苏瑞福：《新加坡人口研究》，厦门大学出版社 2009 年版。

［新加坡］魏维贤、德瑞等：《新加坡一百五十年来的教育》，新加坡师资训练学院 1972 年版。

［新加坡］吴俊刚、李小林：《李光耀与基层组织》，胜利出版社 2000 年版。

［新加坡］吴元华：《务实的决策：人民行动党与政府的华文政策研究（1954—1965）》，联邦出版社 1999 年版。

［新加坡］吴元华：《新加坡的社会语言》，教育出版社 1978 年版。

［新加坡］吴元华：《新加坡良治之道》，中国社会科学出版社 2014 年版。

［新加坡］新加坡联合早报编：《李光耀 40 年政论选》，现代出版社 1996 年版。

［新加坡］新加坡国家档案馆编：《李光耀执政方略》，人民出版社 2015 年版。

［新加坡］严崇涛：《新加坡成功的奥秘：一位首席公务员的沉思》，人民出版社 2012 年版。

［新加坡］叶添博、林耀辉、梁荣锦：《白衣人：新加坡执政党秘

辛》，海峡时报出版社2013年版。

［新加坡］郑文辉：《从开埠到建国》，教育出版社1977年版。

［新加坡］周兆呈：《新加坡公共政策传播策略：政府如何把握民意有效施政》，民主与建设出版社2015年版。

［新加坡］周兆呈：《语言、政治与国家化：南洋大学与新加坡政府关系（1953—1968）》，南洋理工大学中华语言文化中心、八方文化2012年版。

［英］哈·弗·皮尔逊：《新加坡史》，福建人民出版社1972年版。

［英］哈·弗·皮尔逊：《新加坡通俗史》，福建人民出版社1974年版。

［英］尼古拉斯·沃尔顿：《寻迹狮城：新加坡的历史与现实》，社会科学文献出版社2020年版。

［英］亚历克斯·乔西：《李光耀》，上海人民出版社1976年版。

三　中文论文

范磊：《新加坡发展与中国关系的理性逻辑和双重面向》，《当代世界社会主义问题》2021年第1期。

范磊：《国家与社会的互动——新加坡族群多层治理与国民融合进程》，《新加坡研究》（2013卷），社会科学文献出版社2014年版。

范磊：《王瑞杰为什么能？——新加坡下一代领导人的挑战与机遇》，《新加坡研究》（2019卷），社会科学文献出版社2020年版。

范磊：《新加坡的中国新移民：认同困境与治理路径》，《华人研究国际学报》2013年第2期。

范磊：《新加坡政治新生态与选举政治——基于2013年榜鹅东选区补选的分析》，《当代世界社会主义问题》2013年第2期。

范磊：《粤港澳大湾区时代的香港青年国家认同建构：现实挑战与路径选择》，《青年发展论坛》2019年第1期。

范磊：《宗乡社团在新加坡国民融合中的角色与贡献》，《源》2013年第5期。

范磊、杨鲁慧：《新加坡族群治理：国家与社会关系的视阈》，《东南亚研究》2014年第3期。

范磊、杨鲁慧：《新加坡族群治理中的经济变量分析》，《亚太经济》2014年第5期。

范磊、杨晓青：《政府主导与三方共生：新加坡劳资政和谐关系模式》，《新加坡研究》（2016卷），社会科学文献出版社2017年版。

范磊、杨晓青：《族群与国家的互动：认同视角下的新加坡族群多层治理路径》，《亚非研究》2016年第1辑（总第9辑），社会科学文献出版社2016年版。

洪镰德：《评析新加坡多元族群的和睦相处》，《北京大学学报》（哲学社会科学版）1992年第5期。

胡灿伟：《新加坡现代化进程中的马来人》，《东南亚》2001年第4期。

李路曲：《新加坡公共行政的改革与现代化特色》，《政治学研究》1995年第1期。

李路曲：《新加坡“共同价值观”评析》，《晋阳学刊》1997年第4期。

李路曲：《新加坡社会发展中的政治稳定机制》，《亚太研究》1993年第2期。

梁永佳、阿嘎佐诗：《在种族与国族之间：新加坡多元种族主义政策》，《西北民族研究》2013年第2期。

刘宏：《当代华人新移民的跨国实践与人才环流：英国与新加坡的比较研究》，《中山大学学报》（社会科学版）2009年第6期。

刘宏：《跨国华人社会场域的动力与变迁：新加坡的个案分析》，《东南亚研究》2013年第4期。

刘宏：《新加坡的中国新移民形象：当地的视野与政策的考量》，

《南洋问题研究》2012 年第 2 期。

刘稚:《新加坡的族群政策与民族关系》,《世界民族》2000 年第 4 期。

吕元礼:《新加坡“家庭为根”的共同价值观分析》,《东南亚纵横》2002 年第 6 期。

王文钦:《宗教和谐与民族团结——新加坡宗教文化和宗教政策刍议》,《世界宗教文化》1997 年第 1 期。

韦红:《新加坡解决民族问题的有效途径——多元一体化》,《中南民族学院学报》(哲学社会科学版) 1999 年第 1 期。

谢宁:《新加坡多元文化的民族政策和教育政策》,《世界民族》1995 年第 2 期。

余建华:《在多元包容中繁荣发展——新加坡民族和睦的成功之举》,《世界经济研究》2003 年第 10 期。

郑一省:《新加坡马来人的进步与困境》,《东南亚研究》1992 年第 5 期。

四　英文专著

AlexJoesy, *Lee Kuan Yew*, Singapore: Donald Moore Press, 1968.

Antonio L Rappa & Lionel Wee, *Language Policy and Modernity in Southeast Asia: Malasia, the Philippines, Singapore, and Thailand*, New York: Springer, 2006.

ArunMahizhnan & Lee Tsao Yuan eds., *Singapore: Re – Engineering Success*, Singapore: Oxford University Press, 1998.

BanKah Choon, Ann Pakir & Tong Chee Kiong eds., *Imagining Singapore*, Singapore: Times Academic Press, 1992.

Basant K. Kapur ed., *Singapore Studies: Critical Surveys of the Humanities and Social Sciences*, Singapore: Singapore University Press, 1986.

Benedict Anderson, *Imagined Communities: Reflections on the Origin and Spread of Nationalism*, London: Verso Books, 2006.

Brenda Yeoh & Lily Kong eds. , *Portraits of Places*: *History*, *Community and Identity in Singapore*, Singapore: Times Editions, 1995.

Bridget Welsh, James Chin, ArunMabizhnan & Tan Tarn How eds. , *Impressions of the Goh Chok Tong Years in Singapore*, Singapore: NUS Press, 2009.

Carl A. Trocki, *Singapore*: *Wealth*, *Power and the Culture of Control*, London & New York: Routledge, 2006.

Carl A. Trocki, *The Dynamics of One Party Dominance*: *The PAP at the Grass – Roots*, Singapore: Singapore University Press, 1976.

Chan Heng Chee & Obaid ulHaq eds. , *The Prophetic & the Political*: *Selected Speeches & Writings of S. Rajaratnam*, Singapore: Graham Brash & New York: St. Martin's Press, 1987.

Chan Heng Chee, *Singapore*: *Domestic Structure and Foreign Policy*, Singapore, 1988.

Chan Heng Chee, *Singapore*: *The Politics of Survival 1965 – 1967*, Singapore: Oxford University Press, 1971.

Cherian George, *Singapore*: *The Air – conditioned Nation*, Singapore: Landmark Books, 2000.

Chew SockFoon, *Ethnicity and Nationality in Singapore*, Athens, Ohio: Ohio University Center for International Studies & Center for Southeast Asian Studies, 1987.

Chong Guan Kwa, Derek Heng & Tan Tai Yong, *Singapore*: *A 700 – year History – From Early Emporium to World History*, Singapore: National Archives of Singapore, 2009.

ChristopherTremewan, *The Political Economy of Social Control in Singapore*, New York: St. Martin's Press, 1994.

ChuaBeng Huat, *Communitarian Ideology and Democracy in Singapore*, London: Routledge, 1995.

ChuaBeng Huat, *Political Legitimacy and Housing*: *Stakeholding in Sin-*

gapore, London: Routledge, 1997.

C. M. Turnbull, *A History of Modern Singapore, 1819 - 2005*, Singapore: NUS Press, 2009.

C. M. Turnbull, *A History of Singapore 1819 - 1975*, Kuala Lumpur: Oxford University Press, 1977.

Cumberland Clark, *The Crown Colonies and Their History*, London: The Mitre Press, 1939.

Daniel P. S. Goh, *Race and Multiculturalism in Malaysia and Singapore*, London & New York: Routledge, 2009.

David Brown, *The State and Ethnic Politics in Southeast Asia*, London: Routledge, 1994.

Derek Heng & SyedMuhd Khairudin Aljunied, *Reframing Singapore: Memory, Identity, Trans - regionalism*, Amsterdam: Amsterdam University Press, 2009.

Eddie C. Y. Kuo, *Language and Society in Singapore*, Singapore: Singapore University Press, 1980.

Edwin Lee, *Singapore: The Unexpected Nation*, Singapore: Institute of Southeast Asian Studies, 2008.

Ernest Chew & Edwin Lee eds. , *A History of Singapore*, Singapore: Oxford University Press, 1991.

F. J. George, *The Singapore Saga: Part One*, Singapore: Society of Singapore Writers, 1985.

George Nonis, *Raffles: The Untold Story*, Singapore: Angsana Books, 1993.

Gillian Koh &Ooi Giok Ling eds. , *State - Society Relations in Singapore*, Singapore: Oxford University Press, 2000.

Han Fook Kwang, Warren Fernandez & Sumiko Tan, *Lee Kuan Yew: The Man and His Ideas*, Singapore: Times Editions, 1998.

Han Fook Kwang, Zuraidah Ibrahim, Chua Mui Hoong, Lydia Lim,

Ignatius Low, Rachel Lin, *Lee Kuan Yew: Hard Truths to Keep Singapore Going*, Singapore: Straits Times Press, 2011.

Hong Liu & Sin – Kiong Wong, *Singapore Chinese Society in Transition: Business, Politics & Socio – economic Change, 1945 – 1965*, New York: Peter Lang, 2004.

Hussin Mutalib, *Parties and Politics: A Study of Opposition Parties and the PAP in Singapore*, Singapore: Marshall Cavendish, 2005.

Hussin Mutalib, *Singapore Malays: Being Ethnic Minority and Muslim in a Global City – state*, New York: Routledge, 2012.

Iain Buchanan, *Singapore in Southeast Asia: An Economic and Political Appraisal*, London: G. Bell & Sons, 1972.

Jimmy Yap, *We Are One*, Singapore: People's Association, 2010.

John Clammer, *Race and State in Independent Singapore, 1965 – 1990: The Cultural Politics of Pluralism in a Multiethnic Society*, Brookfield, Vt. : Ashgate, 1998.

John Drysdale, *Singapore Struggle for Success*, Singapore: Times Books International, 1984.

John G. Butcher, *The British in Malaya 1880 – 1941: The Social History of a European Community in Colonial South – East Asia*, Kuala Lumpur: Oxford University Press, 1979.

Jon Quah ed. , *In Search of Singapore's National Values*, Singapore: Times Academic Press, 1990.

Josehua Castellino & Elvira Domínguez Redondo, *Minority Rights in Asia: A Comparative Legal Analysis*, New York: Oxford University Press, 2006.

Joseph B. Tamney, *The Struggle Over Singapore's Soul*, Berlin & New York: Walter de Gruyter, 1996.

Justus Maria Van derKroef, *Communism in Malaysia and Singapore: A Contemporary Survey*, The Hague: Martinus Nijhoff, 1967.

Kamaludeen Mohamed Nasir, Alexius A. Pereira & Bryan S. Turner, *Muslims in Singapore: Piety, Politics and Policies*, New York: Routledge, 2010.

Kang Soon Hock, Leong Chan – Hoong eds. , *Singapore Perspectives 2012*, Singapore: World Scientific Publishing, 2013.

Kau AhKeng, Jung Kwon, Tambyah Siok Kuan & Tan Soo Jiuan, *Understanding Singaporeans: Values, Lifestyles, Aspirations and Consumption Behaviors*, Singapore: World Scientific Publishing, 2004.

Kenneth P. Tan ed. , *Renaissance Singapore? Economy, Culture and Politics*, Singapore: NUS Press, 2007.

Kernial Singh Sndhu & Paul Wheatley eds. , *Management of Success: The Moulding of Modern Singapore*, Singapore: Institute of Southeast Asian Studies, 1989.

Kim Wah Yeo, *Political Development in Singapore, 1945 – 1955*, Singapore: Singapore University Press, 1973.

Kwok Bun Chan & Tong CheeKeong eds. , *Past Times: A Social History of Singapore*, Singapore: Times Editions, 2003.

Kwok KianWoon, Kwa Chong Guan, Brenda Yeoh & Lily Kong eds. , *Our Place in Time: Exploring Memory and Heritage in Singapore*, Singapore: National Heritage Society, 1999.

Lai AhEng ed. , *Beyond Rituals and Riots: Ethnic Relations and Social Cohesion in Singapore*, Singapore: Eastern Universities Press, 2004.

Lai AhEng ed. , *Religious Diversity in Singapore*, Singapore: Institute of Policy Studies & Institute of Southeast Asian Studies, 2008.

Lai AhEng ed. , *Meanings of Multiethnicity: A Case Study of Ethnicity and Ethnic Relations in Singapore*, Kuala Lumpur & New York: Oxford University Press, 1995.

Lee Guan Kin ed. , *Demarcating Ethnicity in New Nations: Cases of the Chinese in Singapore, Malaysia, and Indonesia*, Berlin: Konrad –

Adenauer – Stiftung & Singapore: Singapore Society of Asian Studies, 2006.

LeeKuan Yew, *The Singapore Story: Memoirs of Lee Kuan Yew*, Singapore: Times Editions, 1998.

LeeKuan Yew, *From Third World to First: The Singapore Story: 1965 – 2000*, Singapore: The Straits Times Press, 2000.

LeeKuan Yew, *One Man's View of the World*, Singapore: The Straits Times Press, 2013.

Lee Leong Sze, *A Retrospect on The Dust – Laden History: The Past and Present of Tekong Island in Singapore*, Singpaore: World Scientific Publishing, 2012.

LeoSuryadinata, *Ethnic Relations and Nation – building in Southeast Asia: The Case of the Ethnic Chinese*, Singapore: Singapore Society of Asian Studies & Institute of Southeast Asian Studies, 2004.

LianKwen Fee, *Race, Ethnicity, and the State in Malaysia and Singapore*, Leiden & Boston: Brill, 2006.

Lily Z. Rahim, *The Singapore Dilemma: The Political and Educational Marginality of the Malay Community*, New York: Oxford University Press, 1999.

Lily Z. Rahim, *Singapore in the Malay World: Building and Breaching Regional Bridges*, New York: Routledge, 2009.

Lysa Hong & Huang Jianli, *The Scripting of a National History: Singapore and its Pasts*, Singapore: NUS Press, 2008.

M. Arun & T. Y. Lee eds., *Singapore: Reengineering Success*, Oxford: Oxford University Press, 1998.

Michael D. Barr & ZlatkoSkrbiš, *Constructing Singapore: Elitism, Ethnicity and the Nation – building Project*, Copenhagen: NIAS Press, 2008.

Michael Hill & LianKwen Fee, *The Politics of Nation Building and Citi-*

zenship in Singapore, London: Routledge, 1995.

Michael Leifer, *Singapore's Foreign Policy: Coping with Vulnerability*, New York: Routledge, 2000.

Myrna Braga – Blake ed. , *Singapore Eurasians: Memories and Hopes*, Singapore: Times Edition for the Eurasians Association, 1992.

OngJin Hui, Tong Chee Kiong & Tan Ern Ser eds. , *Understanding Singapore Society*, Singapore: Times Academic Press, 1997.

Peh Shing Hue, *Tall Order: The Goh Chok Tong Story*, Vol. 1, Singapore: World Scientific, 2019.

Peter S. J. Chen, *Singapore Development Policies and Trends*, Singapore: Oxford University Press, 1983.

Raj K. Vasil, *Asianising Singapore: The PAP's Management of Ethnicity*, Singapore: Heinemann Asia, 1995.

Riaz Hassan ed. , *Singapore: Society in Transition*, London: Oxford University Press, 1976.

Robert W. Hefner ed. , *The Politics of Multiculturalism, Pluralism and Citizenship in Malaysia*, Singapore and Indonesia, Honolulu: University of Hawaii Press, 2001.

S. Jayakumar, *People's Action Party*, Singapore: Singapore News & Publications Ltd. , 1984.

SawSwee – Hock & K. Kesavapany, *Singapore – Malaysia Relations under Abdullah Badawi*, Singapore: Institute of Southeast Asian Studies, 2006.

Shirley Sun Hsiao – li, *Population Policy and Reproduction in Singapore: Making Future Citizens*, London: Routledge, 2012.

Song Ong Siang, *One Hundred Years' History of the Chinese in Sinapore*, Singapore: University of Malaya Press, 1967.

T. J. S. George, *Lee Kuan Yew's Singapore*, London: Andre Deutsch Ltd. , 1973.

Tan Sri DatoMubin Sheppard, *Singapore* 150 *years*, Singapore: Times Books International, 1982.

Tania Li, *Malays in Singapore: Culture, Economy, and Ideology*, Oxford: Oxford University Press, 1989.

Terence Chong ed. , *Management of Success: Singapore Revisited*, Singapore: Institute of Southeast Asian Studies, 2010.

Tommy Koh & Chang Li Lin eds. , *The Little Red Dot: Reflections by Singapore's Diplomats*, Singapore: World Scientific Publishing Company, 2005.

Tommy Koh & Chang Li Lin eds. , *The Little Red Dot: Reflections by Singapore's Diplomats – Volume II*, Singapore: World Scientific Publishing Company, 2009.

Tong CheeKiong & Lian Kwen Fee eds. , *The Making of Singapore Sociology: Society and State*, Singapore: Times Academic Press, 2002.

Wang Gungwu, *Renewal: The Chinese State and the New Global History*, Hong Kong: The Chinese University Press, 2013.

Yen Ching – hwang, *A Social History of the Chinese in Singapore and Malaya 1800 – 1911*, Singapore: Oxford University Press, 1986.

Yong Mun Cheong ed. , *Asian Traditions and Modernization: Perspectives from Singapore*, Singapore: Times Academic Press, 1992.

后　记

肩上越是沉重，信念越是巍峨。……由于不可抗拒的召唤，我们没有其他选择。

——舒婷

凡是过往，皆为序章。每天，我们都会在前行的道路上作别岁月，沉淀思绪，同时又会迎来新鲜，升起希望。一转眼，毕业已近七载。七年的光阴里有收获，有落寞，有欢笑，有叹息。岁月的蹉跎让曾经棱角分明的我更深刻地体会到了生活的不易，以至于也会时常发出“尚未佩妥剑，转眼便江湖”的感慨。在学术这条路上，我从蹒跚学步到独立行走，每一次的跌倒与站起来都得到了数位有缘人无私的扶持与激励，书稿写就的每一个字里都孕育着一份感恩的情怀，充盈着我对大家的感谢。

2021 年，在经过了较长时间的斟酌以后我终究是带着几分不舍离开了工作七年之久的山东政法学院来到山东青年政治学院工作。这两家在名字上即使对于本省同胞而言可能都会混淆的学校对我而言却意义重大，在这里要特别感谢老东家的领导、同事和教过的同学们在过去的七年里对我工作的支持和帮助，也要特别感谢新东家的领导、同事和同学们对我的认可与接纳。不论是茂岭山下，还是毓秀山旁，我们始终都是在同一片天空下怀揣理想、同舟共进的追梦人。

这部书稿是我主持的教育部人文社会科学规划青年基金项目

“新加坡族群多层治理结构研究”的最终研究成果。近年来，新加坡的族群治理实践随着时代的发展已经呈现出更多新的特点，本领域的研究也有了更多新的动态。为了更深入地分析和发现新加坡族群治理模式背后的逻辑和规律，本书在理论建构方面做出了积极的尝试，并根据研究需要在分析框架设计以及研究思路拓展方面进行了力所能及的创新。只是能力所限，定稿之际我才真正体会到了“理想是丰满的，现实是骨感的”这句话的真实含义。

在书稿即将付梓之际，我要把深深的感恩和敬意送给三位恩师。首先，特别感谢我的导师杨鲁慧教授。负笈山大七年，沐教泽、得真经，从杨老师那里学到的丰富的专业知识、严谨的治学方法以及豁达的人生态度，作为一笔难以估价的财富必将会让我受益终生。恩师的教诲始终萦绕在耳边，怎奈天资愚钝，与杨老师的要求还是相去甚远，一直愧疚于心，唯有锲而不舍，方报师恩。刘宏教授是我在新加坡南洋理工大学访学时的指导老师，刘老师不仅在指导论文写作、创设学习机会、启发研究思路、拓展学术视野等多个方面给我提供了巨大的帮助，而且在我毕业至今的时间里依然时常督促我、鼓励我、关照我，让我在新加坡国别研究的路上越走越坚实。刘老师对我个人成长所给予的无私关怀我永远难忘。全国政协外事委员会副主任、察哈尔学会会长韩方明老师在百忙之中欣然应允为本书作序，让我欢欣鼓舞，这是对这部书稿莫大的鼓励。韩老师的儒雅学者范儿和谦谦君子之风总会带给我信心和力量，而恰逢其时的谆谆教诲也总是让迷途中的我看到方向。

同时，感谢多年来所有给予我帮助和督促的长辈、同辈和晚辈们，恕不能一一具名，是你们让我在生活和工作之中时常得到鼓励，享受轻松。我要由衷地感谢责任编辑赵丽老师，她的亲切、严谨和包容让我在修改书稿的过程中少走了不少弯路，而她提出的修改意见无疑是帮我走出写作困顿发现美好的那一把钥匙。最后，我要特别把感谢送给我的家人，是你们的默默支持和包容体贴才使我从读研开始直到现在的十几年中没有后顾之忧，能够坚毅地砥砺前行。你们是我成长历程中最温暖最坚实的后盾，也是我看过的最美最真的风景，如果这部书稿能够有一丝闪光的话，一定是来自你们为我撑起的那片天空里的和煦阳光，我永远爱你们。

斗柄东指，天下皆春。今天正是春分，一个适合播种希望的日子，也是伴着希望成长的新起点。我曾在毕业论文的致谢中写道："至此，毕业论文的写作可以说已经画上了一个句号，但论文的完成不仅仅是一次简单的写作，更在于它让我有了一个系统学习和积累充实的机会，这既是一个很好的总结，也意味着一个全新学习进程的开始。"多年过去，这段话在今天看来，依然可以表达我的心境。

范　磊

2021 年 3 月 20 日春分于济南